网店运营与管理

隋东旭 ◎ 编著

微课+思政版

清华大学出版社
北京

内 容 简 介

本书着重阐述网店运营的实践操作，首先介绍网店运营所涉及的基本概念和需要做的前期准备工作，然后介绍了网店数据分析等近年来网店运营的热点领域。全书共分八章，主要内容包括：网店运营基础、网店开通与管理、网店装修与设计、促销活动与营销工具、网店营销推广、网店物流与仓储、网络客服与管理、网店数据与运营效果分析。本书配套教学资源丰富，内容编排符合课堂教学的需求，每章设有思政导学、教学目标、微课视频、技能实训、复习思考题等模块。

本书既可作为相关院校电子商务专业学生的教材，也可供电子商务从业人员、物流管理从业人员以及国际贸易从业人员参考使用，还可作为相关培训机构的培训教材。

本书封面贴有清华大学出版社防伪标签，无标签者不得销售。
版权所有，侵权必究。举报：010-62782989，beiqinquan@tup.tsinghua.edu.cn。

图书在版编目（CIP）数据

网店运营与管理：微课+思政版 / 隋东旭编著. —北京：清华大学出版社，2023.4 (2025.1重印)
ISBN 978-7-302-63310-5

Ⅰ. ①网… Ⅱ. ①隋… Ⅲ. ①网店—经营管理—高等学校—教材 Ⅳ. ①F713.365.2

中国国家版本馆 CIP 数据核字（2023）第 060490 号

责任编辑：邓　婷
封面设计：刘　超
版式设计：文森时代
责任校对：马军令
责任印制：刘海龙

出版发行：清华大学出版社
　　　　　网　　址：https://www.tup.com.cn, https://www.wqxuetang.com
　　　　　地　　址：北京清华大学学研大厦 A 座　　邮　编：100084
　　　　　社 总 机：010-83470000　　　　　　　　　邮　购：010-62786544
　　　　　投稿与读者服务：010-62776969, c-service@tup.tsinghua.edu.cn
　　　　　质量反馈：010-62772015, zhiliang@tup.tsinghua.edu.cn
印 装 者：三河市君旺印务有限公司
经　　销：全国新华书店
开　　本：185mm×260mm　　印　张：16.25　　字　数：395 千字
版　　次：2023 年 6 月第 1 版　　　　　　　　　印　次：2025 年 1 月第 2 次印刷
定　　价：59.80 元

产品编号：098080-01

前 言

党的二十大报告中强调："加快发展数字经济，促进数字经济和实体经济深度融合，打造具有国际竞争力的数字产业集群。"这是抓住世界科技革命和产业变革机遇、抢占未来发展制高点的客观要求和有力举措。数字经济通过新技术、新要素、新业态等有效促进实体经济增长，数字经济和实体经济深度融合，将释放巨大的生产力和经济增长空间。我们要深入贯彻落实党的二十大精神，加快发展数字经济，促进数字经济和实体经济深度融合，构筑国家竞争新优势。在此背景的驱动下，我国的电子商务产业蓬勃发展，越来越多的人进入电子商务市场。本书旨在帮助没有基础和经验的人了解电子商务行业，并且针对电子商务行业的不同岗位进行技能培训，使被培训者能够快速适应岗位需求，顺利成为电子商务大军中的一员。为了更好地帮助读者学习和实践，本书以"学用结合"为编写原则，突出实用操作性。

本书共分为 8 章

第 1 章，网店运营基础。通过本章的学习，读者可对网店运营有一个基本的了解，包括网上开店、网上开店的前期准备以及常见的网上开店平台。

第 2 章，网店的开通与管理。通过本章的学习，读者可掌握开通与管理网店的技能，包括网店的申请与设置、商品发布、网店的日常管理。

第 3 章，网店装修与设计。通过本章的学习，读者可掌握装修与设计店铺所需要的技能，包括商品图片的拍摄、商品图片处理、网店装修。

第 4 章，促销活动与营销工具。通过本章的学习，读者可掌握促销活动开展与网店营销工具的运用，包括促销活动、网店营销工具。

第 5 章，网店营销推广。通过本章的学习，读者可掌握网店营销推广的相关技能，包括搜索引擎优化、站内付费推广、站外推广。

第 6 章，网店物流与仓储。通过本章的学习，读者可掌握网店物流与仓储的相关内容，包括网店物流方式的选择、物流工具的设置、仓储管理。

第 7 章，网络客服与管理。通过本章的学习，读者可掌握如何做好客服与管理的工作，包括网络客服认知、网络客服工具的应用、客户关系管理。

第 8 章，网店数据与运营效果分析。通过本章的学习，读者可学会分析网店数据与运营效果，包括网店运营数据分析的意义和流程、使用生意参谋分析网店数据、店铺数据分析。

本书特色

1. 内容系统，注重实操

本书围绕网店运营的工作内容，按照运营工作的不同阶段，结合实操案例详细解读网店优化、网店推广、网店数据分析、物流与客服管理的方法和技巧，涵盖网店运营的各个方面。

2. 案例丰富，贴合实际

本书中的案例全部源自主流媒体网店的运营实践，这些经过实践检验的运营思维和运营方法更具参考价值和借鉴意义。

3. 图解操作，易学易懂

本书所涉及的操作部分，均以详细、直观的图解方式进行讲解，零基础的读者也可轻松上手，举一反三。

4. 经验分享，贴心提点

书中特设"知识链接"小栏目，分享店铺运营的宝贵经验及技巧，以帮助读者快速解决网店运营中的各种难题，避免走入运营误区。

5. 板块新颖，融入思政

本书在板块设计上努力做到将"学思用贯通"与"知信行统一"相结合，在理论教学及案例中融入前沿知识、文化传承、职业道德等思想政治教育的元素，体现课程思政，提升读者思想认识，同时配有微课视频，以加强对电子商务网店运营人才的培养。

本书由隋东旭老师编著，同时感谢具有电子商务行业丰富培训与实战经验的讲师宋广运和刘凯伦两位老师在本书写作过程中提供的帮助和建议，感谢他们为本书提供了大量的数据素材。

本书在编写过程中参考了大量书籍、论文和相关网站的内容，在此对相关作者表示感谢。由于编者水平有限，书中难免存在不足和疏漏，请各位专家与读者不吝赐教。

作　者

2023 年 2 月

目 录

第1章 网店运营基础 / 1

1.1 初识网上开店 / 1
1.1.1 网上开店的概念与条件 / 1
1.1.2 网上开店的流程 / 4

1.2 网上开店的前期准备 / 5
1.2.1 网店运营市场调研 / 5
1.2.2 网店运营规划 / 11
1.2.3 店铺定位与选品 / 14
1.2.4 货源的选择 / 18

1.3 常见的网上开店平台 / 20
1.3.1 淘宝网 / 20
1.3.2 天猫商城 / 21
1.3.3 京东 / 21
1.3.4 拼多多 / 22
1.3.5 微店 / 22

技能实训 / 23
复习思考题 / 23

第2章 网店开通与管理 / 24

2.1 网店的申请与设置 / 24
2.1.1 淘宝店铺的申请流程 / 24
2.1.2 店铺的基本设置 / 29

2.2 商品发布 / 34
2.2.1 商品发布的流程 / 34
2.2.2 淘宝助理的使用步骤 / 38

2.3 网店的日常管理 / 38
2.3.1 千牛工作台管理 / 38

        2.3.2 商品交易管理   / 44
        2.3.3 订单管理   / 50
    技能实训   / 52
    复习思考题   / 52

第3章 网店装修与设计   / 53

    3.1 商品图片拍摄   / 53
        3.1.1 拍摄器材   / 53
        3.1.2 电子商务商品拍摄中的用光与布光   / 59
        3.1.3 拍摄方法   / 64
    3.2 商品图片处理   / 72
        3.2.1 调整图片大小   / 72
        3.2.2 裁剪图片   / 74
        3.2.3 旋转图片   / 75
        3.2.4 调整图片的亮度   / 76
        3.2.5 调整图片的颜色   / 78
        3.2.6 添加水印   / 80
        3.2.7 抠图   / 82
    3.3 网店装修   / 84
        3.3.1 店招视觉营销设计   / 84
        3.3.2 首页海报视觉营销设计   / 89
        3.3.3 主图营销设计   / 93
        3.3.4 详情页营销设计   / 98
        3.3.5 产品主图视觉设计   / 101
    技能实训   / 105
    复习思考题   / 105

第4章 促销活动与营销工具   / 106

    4.1 促销活动   / 106
        4.1.1 官方促销活动   / 106
        4.1.2 聚划算活动   / 109
        4.1.3 淘金币活动   / 113
    4.2 网店营销工具   / 114
        4.2.1 单品宝   / 115

        4.2.2 店铺宝 / 117
        4.2.3 优惠券 / 120
        4.2.4 搭配宝 / 122
    技能实训 / 123
    复习思考题 / 124

第5章　网店营销推广　/ 125

    5.1 搜索引擎优化 / 125
        5.1.1 淘宝搜索引擎优化 / 125
        5.1.2 商品标题优化 / 127
        5.1.3 商品主图优化 / 128
        5.1.4 商品描述优化 / 129
        5.1.5 其他方面的优化 / 130
    5.2 站内付费推广 / 132
        5.2.1 直通车 / 132
        5.2.2 钻石展位 / 141
        5.2.3 淘宝客 / 143
    5.3 站外推广 / 145
        5.3.1 微信 / 145
        5.3.2 微博 / 147
        5.3.3 抖音 / 149
    技能实训 / 151
    复习思考题 / 152

第6章　网店物流与仓储　/ 153

    6.1 网店物流方式的选择 / 153
        6.1.1 国内主流的快递公司 / 153
        6.1.2 快递公司的选择 / 156
    6.2 物流工具的设置 / 157
        6.2.1 服务商的设置 / 157
        6.2.2 运费模板的设置 / 158
        6.2.3 地址库的设置 / 160
        6.2.4 物流意外事件的处理 / 161

6.3 仓储管理 / 162

    6.3.1 商品入库 / 162

    6.3.2 商品在库 / 167

    6.3.3 商品出库 / 176

    6.3.4 商品包装 / 179

    6.3.5 商品物流跟踪 / 182

技能实训 / 182

复习思考题 / 183

第7章 网络客服与管理 / 184

7.1 网络客服认知 / 184

    7.1.1 网络客服的概念 / 184

    7.1.2 网络客户服务的分类 / 185

    7.1.3 网络客户服务的内容 / 185

    7.1.4 网络客户服务技巧 / 186

    7.1.5 网络客服工作流程 / 192

    7.1.6 电子商务客户服务语言实例 / 193

7.2 网络客服工具的应用 / 202

    7.2.1 子账号的应用 / 202

    7.2.2 千牛的应用 / 204

7.3 客户关系管理 / 208

    7.3.1 客户关系管理概述 / 208

    7.3.2 客户关系管理的内容 / 218

    7.3.3 电子商务客户关系管理 / 228

技能实训 / 232

复习思考题 / 233

第8章 网店数据与运营效果分析 / 234

8.1 网店运营数据分析的意义和流程 / 234

    8.1.1 网店运营数据分析的意义 / 235

    8.1.2 网店运营数据分析的流程 / 235

8.2 使用生意参谋分析网店数据 / 237

    8.2.1 实时直播 / 237

    8.2.2 流量分析 / 239

                8.2.3　品类分析　/　240

                8.2.4　交易分析　/　241

        8.3　店铺数据分析　/　242

                8.3.1　店铺流量数据　/　242

                8.3.2　网店主要页面数据　/　243

                8.3.3　客服数据　/　244

                8.3.4　店铺动态数据　/　245

    技能实训　/　248

    复习思考题　/　248

参考文献　/　249

第 1 章 网店运营基础

本章主要介绍网上开店的概念、常见的网上开店平台、货源的选择等。通过对本章的学习,读者可以对网店运营有一个初步的了解,为深入学习网店运营打下基础。本章将从初识网上开店、网上开店的前期准备、常见的网上开店平台3个方面进行介绍。

思政导学

介绍《中华人民共和国电子商务法》的相关规定,引导学生在进行网店运营和管理时采用合理的工作方法和合适的工具,树立做事情讲原则、恪守职业道德的工作作风。

教学目标

本章教学目标		
1	知识目标	● 了解网上开店 ● 了解网上开店的前期准备 ● 了解常见的网上开店平台
2	能力目标	● 掌握网上开店的概念和条件 ● 掌握店铺定位与选品 ● 掌握货源的选择
3	素质目标	● 熟练运用所学知识 ● 树立正确的网店运营思维

1.1 初识网上开店

1.1.1 网上开店的概念与条件

1. 网上开店的概念

网上开店是一种在互联网时代背景下诞生的新型销售方式,就是经营者在互联网上注册一个虚拟网上商店并出售商品。淘宝、京东等许多大型电子商务网站都向个人提供网上开店服务。网上开店的概念相当于线下在一些大型商场里租用一个店铺或柜台，借助大商场的影响与人气做生意，我们目前所看到的网上开店基本上都采用这种方式。图1-1所示为在淘宝网开设的网上商店。

图1-1　在淘宝网开设的网上商店

网上商店的商业模式如下：经营者将待售商品的信息以图片和文字的形式发布到网店上，对商品感兴趣的浏览者可以通过网上支付的方式向经营者付款，经营者则通过邮寄等方式将商品实物发送给购买者。相比传统的商业模式，网上开店投入小、经营方式灵活，可以为经营者带来不错的利润空间。现在，越来越多的人开始选择这种方式进行经营。

2．网上开店的条件

虽然网上开店投资少，操作简单，但也需要具备一些最基本的条件。网上开店的条件包括软件条件和硬件条件，下面分别进行讲述。

1）网上开店的软件条件

网上开店有很多软件方面的要求，下面把一些简单的常用软件列出来，以便卖家根据经营策略进行选择。

（1）电子邮件。电子邮件（E-mail）是互联网应用较广的一种服务。通过网络的电子邮件系统，用户可以用非常低的价格，以非常快速的方式，与世界上任何一个角落的网络用户联络。电子邮件可以是文字、图像、声音等各种形式。正是由于具有使用简易、传播迅速、收费低廉、易于保存、全球畅通无阻的特征，电子邮件被广泛地应用，极大地方便了人与人之间的交流。

至于如何申请电子邮箱，如何管理自己的电子邮件，这里不再赘述。图1-2所示为网易邮箱。

图1-2　网易邮箱

（2）聊天软件。在网上开店的过程中，打字聊天是与客户沟通的常用方式。很多生意就是在手指敲击键盘的过程中谈成的。当然，卖家要及时回复客户的问题，否则客户会认为你不重视他。

聊天软件非常多，常用的有腾讯公司的 QQ、微信等，或者使用交易平台提供的沟通软件，如千牛卖家工作台。图 1-3 所示为使用千牛卖家工作台与客户交流。

图 1-3　使用千牛卖家工作台与客户交流

（3）图像处理软件。网上开店的一个非常重要的部分就是要有精美的页面和宣传图片，因为客户主要是通过图片来浏览商品的，效果差或不够美观的图片都可能导致客户流失。因此，能否做出漂亮的商品图片，也是网上开店能否成功的一个至关重要的因素。现在的作图软件有很多，其中，Photoshop 最为普遍。Photoshop 是 Adobe 公司推出的一款图像处理软件，被人们称作"图像处理大师"。Photoshop 是目前应用较为广泛的图像处理软件之一，功能十分强大。

（4）文字编辑软件。除了制作精美的宣传图片，还需要编写好的文案。Word 是目前通用的、流行的文档编辑软件，主要用于编排文档、编辑和发送电子邮件、编辑和处理网页等。学会 Word 的基本操作后，卖家就可以很方便地编写合同或自己的网站文案。文案编写的好坏对网上销售能否成功有很大影响。

（5）基本的网站设计软件。在拥有了自己的网上商店后，卖家还需要学习一些与网站设计相关的软件知识，这样不仅可以多了解网上商店的建设原理，还可以为自己的商店设计漂亮的宣传广告页面。通常，在一个大型的网上商店上添加一些漂亮的广告页面，网店营销效果会更好。开网店时需要用到的基本的网站设计软件主要是 Dreamweaver。

2）网上开店的硬件条件

网上开店所需要的硬件条件包括以下内容。

（1）手机或固定电话。方便与客户联系。

（2）笔记本电脑。笔记本电脑对网上开店的专业卖家来说非常必要，特别是那些需要经常和客户、厂家打交道的卖家，利用笔记本电脑，可随时关注网上商店的信息，保证及时地维护与客户的关系，也可以随时随地处理与厂家的相关事宜，保证货源畅通、进货准时。

（3）传真机。当有很多客户和卖家签订合同时，传真机就可以大显神通了。另外，很多资料的收发也离不开传真机。

（4）打印机。有些电子文本资料需要书面保存，因此打印机也是必需的设备。

以上是一些网上开店的基础硬件设备。因为网上开店经营的策略有很多种，所以卖家可根据不同的经营策略和资金投入，选择其中的某几个设备进行组合。

1.1.2 网上开店的流程

网上开店之前，首先要考虑好经营什么商品，然后选择网上开店的网站。淘宝、京东等都是比较有名的网站，卖家可以根据自身情况选择。下面以淘宝开店为例说明网上开店的流程，图 1-4 所示为淘宝网的网上开店流程。

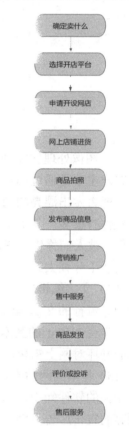

图 1-4　淘宝网的网上开店流程

1. 确定卖什么

卖家如果能找到别人不容易找到的特色商品，将会是网上开店的一个良好开端。只有保证商品质优价廉，才能留住客户。

2. 选择开店平台

通常，自设服务器成本会很高，常见的方式是选择一个提供网络交易服务的平台，注册成为该平台的用户。大多数平台会要求卖家用真实姓名和有效身份证进行注册。注册时网店的名字很重要，有特色的名字更能让客户注意你，关注你的网店。

3. 申请开设网店

在平台上申请开设网店，要详细填写自己网店所提供商品的分类，以便让目标用户准确地找到你。然后，你需要为自己的网店起一个醒目的名字，以便提升人气。网店如果显示个人资料，应该如实填写，增加信任度。

4. 网上店铺进货

低价进货、控制成本非常重要，必须重视这一点。进货渠道包括从各地的批发市场、网站或厂家直接进货等。

可以参观淘宝同类的网店，多研究高级店铺，看看高级店铺的商品、销售情况、特色，最好是做到知己知彼，商品最好具有"人无我有"的独特卖点。

5. 商品拍照

购入商品后，卖家应该为商品拍一些漂亮的照片。要尽量把商品拍得美观，但前提是不失真，过度美化的照片容易失真，有可能会给将来的交易带来麻烦。

6. 发布商品信息

在把每件商品的名称、产地、性质、外观、数量、交易方式、交易时限等信息发布在网店上的同时,最好搭配商品的图片。商品名称应尽量全面,突出优点,因为当别人搜索该类商品时,只有名称会显示在列表中。

商品描述必不可少,要注意网页界面美感,避免使用很多种字体、颜色,否则会显得没有条理性,让人找不到重点。真正高质量的商品描述要条理分明,重点突出,阅读方便,令人感觉舒适。

7. 营销推广

为了提升自己网店的人气,在开店初期应适当地进行营销推广,但只在网上推广是不够的,要利用线上、线下的多种渠道一起推广。例如,可以购买网站流量大的页面上的"热门商品推荐"位置,将商品分类列表上的商品名称加粗,增加图片,以吸引客户的关注点,也可以利用免费的广告进行营销推广,如与其他网店和网站交换链接等。

8. 售中服务

买家在决定是否购买商品的时候,很可能需要卖家之前没有提供的很多信息,他们随时会在网上提出问题,卖家应及时并耐心地回复。但需要注意的是,很多网站为了防止卖家私下交易以逃避交易费用,会禁止买卖双方在网上提供任何个人的联系方式,如邮箱、电话等,否则将对卖家予以处罚。

9. 商品发货

买家下单,不管是平邮还是快递,卖家要用尽可能少的钱将商品安全运送到买家手中。

10. 评价或投诉

信用是网上交易中一个很重要的因素,为了共同建设良好的信用环境,如果买家对交易满意,最好给予卖家好评,卖家可通过良好的服务获取买家的好评。如果交易失败,应找出原因,或者向网站投诉,以减少个人损失,并警示他人。如果客户投诉,应尽快处理,以免为网上店铺信用留下污点。

11. 售后服务

商品卖出并不代表交易就此结束,无论是技术支持还是退换货服务,卖家都要做到位,完善周到的售后服务是店铺生意红火的重要保障。

1.2 网上开店的前期准备

1.2.1 网店运营市场调研

1. 网络零售的概念

从电子商务的角度来看,网络零售区别于电子商务中企业对企业(business to business,B2B)的交易方式,是商家面向消费者提供商品的一种电子商务经营模式;从贸易角度来看，相较于传统贸易，网络零售是将零售场景延伸至网络市场的一种新型业态，它是在网络技术推动下，人们对高效、便利的商务经营模式和生活方式不断追求的产物。

依据成交平台性质的不同，网络零售可以划分为传统网络零售平台式和新兴移动社交平台式；依据商品流通是否跨越海关，网络零售可分为境内网络零售和跨境网络零售。依照商品进出海关方向不同，跨境网络零售又可以划分为出境网络零售和进境网络零售。

网络零售的发展

2．网络调研概述

网络调研与传统市场调研在方法和原理上基本类似，下面主要从网络调研的目标、特征、方法和工具入手，概述网络调研的不同方面。

1）网络调研的目标

网络调研的目标主要分为两个方面，一是初级目标，二是深度目标。

（1）初级目标。清晰地认知商品、行业、市场，为后续运营奠定坚实的行业基础。

（2）深度目标。准确把握网络市场容量、发展趋势、商家竞争、盈利情况，助力网店运营决策；掌握竞争商家营销策略和消费者特征，辅助推进网店营销计划。

2）网络调研的特征

由于服务市场环境和市场主体不同，网络调研与传统市场调研存在明显的差异，其特征包括以下几点。

（1）调研目的：服务于网络运营决策。

（2）调研对象：以网络市场为主体。

（3）调研方法和工具：主要采用网络方法与工具。

（4）调研过程与效果：便捷、准确、高效。

3）网络调研的方法和工具

（1）网络文案调研法。网络文案调研法主要用于行业、市场、商品等初级资料的收集、整理和分析，主要工具包括以百度为代表的搜索引擎、百科平台、电子商务平台、行业网站、代表性企业网站、知网等，企业通过网络文案调研迅速了解行业、商品与市场的基本情况。

（2）人物访谈法。人物访谈法主要用于行业、商家深度经营情况收集、整理、分析，主要借助电话、网络视频连线、实地采访以及和业内人士进行交流沟通等方式，对调研者人脉资源要求较高。

（3）网络数据工具调研法。网络数据工具调研法是指企业利用系统、成熟的网络数据工具对市场资料进行收集、整理、分析，主要工具有搜索指数、电子商务数据系统，如百度指数、阿里指数、淘系生意参谋、京东商智、多多参谋及第三方工具看店宝、生意经等，这些系统工具上的数据全面、及时、准确，便于调研者深度把握网络市场容

网络调研的其他方法

量、趋势和竞争对手、客群情况。采用此法需要注意，不同的零售平台对各种工具的适用程度存在一定差异。

3．商品、行业与市场调研认知

俗语说"隔行如隔山"，每种商品、每个行业都有分门别类的庞杂系统信息，作为一名新手，想要得心应手地运营一类商品、经营一个行业，就必须准确地把握商品和行业信息。

1）商品分类及其参数、性能

（1）商品分类。了解商品分类是认知一个行业的起点，下面以健身器材行业为例进行说明。

按商品大小进行分类：小型健身器材，如哑铃、握力器等；大型健身器材，如跑步机、举重床等。

按应用室内外环境进行分类：室内、室外健身器材，如室内的跑步机、健身车、仰卧板等，室外的单双杠、扭腰盘等。

（2）商品参数与性能。商品分为不同的型号和规格，这主要是由商品的各种参数决定的，包括商品的材质、尺寸、生产工艺、外观设计、功能，正是商品的这些差异带来了消费者应用性能的不同。

2）商品调研方法

商品知识属于初级内容，比较适合网络文案调研法，可以通过百度百科、企业网站（见图1-5）、电子商务平台（见图1-6）进行综合学习，掌握商品的范畴、分类、规格、参数、技术和工艺，并了解网络市场最新商品动向。

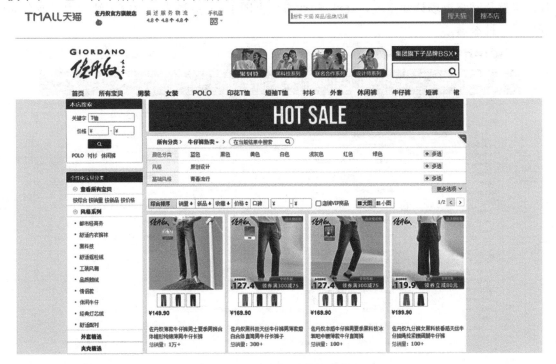

图1-5　企业网站商品分类

图1-6 电子商务平台商品分类

3）行业和市场认知

（1）行业认知。行业是指按同类商品或者同类服务划分的经济活动的总和。因此，认知一个行业不仅需要认知行业中林林总总的商品特征，也需要认知与行业商品相关的研发、生产、工艺流程、包装设计、营销情况，需要了解与行业相关的上游原材料、功能设计、外观设计情况和相关厂商及聚集地情况，需要认知与行业下游相关的营销推广渠道乃至市场情况，更全面一些的还需要了解该行业在国内外的发展历史、发展现状、相关政策等情况。

（2）市场认知。市场认知是对市场环境、企业在市场运行中所处的地位，以及企业与市场的相互关系等基本问题的认识、看法和根本态度。

4）行业和市场调研的方法

行业和市场问题多属于中观、宏观层次，因此类似这样的调研，我们应该去行业网站学习一些行业报告、政策，如上文提到的前瞻产业研究院，以及在中国知网（见图1-7）查找。当然从网络市场认知角度，1688产业带（见图1-8）频道也为大家了解国内行业分布提供了一种参考。

图1-7 中国知网

图1-8 1688产业带

4．网络市场调研分析

认知商品、行业、市场只是开展项目的基础工作，而项目最终决策还是由网络市场趋势、网络市场容量、网络市场竞争程度以及店铺利润等系统因素共同决定的。前面我们主要通过网络文案调研法对商品、行业、市场进行了初步调研认知，接下来主要通过网络数据工具调研法对网络市场趋势、网络市场容量、网络市场竞争程度以及店铺利润等进行分析，为项目决策和实施提供依据。

目前，国内网络零售市场上比较成熟的网络数据工具主要有阿里巴巴生意参谋系统、京东商智系统、多多参谋、百度指数、阿里指数及第三方工具等。下面主要以淘系市场为例进行介绍。

1）网络市场趋势分析

市场趋势发展情况通常是商家决定是否进行市场投入的重要因素之一，可借助百度指数、生意参谋等工具来分析网络市场趋势情况。这里以牛仔裤为例，应用最新行业数据——牛仔裤网络市场百度指数分析来进行说明。

国内用户对百度搜索引擎有较高的依赖度，因此可通过关键词的百度指数变化，判断一个行业在网络上的搜索变化情况并分析某个行业网络市场趋势的变化。

在计算机端打开百度指数网站，搜索"牛仔裤"关键词（见图1-9），可以看到从2011年9月到2023年2月的百度指数。由图1-9可知，自2011年9月至2018年1月，牛仔裤的指数曲线均呈波动趋势，即意味着用户网络搜索量不断攀升，用户需求不断攀升，但从2018年1月后曲线呈现直线下滑趋势，虽然其间有小高峰的出现，但总体下滑的趋势也就意味着在到达顶峰后市场又呈现下滑趋势。

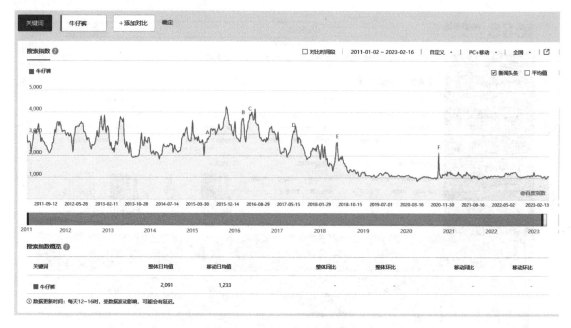

图1-9 "牛仔裤"百度指数

当然,以百度指数判断行业趋势应该选取有代表性的关键词指数进行分析,如要准确地预测网络用户对"电视"这类商品的认可度,需要结合更多相关关键词搜索进一步判断。只有通过搜索同类商品的不同关键词指数进行对比分析、综合评估得出的结果才更具参考价值。

2）成本预估

下面以天猫店铺为例,讲解网店各项成本的构成。

一般而言,网店各项成本的构成包括:①店铺运营成本,天猫提成为销售额的6%左右,如果开设的是淘宝店铺,这部分费用就可以省掉,如果是京东店铺,这部分费用会更高;②商品成本,行业不同,商品成本就不相同,服帽衣袜类目的商品成本占比基本在20%~30%,甚至更低,多数行业商品成本占比在50%左右;③人员成本,一般在店铺初期,人员成本相对较高,但一旦进入稳定期,人员成本占比可以控制在5%~10%;④推广费用,对绝大多数行业而言,一般推广费用占比为5%~15%,行业竞争激烈或者商家在高速发展期时推广费用会更高;⑤物流包装费用,一般物流包装费用占比为5%~10%,低毛重、高客单价商品的物流包装费用占比会更低,而高毛重、大体积的商品物流包装费用会更高,甚至有些商品还会产生售后安装费用;⑥税务成本,随着相关法律的实施,征税会逐步提上日程,尤其是传统企业,其税务成本原本就存在,因此税务成本应该计算在内,一般占比在8%左右;⑦其他成本,包括办公、耗材、网络等成本。

一般而言,规模化程度越高,各项成本就越低;规模化程度越低,各项成本就越高。因为不同的行业存在差异,这里就不再详细介绍。

综合分析,商家在进行网店运营项目决策时,应及早加入行业政策导向好、行业市场趋势好、市场容量大、竞争程度不高、商家利润空间大的行业,先入为主,把握好红利期;而行业趋势下滑、竞争程度大、利润单薄的行业,要谨慎加入。当然具体选择还要结合更全面的分析，如京东商智系统、阿里指数、微信指数等诸多工具的应用，移动端、PC端市场分析对比，B店市场和C店市场的分析对比，商家自身情况调研，以及消费者行为特征调研分析等，由于基本思路接近，这里不再展开介绍。

1.2.2 网店运营规划

1. 网店自身环境分析

网店在制定运营规划时，不仅需要对市场大环境进行调研分析，还需要结合自身情况进行决策，下面我们以李维斯（Levi's）品牌为例，进行网店自身环境分析。

1) 企业发展与运营现状分析

企业规模方面：拥有三千多平方米的产品配送中心，生产基地总占地面积约四万平方米，遍布北京、广州、福建、浙江、四川、吉林等地。

技术实力方面：Levi's 有自己独特的制作工艺和专用机器，有些机器专门从日本和德国引进。Levi's 产品使用的所有材料都是 Levi's 集中采购再分发下来的，质量有保障，对副料尤其是商标数目控制很严格，坏掉的商标必须交到仓库换一个新的出来，而且都有记录。Levi's 要求在出产过程中安插 6~10 道质检工序，发现非及格品都是直接作废，不存在为了压缩成本而返工的情况。

营销方面：线下市场，企业在全国两百多个城市设有销售、物流和售后服务网点；线上市场，企业上线官方网站，进军 B2B 市场、B2C 市场。

2) 网店运营 SWOT 分析

SWOT 分析是企业充分认知市场、竞争对手，做到知己知彼的前提条件。在网店运营工作开始前，企业必须进行充分的 SWOT 分析。

（1）优势（strengths）分析。

①制造优势，企业拥有先进的全机器生产流水线，年销售规模达到 50 亿元，是国内牛仔裤行业前十强企业。

②技术优势，企业拥有强大的研发团队。

③品牌优势，Levi's 品牌享有一定的市场知名度。

④多年电子商务运营经验，企业管理层对电子商务有深刻的认知，且上升至企业战略高度。

（2）劣势（weaknesses）分析。

①在某些比较成熟的细分电子商务市场，如休闲裤、西裤，企业处于落后状态，而且追赶和超越有一定的难度。

②线上、线下冲突。线下数百家经销商对电子商务发展还没有达成一致认可。

③企业原有的工厂化思维与互联网高效灵活的思维模式尚需要逐步协同。

（3）机会（opportunities）分析。

①国家政策的推动。据国家相关政策，未来网上消费成为推动经济社会持续发展的重要力量。

②人们生活水平提升。国内消费需求在不断上升，尤其是随着互联网的普及，民众网

络消费意识在不断增强。

③服装市场规模接近百亿元且以高于20%的速度迅猛发展。企业通过对行业网络市场分析发现，尽管在某些服装领域竞争已相当激烈，但细分市场还存在很大的空间。

（4）威胁（threats）分析。

①网络零售发展已经度过了最佳的红利期，越来越多的服装企业涌入网络零售市场。

②行业竞争不断加剧，个别细分市场商品同质化严重、价格战激烈。

③企业运营成本越来越高，利润不断地被摊薄。

④电子商务市场人才匮乏，人才争夺战愈加激烈。

3）STP分析

在完成SWOT分析后，企业对市场和自身的情况有了比较清晰的认知，接下来就可以进行深度的STP分析。

（1）市场细分（segmentation）分析。

①按照商品分类：长裤、短裤市场；男裤、女裤市场；冬季、春季、夏季、秋季市场。

②按需求档次分类：低端价格敏感型客户市场和中高端的品质追求、体验型客户市场。

③区域需求：一、二、三线城市和四、五线城镇市场。

（2）目标市场（targeting）分析。

①Levi's在牛仔裤研发、制造等方面具有突出优势。

②网络市场牛仔裤方兴未艾，尤其是18～34岁的青年主体，他们不仅时尚意识突出，而且网络购买欲望较强，有一定的支付能力。

（3）市场定位（positioning）分析。Levi's基于牛仔裤尤其是休闲裤市场空白相对较大的现状，以及其在研发、制造、品牌方面突出的优势，将市场定位为网络市场中高端，研发符合年轻群体色彩喜好、功能喜好的产品。这样一方面符合品牌价格定位，避免了和线下市场的冲突，另一方面更符合年轻群体的需求偏好。

2．网店规划

网店规划就是网店要结合市场情况，确定发展战略，制定短期规划和长期规划。

1）确定发展战略

将生产自动化、装备智能化、管理信息化、销售电子商务化、制造服务化定为企业在信息化浪潮下的发展方向，其目的很明确，就是要把电子商务作为企业的一项长期发展战略。

2）制定短期规划

企业基于当前电子商务发展情况，将短期规划确立为占领中高端牛仔裤网络市场。

（1）品牌方面，先以企业传统品牌形象出现，一方面便于借助传统品牌优势，另一方面有利于传统品牌的网络宣传。

（2）产品方面，以市场相对竞争比较小、企业具备优势的牛仔裤为切入点，与此同时培养独立的电子商务运营团队。

（3）价格方面，考虑到品牌在行业的影响力，在短期经营中不宜打价格战，以中高端价位人群为主要市场。

3）制定长期规划

在长期规划中，稳定市场、提升团队实力及网络品牌的影响力成为企业主要目标。

（1）拓展网络分销，加快品牌成长和进一步提升市场占有率。

（2）逐步渗透到休闲裤、T恤领域，多元化发展。

（3）网络市场方面，依托团队优势，逐步拓展国际市场，发展跨境电子商务，与此同时进一步加快原有B2B电子商务步伐。

（4）传统与网络融合方面，通过线下支持线上、线上拉动线下，促进线上、线下融合，推动企业整体销售业绩增长，全面提升品牌影响力。

3．网店营销策略

完成了市场调研及网店规划后，就进入了具体执行环节，包括选品（商品选款）、定价、渠道选择、制订推广促销计划等工作。网店运营是一项系统性工程，需要将调研、规划、营销策略有机地融合在一起。进入项目实施环节，商品的选款、定价就是首先需要考虑的问题，前期做好选品、定价工作了，后续运营就能达到事半功倍的效果。

1）商品选款

商品选款即商家根据目前市场需求变化情况，确定市场经营类目。根据当下网络发展需要确定流量款、利润款、形象款、活动款商品；根据季节变化推出季节款；根据长期商品市场变化推出当前款、培育款。

流量款商品即通常所谓的爆款商品。它面向目标客户中的大众群体，是主推的、流量来源最大的、毛利率趋于中间水平的、转化好的商品。与竞争对手相比，它在价格等方面有明显的优势，后期可带来较大的跟进流量。

利润款商品即利润回报较高的商品，面向目标客户中的小众群体，注重他们对款式、风格卖点的需求，销售目的就是赢利，偏精准推广，商家一般通过定向数据进行测试，或者通过预售方式进行商品调研，以做到供应链的轻量化。

形象款商品即高品质、高客单价的极小众商品，适合目标群体中的细分人群。形象款商品会占商品销售额中的极小部分，商家可以仅保留线上商品处于安全库存，目的就是提升商家的品牌形象。

活动款商品即用于做活动的商品。商家根据活动目的的不同，又可以将其划分为清库存款、冲销量款和品牌款。表1-1所示为活动款商品的分类及款式特征和应用目的。

表1-1 活动款商品的分类及款式特征和应用目的

分　类	款式特征和应用目的
清库存款	款式陈旧、型号不足、销量不高的商品，主要目的是清理库存
冲销量款	一般情况下是基于平台成交额基础要求、部门的关键绩效指标（key performance indicator，KPI）考核等原因未完成业绩指标而确定的商品
品牌款	商家在活动期间放弃商品利润，为让客户感知到商家品牌价值而推出的商品，主要是为了提升品牌形象

2）商品定价的考量因素

网络商品定价与传统商品定价思维方式接近，既要考虑成本因素，又要考虑商品款式因素、促销活动因素等。

首先，成本主要包括商品成本、人员成本、推广成本、包装成本、快递成本、天猫佣金、税收成本、拍摄成本等。由于当下电子商务人才匮乏和网店竞争激烈，在整个运营中，人员成本、推广成本会相对较高，一般分别占营业额的10%左右，而天猫佣金占比为5%，税收成本占比为8%左右，因此商家完成商品定价后，起码要保证商品毛利润大于33%。

其次，从商品款式划分上看，由于流量款、利润款、活动款、形象款在各自的市场定位上存在差异，因此要根据其受众和市场定位的不同再逐个定价。

再次，在定价的过程中一定不能忽略网络促销活动因素的存在，要为促销活动预留一定的空间。一般而言，活动组织方对参加官方活动的商品的活动价格都会有严格的要求，如聚划算、淘抢购、天天特价等活动都要求商品活动价格在15天内保价。

最后，需要考虑竞争对手的价格变化因素、商品的生命周期因素、消费者心理因素等。

3）渠道选择

目前商家开展网店运营可以选择的渠道有很多，选择时主要考虑以下几个因素。

（1）市场认可度。从网络零售的形式看，商家开展网店运营主要的选择有第三方网络零售平台和商家独立商城。独立商城存在认可度不高、技术要求高、引流成本高、网络诚信成本高等问题，而第三方网络零售平台具有整体网购市场认可度较高、流量大且交易环境成熟等优势，因此大多数商家都会从第三方网络零售平台做起。例如，淘宝集市店、天猫商城、京东商城、苏宁商城、当当、国美等传统的第三方网络零售平台，当下比较流行的移动端渠道平台，如拼多多、微店、有赞店铺、抖音小店、快手小店等。

（2）商家资质和入驻成本。考虑到商家资质和入驻成本等因素，商家可以选择在淘宝集市店开设店铺。这类店铺一方面对商家资质要求不高，更重要的是不需要前期交纳技术服务费和交易佣金，而且开店流程简易，但不足之处在于诚信指数比较低、价格战比较激烈，如果没有独特的经营卖点，商家会渐渐地被淹没在数百万不知名的店铺之中。

（3）商家品牌和服务优势。考虑到商家品牌优势及服务优势，商家可以选择在天猫商城、京东商城、苏宁商城等平台开设店铺，在这里经营可以享受平台提供的品牌商家保障、消费者服务保障等一系列红利，同时消费者质量相对较高，有利于商家长期发展。只是商家要为此付出不菲的保证金和交易佣金。

（4）平台特色及优势。各平台有各自的特色和优势，如天猫商城消费者流量大，经营类目丰富，商家后台系统完善；京东商城具有自营店铺口碑优势，物流体验相对较好，消费者质量相对高……但与此同时，商家还需要仔细分析各平台的其他条件，如保证金、交易佣金、账期、商家入驻条件等。

1.2.3 店铺定位与选品

电子商务发展至今，其运营环境已经不似当初那样简单，随着越来越多的商家加入，整个行业逐渐变得规模化、技术化、系统化。俗话说，不打无准备之仗。要开设网店，首先要做好店铺定位。特别是很多小商家，在进入淘宝网参与竞争时，如果不事先做好店铺定位，就很难从众多店铺中脱颖而出。

1．了解淘宝网主推的店铺类型

2009年以来，"小而美"的概念和"千人千面"的个性化推荐机制相继推出。"千人千面"是对"小而美"的概念进行的深化，鼓励商家打造个性化店铺，凸显店铺的特色和主题。也就是说，与之前相比，如今淘宝网更推崇定位清晰、全新个性的店铺。一家店铺如果在定位上更符合淘宝网的要求，就有机会获得更多淘宝网流量。

具体来说，可以这样解释"小而美"。"小"是指在进行店铺定位时，一不可过于宽泛，要精确到某一细分垂直领域或某个小类目，切入商品的单一属性，如大码女装、文艺复古女装等；二要在一个小领域内精耕细作，只服务某一类细分人群，用心研究并全方位满足个性化需求，使消费者产生归属感，提高其黏性、回购率和满意度。图1-10所示为一家专门出售大码男装的店铺。"美"是指首先要专业化，对细分领域内的商品有足够的认识；其次要个性化，也就是使店内页面中的图片、文字、视频保持一定的原创性和较高的设计水准，打造专属于自己店铺的装修风格，标题、主图、短视频以及详情页要能凸显与竞争对手的差异；最后在视觉层面要有足够强的吸引力，给人一种精致、优质的印象。

图1-10 出售大码男装的店铺

2．确定店铺类型

淘宝网目前大力扶持"小而美"的店铺，因此商家在进行店铺定位时，要顺应趋势，深入细分类目，做出特色、打造个性，精准定位目标人群。店铺定位主要从以下3个方面入手：行业、商品和人群。

1）行业定位

选择行业时仅仅考虑需求是不够的。对把开设网店当作长期事业的商家来说，个人主观因素、货源供应情况也需要纳入考量范围。

如果商家有货源，可以首先考虑经营有自身优势的商品。例如，商家有亲友经营服装厂，选择服装类目就拥有先天优势，不仅货源有保障，而且成本更低，利润更高；或者临近服装厂，不仅方便与服装厂保持良好关系以降低成本，还可以避免库存不足或库存积压的风险，并且方便实拍商品图片和短视频，以及保障发货速度，甚至可以当天发货。

如果商家无货源，就需要考虑个人的兴趣爱好。兴趣是最好的老师，有了兴趣，商家自然愿意在店铺经营方面投入时间和精力。例如，你喜欢健身、塑形，平时就会主动关注健身方面的知识，也有意愿深入研究健身器材、食谱等，那么可以选择开设一家经营健身用品的店铺，将兴趣爱好与事业相结合。

如果商家对某个行业比较了解，或者在某个行业中具有原创优势，也可以借此优势打造店铺。例如，你是美术设计专业毕业的学生，有较强的商品设计能力，那么可以考虑自主开发商品，如首饰、家居商品等。

2）商品定位

确定好行业后，商家还要为商品做一个明确的定位。商品的定位决定了店铺的整体方向。商品定位有不同的思路，如从风格入手和从属性入手。

（1）从风格入手：从风格入手定位商品是指明确统一店铺的商品风格，在此基础上进一步确定整个店铺的装修、商品文案、商品主图、模特等的风格。例如，在女装领域，服装风格可以分为学生风、小清新、职业装等。商家进行风格定位时，择一即可，不可贪多贪全，否则会使店铺给人一种杂乱无章的感觉。图1-11所示为一家专门出售中式女装的店铺，可以看出该店铺的商品款式、商品主图、详情页、模特等都比较符合中式风格定位。

图1-11　出售中式女装的店铺

（2）从属性入手：从属性入手定位商品是指对商品的某一属性加以凸显，如颜色、尺码、体积等，使所有商品都符合这一特殊的属性要求。大码男装就是这方面的典型案例，从衣服尺码这一属性入手，可将目标人群精准定位于身材较胖的男性。这部分男性一方面难买衣服，另外有些不自信，怕衣服实际上身效果不好。如果商家能够认真研究他们的需求，揣摩他们的心理特点，在细节上充分为他们考虑，就可以使店铺的消费者黏性、回购率、客单价比出售同类商品但定位不明确的店铺高。图1-12所示为一家只出售大码男装的店铺，商家以"大码男装"来强调商品的独特性，在"男装"这个类目下，通过衣服尺码进一步细分商品，精准吸引和服务大码男装消费群体。

图1-12　出售大码男装的店铺

3）人群定位

人群定位是指明确店铺服务的目标人群，了解其消费偏好和消费习惯，从而为后续的选品、价格定位、店铺装修等做好准备。进行人群定位需要考虑很多因素，包括消费者的性别、年龄、地域等，下面分别进行介绍。

（1）性别：部分类目商品的消费者在男女比例上有很大差异，如在女装、化妆品的消费者中，女性占绝大多数，而数码、男装的消费者则以男性居多。一般来讲，男性和女性消费者在审美和消费习惯上都存在差异，因此商家在装修、文案、客服等方面应该更有针对性。以经营化妆品的商家为例，其消费者多为女性，因此店铺在装修、文案等方面应该偏向女性化，以更符合女性的审美和需求，在进行客户服务时则要更加贴心，如赠送一些化妆棉等小礼品，以提升消费者的购物体验。

（2）年龄：某一类商品在消费者性别方面可能无差异，但比较适合某个年龄段的消费者，如韩版服饰的消费群体通常以青少年为主。一般来讲，不同年龄的消费者在消费水平、消费心理上都有所不同，如青年群体一方面没有足够的经济实力，另一方面又喜欢跟随潮流、表现个性，对款式、风格有很高的要求。因此，如果商家将目标人群定位为青年群体，就应该打造活泼、开放、有趣的店铺风格，使文案更富有个性，多使用流行语和借势热门话题。

（3）地域：我国地域辽阔，不同地区在文化上各有差异，尤其是饮食文化。因此，如果某类商品的消费者主要集中在某一个或几个地区，商家就应该在店铺运营中多考虑这方面的因素，给予该地区的消费者特别优惠（如包邮政策），或者凸显地方特色。

3．产品选择

在确定进货渠道之后，商家接下来要做的就是进货。商家在产品选择上需要把握细节，因为这关系到生意的好坏。

1）价位

商家应根据店铺价位来选择产品。产品按价位可以分为低价跑量式、中档大众式、高档精品式 3 种，同类产品也会有不同的价位，相应地，其在质量或其他因素上也存在一些区别。不同合作模式对应不同的进货价格，在协商价格时，商家要适当议价，切忌死缠烂打，须知，给供货商留下良好印象是合作的基础。商家要灵活应变，如可与供货商协商根据销量变动折扣、销售返点等。

2）数量

商家在初期进货时，应该尽量多选几款产品，每款产品的数量可以少一些。产品款式多样可使店铺看起来产品丰富，让客户认为有挑选的余地，从而产生挑选的兴趣。商家在刚开店时，对客户需求的把握不足，应避免同一款产品进货太多，以免造成积压，不利于及时更新产品，从而造成恶性循环。

3）市场需求

商家在进货时还要考虑市场需求，要考虑自己进的货是不是目前流行的、是否适合目前的季节、是否能满足客户的需求。商家应在对市场进行全面了解和分析后有针对性地进行进货，而不能凭自己的兴趣想进什么货就进什么货。

4）质量

在进货时，产品质量的把关是一个非常重要的环节。产品质量的好坏对经营业绩起着决定性的作用。如果产品质量不过关，就会在销售中产生很多麻烦。因为开网店并不是把产品卖出去就可以了，商家还要做很多后续的工作，包括售后服务等。客户若对产品质量不满意，则有权要求退换。一款质量有问题的产品，会使商家陷入无休止的退换货纠纷当中，这对店铺经营是极其不利的。因此，商家在进货时要把好质量关，防患于未然。如果商家在进货时觉得某款商品不错，但是在销售过程中，很多客户对这款产品的质量提出质疑，或者不断有退换货情况出现，那么商家应及时将这款商品下架，停止销售。

5）持续优化

在与供货商交往的过程中，商家要注意持续优化双方的合作关系。在发现问题时，商家要及时解决，让双方的合作关系不断融洽、升级。

1.2.4 货源的选择

1. 选择厂家货源

一件商品从生产厂家到买家手中，要经过许多环节，其基本流程如下：原料供应商→生产厂家→全国批发商→地方批发商→终端批发商→零售商→买家。

如果是进口商品，还要经过进口商、批发商、零售商等环节，涉及运输、报关、商检、银行和财务结算。经过如此多环节、多层次的流通组织和多次重复运输的过程，自然就会产生额外的附加费用。这些费用都会被分摊到每一件商品上，所以对于一件出厂价格为 2 元的商品，买家往往需要花 15 元才能买得到。

如果卖家可以直接从厂家进货，有稳定的进货量，无疑可以拿到理想的价格。而且正规的厂家货源充足，信誉度高，如果长期合作的话，一般都能争取商品调换和退货还款。但是，能从厂家拿到的货源商品一般并不多，因为多数厂家不愿意与小规模的卖家打交道，但有些线下不算热销的商品是可以从源头进货的。一般来说，厂家要求的起批量非常大。以外贸服装为例，厂家要求的批发量要在近百件或上千件，若达不到要求，是很难争取到合作机会的。

通过下面几种方法，可以辨别厂家的实力。

（1）电话验证。通过114查号台或电话黄页进行查询，核查对方的电话是否属实。一般正规厂家都很重视业务电话，都希望客户一查就能得知自己的电话号码，所以厂家往往会把电话号码予以登记。卖家除了核查电话号码登记问题，还可以通过在不同时段给他们打电话来验证厂家是否正规。

（2）证件查询。卖家可以要求厂家提供营业执照和税务登记证等复印件。如果厂家以担心被非法利用为由而拒绝此要求，那么可直接打电话到相关部门去查询。因为正规的厂家都必须正式登记在册，而从税务登记证上就可以看出对方是一般纳税人还是小规模纳税人，或者根本从未进行税务登记。

（3）价格辨别。卖家可以通过分析对方的定价模式来辨别其是否正规。正规厂家都有稳定的价格体系，而且通常不会允许新买家随意讨价还价。厂家内部的规章制度往往比较健全，所以除了决策层，任何员工都无权私下更改定价模式。卖家可以多次让他们对同一商品进行报价，也可以让他们对各种商品不断地进行报价，以此来分析他们的定价模式，判断他们的价格体系是否稳定与完善。

（4）规模辨别。辨别厂家实力的要点就在于确认其生产经营规模的大小，比如评定世界财富500强时，其年销售额就是重要的指标之一。生产规模大、经营时间长、综合实力强的正规厂家，往往商品的品种多、款式全、生产经验足。

2．大型批发市场进货

虽然从厂家进货可以掌握一手货源，利润比较大，但是一般的厂家都有一定的大客户，它们通常不会和小客户合作。批发市场的商品价格一般比较便宜，这也是大多数卖家选择最多的货源地。

与其他几种渠道相比，批发市场对于新手卖家的确是一个不错的选择。如果你刚好生活在大城市，周围有大型批发市场，不妨就去那里看一看。多与批发商交往，你不但可以熟悉行情，还可以拿到很便宜的批发价格。

通过和一些批发商建立良好的供求关系，卖家不仅能够拿到第一手的流行货品，而且能够保证商品价格处于低位，这不但有利于商品的销售，而且有利于卖家积累信用。

知识链接

批发市场进货的优势

卖家找到货源后可先进少量的货，在网上试卖一下，如果销量好，再考虑增大进货量。有些卖家和批发商关系很好，往往是商品卖出后才去进货，这样既不会占用资金，又不会造成商品的积压。总之，不管通过哪种渠道寻找货源，低廉的价格都是关键因素。

3．电子商务批发网站进货

全国最大的批发市场主要集中在几个大城市里，而且有很多卖家没有条件千里迢迢地去这些批发市场。因此，阿里巴巴、生意宝等作为网络贸易批发平台，充分显示了其优越性，为很多偏远地区的卖家提供了很大的选择空间。它们不仅查找信息方便，还专门为偏远地区的卖家提供相应的服务，并且起批量很小。图 1-13 所示为在阿里巴巴网站进货。

图 1-13　阿里巴巴网站进货

1.3　常见的网上开店平台

1.3.1　淘宝网

淘宝网由阿里巴巴集团在 2003 年 5 月创立，是我国受众非常大的一个网购零售平台。近几年，随着规模的不断扩大和用户数量的快速增加，淘宝网逐渐由原本的 C2C 网络集市变成了集 C2C 团购、分销、拍卖等多种电子商务模式于一体的综合性零售商圈。

淘宝网为淘宝会员打造了非常全面和完善的网上交易平台，操作也比较简单，非常适合想要开设网络店铺的个人卖家，如图 1-14 所示。

图 1-14　淘宝网首页

1.3.2 天猫商城

天猫商城原名淘宝商城，是一个综合性购物网站。天猫商城是淘宝网打造的 B2C 电子商务网站，整合了众多品牌商和生产商，为消费者提供了 100%品质保证、7 天无理由退货，以及购物积分返现等优质服务，其中天猫国际还为国内消费者直供海外原装进口商品。图 1-15 所示为天猫商城首页。

图 1-15　天猫商城首页

1.3.3 京东

京东是一家自营式电子商务企业，京东集团旗下设有京东商城、京东金融、京东智能等，其售后服务、物流配送等方面的软、硬件设施和服务条件都比较完善。京东商城与天猫商城一样，是 B2C 类型的电子商务网站，入驻京东必须具备一些基本的条件。京东首页如图 1-16 所示。

图 1-16　京东首页

1.3.4 拼多多

拼多多是国内移动互联网的主流电子商务应用产品，专注于 C2M 拼团购物的第三方社交电子商务平台。它成立于 2015 年 9 月，用户通过发起和朋友、家人等的拼团，可以以更低的价格，拼团购买优质商品。

拼多多旨在凝聚更多人的力量，用更低的价格买到更好的商品，体会更多的实惠和乐趣。通过沟通分享形成的社交理念，形成了拼多多独特的新社交电子商务思维。2019 年 12 月，拼多多入选 2019 年中国品牌强国盛典榜样 100 品牌。截至 2020 年年底，拼多多年活跃买家数达 7.884 亿。图 1-17 所示为拼多多优惠商城网页。

图 1-17　拼多多优惠商城网页

1.3.5 微店

微店属私域开店模式，本质上就是提供让微商玩家入驻的平台，有点类似 PC 端建站的工具。它不同于移动电子商务的 App，主要利用 HTML5 技术生成店铺页面，使用更加轻便，商家不仅可以直接装修店铺，上传商品信息，还可以通过自主分发链接的方式与社交结合进行引流，完成交易。

微店作为一个微商平台，一头连着供货商，一头连着网民。而 B2C 模式和互联网企业推出的 C2C 模式的微店的开设将冲击微信朋友圈的代购生意，也对肃清微信上的非正规 C2C 交易有所帮助。对平台提供方来说，微店可收集用户数据，和线下实体结合，间接获得收益。对于商家来说，进驻微店所需的资金、人力等门槛较低，降低了开店的成本，可以有效控制风险。

微店利用社交分享、熟人经济进行营销，商家要想真正通过微店掘金，平台提供方想真正通过微店圈住商家，前提是平台规则、假货遏制、信用、监管体系等微商整个生态的管理机制更加改善。图 1-18 所示为微店首页。

图 1-18　微店首页

技能实训

【实训目标】

通过实训，使学生初步认识网店运营的基础，如网上开店的流程、网店运营市场调研、网店运营规划、店铺定位与选品、货源的选择等。

【实训内容】

了解网店运营的基础知识，掌握网店运营前期准备阶段需要的技能。

【实训步骤】

（1）以 2～3 人为单位组成一个团队，设负责人一名，负责整个团队的分工协作。

（2）团队成员通过分工协作，多渠道收集相关资料。

（3）团队成员对收集的材料进行整理，总结并分析网店如何定位与选品，如何选择货源等。

（4）各团队将总结制作成表格，派出 1 人作为代表上台演讲，阐述自己团队的成果。

（5）教师对各团队的成果进行总结评价，指出不足并提出改进措施。

【实训要求】

（1）考虑到课堂时间有限，实训可采取"课外+课内"的方式进行，即团队组成、分工、讨论和方案形成在课外完成，成果展示安排在课内。

（2）每个团队方案展示时间为 10 分钟左右，教师和学生提问时间为 5 分钟左右。

复习思考题

1．网上开店的概念是什么？

2．网店运营 SWOT 分析包括哪些内容？

3．商品选款包括哪些内容？

4．如何选择货源？

第 2 章 网店开通与管理

本章主要介绍网店的申请与设置、商品发布、网店的日常管理、平台规则等。通过对本章的学习，你可以对网店运营有一个初步的了解，为深入学习网店运营打下基础。本章将从网店的申请与设置、商品发布、网店的日常管理3个方面进行阐述，供大家学习、交流。

思政导学

通过对电子商务良好的发展前景和巨大经济潜力的介绍，引导学生在该领域自主创业，让学生积极投身祖国经济事业的建设，为实现强国目标贡献自己的力量。

教学目标

本章教学目标		
1	知识目标	● 了解网店的申请与设置 ● 了解商品发布 ● 了解网店的日常管理
2	能力目标	● 掌握淘宝店铺的申请流程 ● 掌握店铺的基本设置 ● 掌握商品发布的流程
3	素质目标	● 熟练运用所学知识 ● 学会正确的网店开通方法

2.1 网店的申请与设置

2.1.1 淘宝店铺的申请流程

1. 了解店铺模式

在淘宝网上开店有3种店铺模式：个人店铺、企业店铺和天猫店铺。

1）个人店铺

（1）开设个人店铺有以下条件限制。

①阿里巴巴工作人员无法创建淘宝店铺。

②一个身份证只能创建一个淘宝店铺。

③相同的账号若创建过 U 站或其他站点，则无法创建淘宝店铺，可更换账号开店。

④相同的账号若创建过天猫店铺，则无法创建淘宝店铺，可更换账号开店。

⑤相同的账号若在 1688 网站有过经营行为，则无法创建淘宝店铺，可更换账号开店。

（2）店铺释放规则也需要了解。一旦店铺被释放，店主可以登录卖家中心激活店铺，按照提示完成指定操作，店铺就可重新开张。

2）企业店铺

企业店铺是指通过支付宝商家认证，并以工商营业执照开设的店铺。申请认证分为以法人名义和代理人名义两类。以法人名义，需要企业/实体店铺的营业执照、法人身份证件、银行对公账户；以代理人名义，需要企业/实体店铺的营业执照、法人身份证件、银行对公账户、代理人的身份证或者盖有公司红章的身份证复印件、委托书。

相比普通的个人店铺，企业店铺具有以下优势。

（1）在店铺信息展示上，注册淘宝企业店铺会在店铺搜索、宝贝（淘宝网对"商品"的称呼）搜索、下单页、购物车等页面上均有一个明显的企业店铺标识，用以区分企业店铺和个人店铺，单击店铺页面上的国徽标识，还可以查看工商营业执照信息。

（2）在商品发布数量上，企业店铺比个人店铺多出很多。一冠以下的企业店铺可发布的商品数量等同于一冠个人店铺的发布数量。

（3）在橱窗推荐位上，企业店铺比个人店铺多了 10 个橱窗位的额外奖励。

（4）在账号数量上，企业店铺在个人店铺的基础上再增加 18 个。

（5）在店铺名设置上，企业店铺可以使用个人店铺不能使用的"企业""集团""官方"等特殊关键词。

（6）在直通车报名上，企业店铺在信用等级分中的门槛很低，只要大于零即可。而个人店铺则需要考虑其消保保证金情况、作用等级、店铺评分等诸多因素。

3）天猫店铺

（1）天猫店铺类型。

①旗舰店：商家以自有品牌（商标为 R 或 TM 类型）或由权利人独占性授权入驻天猫开设的店铺。

②专卖店：商家持他人品牌（商标为 R 或 TM 类型）授权文件在天猫开设的店铺。

③专营店：经营天猫同一经营大类下两个及以上他人或自有品牌（商标为 R 或 TM 类型）商品的店铺，在一个经营大类下专营店只能申请一家。

（2）天猫开店资费组成如表 2-1 所示。

表 2-1　天猫开店资费组成

项　目	具体要求
保证金	在天猫经营必须缴纳保证金。保证金主要用于保证商家按照天猫的规范进行经营，并且在商家有违规行为时根据《天猫服务协议》及相关规定用于向天猫及消费者支付违约金。根据店铺性质及商标状态不同，保证金的金额分为 5 万元、10 万元和 15 万元 3 档
技术服务年费	商家在天猫经营必须缴纳年费。年费金额以一级类目为参照，分为 3 万元和 6 万元两档
实时划扣技术服务费	商家在天猫经营需要按照其销售额（不包含运费）的一定百分比缴纳技术服务费

2．申请淘宝店的流程

以个人店铺为例，新店前期还需要投入一些店铺装修、营销工具的使用等费用。明确这些后即可使用账号、密码登录淘宝，进行店铺的申请以及开店认证等。

步骤 1：进入淘宝网首页，单击左上角的"免费注册"按钮，如图 2-1 所示。

图 2-1　单击"免费注册"按钮

步骤 2：仔细阅读注册协议，选中其前面的复选框，如图 2-2 所示。

图 2-2　选中注册协议前面的复选框

步骤3：填写手机号和验证码，点击"注册"按钮，完成淘宝网注册，如图2-3所示。

图2-3　完成淘宝网账号注册

步骤4：输入会员名和登录密码，登录淘宝账号，如图2-4所示。

图2-4　登录淘宝账号

步骤5：进入淘宝网首页，单击"千牛卖家中心"按钮，如图2-5所示。

图2-5　单击"千牛卖家中心"按钮

步骤6：进入卖家中心的免费开店界面，单击"0元开店"按钮，如图2-6所示。

图 2-6　单击"0 元开店"按钮

步骤 7：进入"淘宝免费开店"界面，单击"个人开店"按钮，如图 2-7 所示。

图 2-7　单击"个人开店"按钮

步骤 8：单击"已准备好，开始开店"按钮，如图 2-8 所示。

图 2-8　单击"已准备好，开始开店"按钮

步骤 9：单击"0 元开店"按钮，如图 2-9 所示。

图 2-9 单击"0 元开店"按钮

步骤 10：进行实人认证，打开手机淘宝，扫描二维码，完成"扫脸认证"，如图 2-10 所示。

图 2-10 实人认证

步骤 11：手机端完成认证，即可成功开店，如图 2-11 所示。

图 2-11 完成开店

2.1.2 店铺的基本设置

1. 设置店铺名称

对淘宝店铺来说，店铺名称是非常重要的，一个好的店铺名称

微课：设置店铺名称

可以让消费者记忆深刻，而一个不好的店铺名称容易让消费者产生反感。因此，商家在设置店铺名称时要遵循以下规则。

（1）尽量使用汉字，不要使用字母和数字，因为字母和数字比汉字要难记很多。如果商家想和外国人做生意，或者有特殊用意，就另当别论了。

（2）店铺名称要与店铺经营的商品相吻合。消费者习惯通过店铺名称来判断商家卖的是什么商品，一般专业的店铺名称大多与商品有关。例如，韩都衣舍卖的就是韩版服装，阿芙精油卖的就是精油，小狗电器卖的就是电器。

（3）店铺名称要简洁、易读、易记。卖家所起的店铺名称是要让消费者记住的，所以要简洁、易读、易记。"七格格""麦包包""御泥坊"等店铺名称就非常简洁，易于传播。有些店铺名称中有繁体字和异体字，很多消费者都不认识，就更难记住了。

店铺标志会在消费者搜索店铺时显示出来（见图2-12），是消费者对店铺的第一印象。

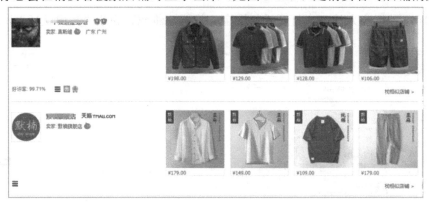

图2-12　店铺标志

商家都会制作一个和自己店铺有关的标志，可以用制图软件（如Photoshop）来制作，也可以利用一些免费网站来制作。例如，有用模板网可以帮助商家免费制作店铺标志，如图2-13所示。

图2-13　有用模板网

2. 录入店铺简介和经营地址

1）店铺简介

店铺简介会在店铺索引中出现，一般分为 3 部分：掌柜签名、店铺动态、主营宝贝。一份好的店铺简介必然会为卖家带来更多的收益。

（1）掌柜签名。店铺的签名可以是店铺的一种展示，也可以是店铺的口号，如包你满意、美人衣橱。

（2）店铺动态。定时更新促销打折信息，如近期全场几折，有哪些宝贝在打折，几号有上新宝贝等信息，以及"满 2 件包邮""全场 5 折""红包等你拿"等。

（3）主营宝贝。主营宝贝就是店铺的主要经营宝贝以及主要风格，如女装、女鞋就属于主要经营宝贝，而复古女装、森系女装等就是宝贝的主要风格，总之要想尽一切办法把店铺主要宝贝的风格类型表现出来。

2）经营地址

淘宝平台要求卖家填写真实的地址，因为后期有可能会涉及退换货服务，如果地址不正确，有可能会收不到退回的快递。

3. 撰写店铺介绍

店铺介绍与店铺简介大致相同，只不过要求更详细一些，其内容不得少于 10 个字，也不得多于 25 000 个字，主要内容有店铺名字、主营产品、店铺产品优势、特点等。在撰写时，须注意介绍文字精辟简洁，文字不能与店铺相背离，可适当加入一些产品关键字，语句简单易懂且突出品牌概念，不要掺杂符号，使用的图片要根据自己店铺风格来定，不要乱搭配。以下是店铺介绍的一些常用写法。

1）简洁型的淘宝店铺介绍书写方式

只写上一句话或一段话，再加上淘宝平台默认名片式的基本信息和联系方式，常见的介绍包括以下几种。

（1）欢迎光临本店，本店新开张，诚信经营，只赚信誉不赚钱，谢谢！

（2）本店商品均属正品，假一罚十，信誉保证。欢迎广大客户前来放心选购，我们将竭诚为您服务！

（3）本店专门营销××商品，假一罚十，信誉保证。本店的服务宗旨是用心服务、以诚待人！

2）消息型的淘宝店铺介绍书写方式

这种书写方式就是将店铺最新的优惠活动发布在淘宝店铺介绍中，它不但能吸引喜欢优惠活动的新买家，如果有时间段优惠，还能促使买家下定决心，尽快购买。

3）独特型的淘宝店铺介绍书写方式

你可以把产品的优势、服务的优势或者店铺的特点写出来，自己创造广告语，如写一首幽默的打油诗。

4）详细型的淘宝店铺介绍书写方式

你不可能知道每个买家到你的淘宝店铺介绍页面里想了解什么，因此可以考虑把信息写得详细一些，如购物流程、联系方式、物流方式、售后服务、温馨提示等。

5）参照别人的书写格式

你可以多看一些皇冠店铺或者钻石卖家都是怎么写的，或者收集一些实体店的店铺介绍，再结合自己的情况，写出适合自己淘宝店铺的介绍。

4．确定主要货源

在店铺的基础设置中，对主要货源可以选择来自线下批发市场、实体店拿货、阿里巴巴批发、分销/代销、自己生产、代工生产、自由公司渠道，如果暂时没有确定货源渠道，也可以选择货源还未确定。

分销平台是淘宝提供的一个平台，可以让供应商在这里招收代理，让卖家在这里寻找商业伙伴，并从平台直接下载商品到店铺。每个卖家需要做的是从平台下载商品到店铺，进行每个商品标题的修改及销售，无须发货，有买家下单后可直接到分销平台对供应商下单，省时省力。

5．店铺基本信息设置操作流程

步骤1：登录淘宝网账号，进入"卖家中心"页面，选择左侧"店铺管理"栏中的"店铺信息"选项，单击"去管理"按钮，如图2-14所示。

步骤2：在"店铺名称"文本框中输入店铺名称，单击"上传图片"按钮，进行店铺标志上传，输入"联系地址"，如图2-15所示。

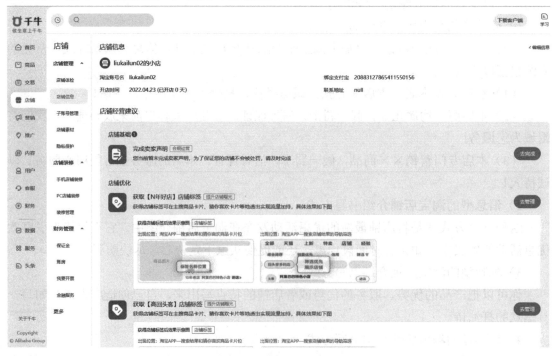

图2-14 单击"去管理"按钮

图 2-15　输入基本信息

步骤 3：设置域名。所谓域名，是指网站的地址，如淘宝网的域名是"www.taobao.com"。淘宝店铺的网址都是淘宝网下的二级域名，格式为"××××.taobao.com"。如果商家没有设置过域名，淘宝网就会给店铺自动分配一个域名，格式为"shop+数字.taobao.com"。例如，"shop69845714.taobao.com"就是淘宝网自动分配的一个店铺域名。这样的域名在字面上没有任何意义，客户不容易记住，所以一般网店都会设置自己的域名，如图 2-16 所示。

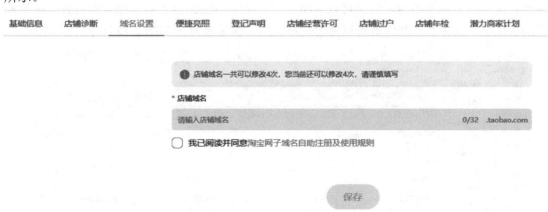

图 2-16　设置域名

步骤 4：进行登记声明。选择符合自己的实际经营情况，然后单击"确认提交"按钮，如图 2-17 所示。

图 2-17 完善"登记声明"

2.2 商品发布

2.2.1 商品发布的流程

1. 缴纳保证金

淘宝网让商家缴纳保证金是为了更好地保证消费者的利益。在缴纳保证金之后,商家就可以获得消费者保障服务资格。在开设淘宝店铺之后,商家应该先缴纳保证金,如果没有缴纳保证金,就不能发布新商品,只能发布二手商品。保证金的最低额度是 1000 元,不同类目的保证金额度不同,商家可以多缴。在商家缴纳保证金之后,淘宝网会暂时冻结商家的保证金,商家在不开店后可以随时提取出来。保证金界面如图 2-18 所示。

图 2-18 保证金界面

2. 商品发布的流程

步骤1：进入卖家中心，选择"商品"中的"发布新商品"选项，如图2-19所示。

图2-19　选择"发布新商品"选项

步骤2：上传商品主图，最多可以选择4张商品主图，淘宝网会自动生成白底图及长图。若商品含条形码，则可以输入商品条形码或者上传商品条形码图片，如图2-20所示。

图2-20　上传商品主图

步骤3：确认商品类目，填写品牌和货号，单击"下一步，完善商品信息"按钮，如图2-21所示。

图2-21　确认商品类目

步骤4：在"基础信息"选项卡中，选择宝贝类型，设置宝贝标题、类目属性等基本信息，如图2-22所示。

图 2-22　完善基础信息

步骤5：在"销售信息"选项卡中，设置颜色分类、价格、数量等销售信息，如图2-23所示。

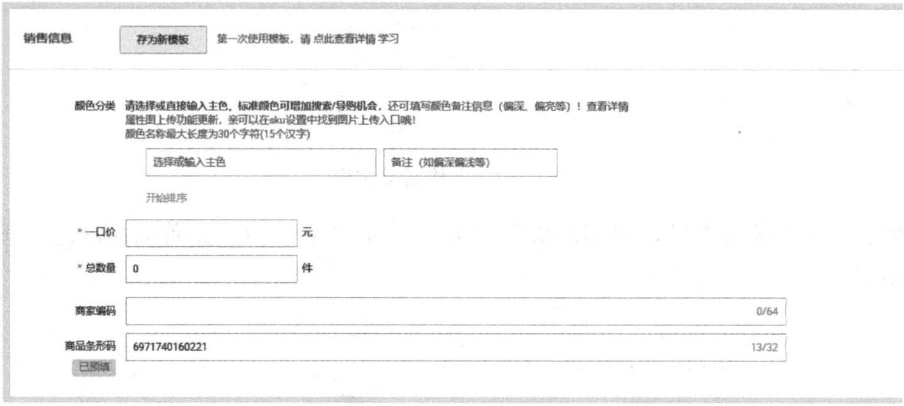

图 2-23　完善销售信息

步骤6：设置支付信息和物流信息，如图2-24所示，并选择相应的运费模板。

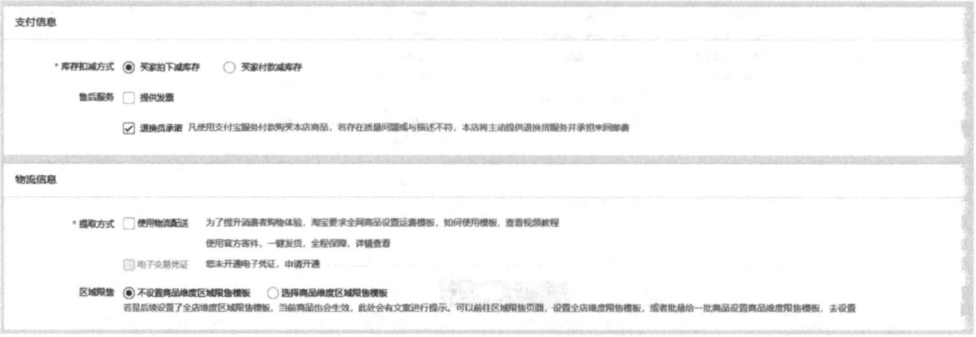

图 2-24　完善支付信息和物流信息

步骤 7：在"图文描述"选项卡中，添加宝贝图片和主图视频（商家需提前准备好这些素材），如图 2-25 所示。

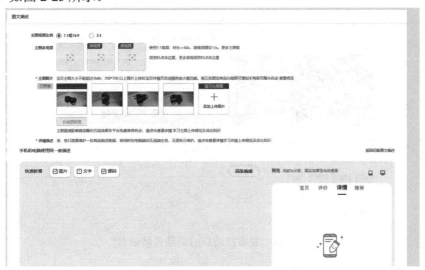

图 2-25　设置图文描述信息

步骤 8：在"售后服务"选项卡中，设置售后服务类型、商品上架时间和会员是否参与打折等售后服务信息，如图 2-26 所示。

图 2-26　设置售后服务信息

步骤 9：单击"提交宝贝信息"按钮，商品发布成功，如图 2-27 所示。发布成功的商品通常要在 30 分钟后才能在店铺、分类、搜索结果中显示出来。

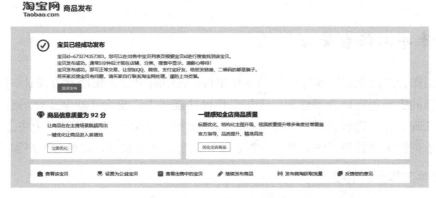

图 2-27　商品发布成功

步骤10：单击"查看该宝贝"按钮，就可以看到发布成功后的商品具体信息，如图2-28所示。

图2-28　发布成功后的商品具体信息

2.2.2 淘宝助理的使用步骤

步骤1：打开淘宝助理，输入会员名和密码，单击"登录"按钮。
步骤2：单击"宝贝管理"中的"导入CSV"按钮。
步骤3：选择要导入的数据包（*.csv文件），单击"打开"按钮。
步骤4：选择要上传的宝贝，单击"上传宝贝"按钮。
步骤5：在弹出的"上传宝贝"对话框中可以看到宝贝的状态，单击"上传"按钮。
步骤6：在上传完成后，状态栏中就会显示上传成功。
步骤7：选中一个宝贝，单击"手机详情"中的"导入"下拉按钮，在弹出的下拉列表中选择"导入页面版详情"选项。
步骤8：若导入的图片不符合淘宝网的尺寸要求，则单击"一键适配"按钮。
步骤9：在适配成功后，单击"保存并上传"按钮，更新宝贝信息。

2.3　网店的日常管理

2.3.1 千牛工作台管理

千牛工作台是阿里巴巴卖家使用的工作平台。它由阿里巴巴集团官方设计、授权使用，淘宝和天猫的卖家都可以登录使用。千牛工作台功能强大，集合了卖家工作后台、沟通中心、阿里旺旺、订单查看管理、数据分析、商品上架和下架等多个功能。千牛工作台的主要价值在于帮助卖家管理店铺、整合数据、统计流量、分析数据、记录与客户沟通内容等。

1. 千牛工作台的下载

步骤1：进入淘宝网首页，单击页面右侧的"网站导航"超链接，如图2-29所示。

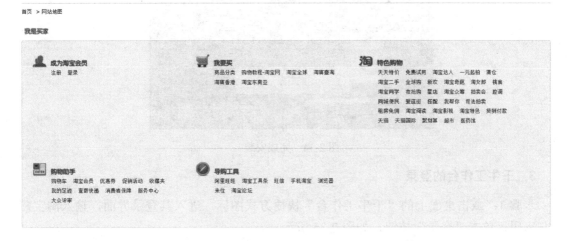

图 2-29 单击"网站导航"超链接

步骤 2：进入"网址导航"页面，单击页面中"导购工具"栏下方的"阿里旺旺"超链接，进入"阿里巴巴客户端产品族"官网下载页面，选择"我是卖家"选项，如图 2-30 所示。

步骤 3：打开千牛页面，单击"下载"按钮。在打开的页面中，单击"电脑客户端下载"按钮，进入千牛下载页面，根据电脑操作系统选择相应的版本，单击"下载"按钮，开始下载卖家版阿里旺旺，如图 2-31 所示。

图 2-30 选择"我是卖家"选项

图 2-31 千牛下载页面

2. 千牛工作台的安装

步骤 1：双击保存在本地计算机中的千牛工作台安装程序，打开"千牛工作台安装向导"对话框，单击"立即安装"按钮，如图 2-32 所示。

步骤 2：进入开始安装千牛工作台界面，如图 2-33 所示。

图 2-32 单击"立即安装"按钮

图 2-33 进行安装

步骤3：安装完成后单击"完成"按钮，即可打开工作台的登录页面，如图2-34所示。

图 2-34　完成安装

3. 千牛工作台的登录

步骤1：双击桌面上的"千牛工作台"快捷方式图标，进入其登录界面，输入淘宝账号与密码，单击"登录"按钮，如图2-35所示。

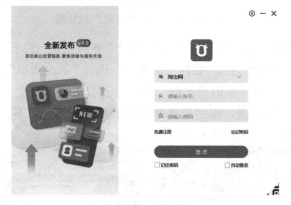

图 2-35　进入登录界面

步骤2：登录千牛工作台，如图2-36所示。

图 2-36　登录千牛工作台

4．千牛工作台的设置

单击千牛工作台界面右上角的"设置"按钮，在弹出的下拉菜单中选择"系统设置"选项，如图2-37所示。

步骤1：聊天设置。在左侧工具栏中选择"消息中心"选项，设置需要的功能，如图2-38所示。

图2-37　选择"系统设置"选项

图2-38　选择"消息中心"选项

步骤2：消息提醒设置。选择"接待设置"栏中的"提醒"选项，设置需要的功能，如图2-39所示。

步骤3：文件管理设置。选择"文件管理"选项，设置"文件管理"地址和"文件接收"地址，如图2-40所示。

图2-39　设置消息提醒　　　　　　图2-40　设置文件管理和文件接收地址

步骤4：个性签名设置。选择"个性签名"选项，单击"个性签名"按钮，待弹出"个性签名"文本框后，单击"新增"按钮，输入自己想要的签名，单击"保存"按钮完成操作，如图2-41所示。

步骤5：接待设置。选择"接待"选项，选中"快速切换客户（ctrl+tab），有未回复消息的优先显示"复选框，选中"切换接待客户（esc），按等待时长优先接待"复选框，如图2-42所示。

图 2-41　输入自己想要的签名　　　　图 2-42　设置接待选项

步骤 6：自动回复设置。选择"自动回复"选项，单击"自动回复"按钮，跳转到"客户服务平台"，选中"我已阅读并同意以上协议"复选框，如图 2-43 所示。

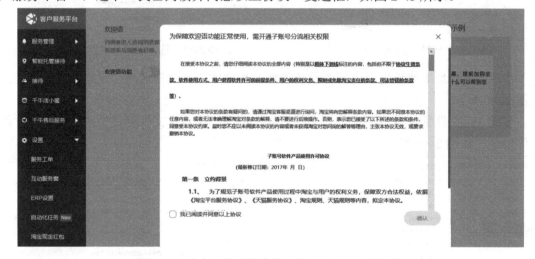

图 2-43　选中"我已阅读并同意以上协议"复选框

步骤 7：欢迎语设置。启用"欢迎语功能"，单击"基础方案"按钮，如图 2-44 所示。

图 2-44　设置欢迎语（1）

步骤8：选择"欢迎语模板设置"中的"售前通用"选项，单击"通用模板"，单击"启用"按钮，设置自己需要的"欢迎话术"，单击"保存"按钮，同样操作设置"售后通用"和"无人接待时"，如图2-45所示。

图2-45　设置欢迎语（2）

步骤9：设置"关联问题"，单击"添加"按钮，如图2-46所示。

图2-46　设置"关联问题"

步骤10：单击左下角"添加、编辑问题"按钮，选择"新增问题"选项，输入问题和答案，单击"保存"按钮，可以单击"新增问题"按钮，继续添加问题，如图2-47所示。

图2-47　添加问题

步骤11：返回"选择关联问题"页面，单击"刷新"按钮，选择需要的问题，单击"确认添加"按钮，单击"保存"按钮，同样操作设置"售后通用"和"无人接待时"，如图2-48所示。

图 2-48　选择关联问题

2.3.2　商品交易管理

1. 上架宝贝

商家在发布商品时可以选择立即上架，也可以选择将宝贝存放在仓库中。如果使用一键传淘宝功能，宝贝就会默认存放在仓库中。在仓库中的宝贝，商家只有选择将其上架，消费者才可以看到。

选择"我的宝贝"→"仓库中的宝贝"选项，就会出现宝贝列表。接下来商家只需要选中一个宝贝，单击该宝贝右侧的"操作"→"更多"→"立即上架"超链接即可上架该宝贝，如图2-49所示。

图 2-49　上架单个宝贝

如果要同时上架多个宝贝，那么商家只要选中相应宝贝的复选框，单击宝贝列表上方的"批量上架"按钮即可。

2．下架出售中的宝贝

出于某种原因，如换季、没库存等，商家需要将出售中的宝贝下架。选择"宝贝管理"→"出售中的宝贝"选项，在右侧出现的宝贝列表中选中要下架的宝贝，单击"更多"→"立即下架"超链接即可，如图 2-50 所示。

图 2-50　下架出售中的宝贝

3．修改出售中的宝贝信息

在出售中的宝贝界面中，商家可以直接修改宝贝的标题、价格和库存，如图 2-51 所示。

图 2-51　修改出售中的宝贝信息（1）

如果想修改宝贝的其他信息，那么可以单击"编辑商品"超链接。在跳转到的界面中，商家可以对宝贝的相关信息进行修改，如图2-52所示。

图 2-52　修改出售中的宝贝信息（2）

4．删除仓库中的宝贝

对于某些不再销售的宝贝，商家可将其删除。选择"宝贝管理"→"仓库中的宝贝"选项，在宝贝列表中选中要删除的宝贝，单击"批量删除"按钮，即可删除该宝贝，如图2-53所示。

图 2-53　删除仓库中的宝贝

5. 让宝贝在指定的时间自动上架

淘宝网规定，商品上架的有效期为 7 天，商品在上架 7 天后自动下架，又会马上自动上架。为什么要有这个规定呢？主要是为了公平，商品的评价、销量、价格等因素都不会影响商品的下架周期，对所有商品都是公平的。淘宝网对某些类目的商品会给予下架时间特别高的权重，快下架的商品将有可能排名特别靠前。

商家可以在商品发布界面中设定商品的上架时间。在售后服务界面中，单击"定时上架"单选按钮，就会出现上架时间的选择，如图 2-54 所示。

图 2-54　设置定时上架

在设置好时间后单击"确定"按钮，就可以确定商品上架的时间。单击"发布"按钮，商品将会暂时存放在仓库中，等上架时间到了，商品就会自动上架。

6. 价格修改

步骤 1：在"卖家中心"页面，选择左侧的"交易管理"→"已卖出的宝贝"选项，即可看到当前店铺中的所有订单。当订单尚未付款时，单击其右侧的"修改价格"超链接，即可对价格进行修改，如图 2-55 所示。

图 2-55　修改价格

步骤 2：修改折扣。修改价格页面中，在"涨价或折扣"栏中输入给予的折扣，如想打 6 折，可在"折"前输入"6"，单击"确定"按钮即可，如图 2-56 所示。

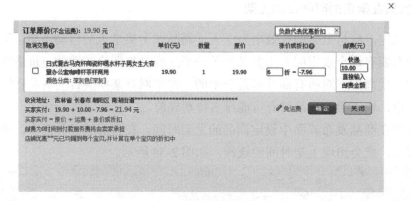

图 2-56　修改折扣

步骤 3：直接降价。可以直接在折扣后面输入优惠金额，如优惠 9 元，可以输入"-9"，如图 2-57 所示。

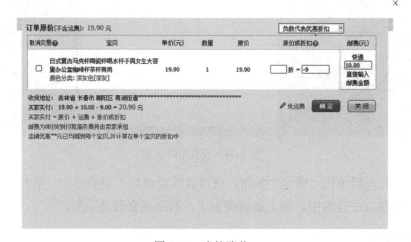

图 2-57　直接降价

步骤 4：运费修改。如买家在店铺中购买了多个不同的商品，一般会要求卖家进行运费修改，此时卖家可以在"快递"文本框中输入邮费的金额。如需设置为免邮费，单击下方"免运费"按钮即可，如图 2-58 所示。

图 2-58　修改运费

步骤 5：发货。

（1）在"卖家中心"页面中选择左侧的"交易管理"→"已卖出的宝贝"选项，即可看到当前店铺中的所有订单。当订单已付款时，单击其右侧的"发货"按钮，如图 2-59 所示。

图 2-59　准备发货

（2）进入"发货"页面，选择"自己联系物流"选项，在下方文本框中输入快递公司运单号后，单击"发货"按钮即可，如图 2-60 所示。

图 2-60　完成发货

7．物流查询

步骤 1：在"卖家中心"页面中选择左侧的"交易"→"已卖出的宝贝"选项，即可看到当前店铺中的所有订单。当订单已发货时，单击其右侧的"查看物流"超链接，如图 2-61 所示。

图 2-61　查看物流

步骤2：执行操作后，即可查看相应订单的物流动态详情，如图2-62所示。

图2-62　查看物流动态详情

2.3.3　订单管理

1. 查看订单详情

买家下单后，卖家就可以在淘宝后台看到订单详情。卖家进入卖家中心，选择"交易管理"→"已卖出的宝贝"选项，就可以看到已卖出的宝贝，如图2-63所示。

图2-63　已卖出的宝贝

单击"详情"超链接，可以看到交易信息、买家信息、物流信息等订单信息，如图2-64所示。

图2-64　订单信息

2．添加标记

卖家可以给订单添加不同的标记，用来区分不同类型的订单。卖家进入卖家中心，选择"交易管理"→"已卖出的宝贝"选项，进入已卖出的宝贝界面，单击需要添加标记的订单右上角的小旗子形状的按钮，如图 2-65 所示。

图 2-65　单击小旗子形状的按钮

卖家在进入标记添加界面后，选择标记符号，输入标记信息，单击"确定"按钮，就完成标记添加了，如图 2-66 所示。

图 2-66　设置标记信息

卖家返回已卖出的宝贝界面，将鼠标指针移动到标记上，就可以看到刚刚标记的信息，如图 2-67 所示。

图 2-67　查看标记信息

如果需要标记的订单比较多，那么卖家可以使用批量标记功能：选中需要标记的订单，单击"批量标记"按钮，就可以对选中的多个订单进行标记了，如图 2-68 所示。

图 2-68　批量标记

技能实训

【实训目标】

通过实训，使学生初步了解网店开通与管理的相关知识，包括网店的申请与设置、商品发布、网店的日常管理以及平台规则。

【实训内容】

了解并掌握如何开通与管理网店，掌握商品发布的流程以及店铺的日常管理。

【实训步骤】

（1）以 2~3 人为单位组成一个团队，设负责人一名，负责整个团队的分工协作。

（2）团队成员通过分工协作，多渠道收集相关资料。

（3）团队成员对收集的材料进行整理，总结并分析网店开通与管理的相关内容。

（4）各团队将总结制作成表格，派出 1 人作为代表上台演讲，阐述自己团队的成果。

（5）教师对各团队的成果进行总结评价，指出不足并提出改进措施。

【实训要求】

（1）考虑到课堂时间有限，实训可采取"课外+课内"的方式进行，即团队组成、分工、讨论和方案形成在课外完成，成果展示安排在课内。

（2）每个团队方案展示时间为 10 分钟左右，教师和学生提问时间为 5 分钟左右。

复习思考题

1. 上架宝贝的方式有哪些？
2. 淘宝网市场管理与违规处理规范的"评价管理"的适用情形与措施各是什么？
3. 淘宝平台违禁信息管理规则的适用情形是什么？
4. 淘宝的店铺模式有哪些？

第 3 章

网店装修与设计

电子商务时代，由于网络的虚拟性，图片、文字及视频成为展示商品与传达信息的主要途径，因此视觉因素在交易过程中具有非常重要的作用。网店装修的好坏直接影响买家对网店的第一印象，专业、美观的网店页面不但能为网店的商品加分，还能增加买家对网店的信任。本章将从网店装修与设计的商品图片拍摄、商品图片处理、网店装修3个方面进行介绍，供大家学习、交流。

思政导学

在网店装修过程中强调知识技能的应用，培养学生精益求精的工匠精神和务实的工作态度，增强其对传统文化的认同感，激发设计灵感。

教学目标

本章教学目标		
1	知识目标	● 了解商品图片的拍摄 ● 了解商品图片的处理方法 ● 了解网店装修方法
2	能力目标	● 掌握拍摄器材 ● 掌握商品拍摄中的用光与布光 ● 掌握拍摄方法
3	素质目标	● 熟练运用所学知识 ● 学会正确的网店装修方法

3.1 商品图片拍摄

3.1.1 拍摄器材

1. 数码相机

依据不同标准，数码相机可分为以下几种。

1）按光电转换器件分类

数码相机与传统相机的区别在于数码相机采用光电转换器件感光成像。现有的光电转换器件主要有 CCD 和 CMOS 两大类。CCD 是电荷耦合器件的英文缩写，由于其技术已相当成熟，因此目前的应用非常普遍。CMOS 是"互补金属氧化物半导体"的英文缩写，由于其价格较高，应用还较少。

CCD 又分为面 CCD 和扫描线性 CCD。面 CCD 具有拍摄速度快、可应用普通闪光灯、对拍摄过程无特殊要求的特点；扫描线性 CCD 的分辨率极高，但由于其有一个拍摄过程，曝光时间较长，因此无法拍摄运动的物体，也不能用闪光灯拍摄。

2）按使用独立性分类

数码相机按使用独立性可以分为联机型和脱机型。脱机型机体内有影像存储媒体（可以是内置式或移动式），文件存储于影像存储媒体，不需要与计算机相连。联机型机体内无影像存储媒体，需要与计算机相连，它结构简单，造价较低，由于有计算机硬盘的支持，其像素水平相当高，可拍摄高清晰度的数字影像。

3）按结构分类

数码相机按结构可以分为单反数码相机（见图 3-1）、轻便数码相机和数字机背。

单反数码相机又称单镜头反光式数码相机，采用的是单反取景器。它具有镜头可卸、可换、功能多，可手动和自动调整参数的特点，摄影质量明显高于普通数码相机。

轻便数码相机采用结构简单的光学取景器取景，采用彩色液晶显示器显示取景，其结构紧凑，小巧轻便，便于携带，价格相对较低，参数调整由自动电路完成，不可手调。总的来说，这种数码相机的像素水平较低，因而难以实现高清晰度的大画面。

图 3-1　单反数码相机

数字机背又称数字后背。它将 CCD 芯片数字处理装置附加于其他传统机身，可以将大型或中型相机数字化，其装卸方便，可以轻松地实现数码与传统摄影方式的转换。这种数码相机灵活性差、价格高，但像素水平很高，主要用在要求非常苛刻的商品摄影和广告摄影中。

4）按感光谱分类

数码相机按感光谱可以分为两类：一类是感受可见光的，可感受普通彩卷的感光范围，大部分数码相机属于这一类；另一类是感受红外光的，专门用于红外摄影，在医学、考古、航测领域有广泛用途。

5）按存储媒体分类

数码相机按存储媒体可以分为内置固化式、内置可移动式及不带存储媒体的联机工具。

6）按消费市场分类

数码相机按消费市场大致可以分为卡片相机、长焦相机和数码单反相机 3 种。

（1）卡片相机。卡片相机（见图 3-2）在业界没有明确的概念，一般是指外形小巧、相对较轻、设计超薄的数码相机。索尼 T 系列、奥林巴斯 AZ1 和卡西欧 Z 系列等都可划为这一类。

（2）长焦相机。所谓长焦相机（见图3-3），就是指具有较大光学变焦倍数（拥有长焦镜头）的数码相机。光学变焦倍数越大，能拍摄的景物就越远。代表机型有美能达 Z 系列、松下 FX 系列、富士 S 系列、柯达 DX 系列等。

（3）数码单反相机。数码单反相机（见图3-4）就是指使用了单反新技术的数码相机。单反就是指单镜头反光，即 SLR（single lens reflex），这是当今最流行的取景器，大多数使用 35 mm 胶片的照相机采用这种取景器。

图 3-2　卡片相机　　　　　图 3-3　长焦相机　　　　　图 3-4　数码单反相机

适合电子商务商品拍摄的数码相机和平时拍摄照片的数码相机不同，在功能方面有着更高的要求，但这并不意味着必须要选用高级的数码相机，只需要选择合适的数码相机即可。以下几点可以在选择时作为参考。

（1）相机的图像感应器至少为 1500 万像素。

（2）选用光学变焦的镜头，避免购买数码变焦的相机。所谓数码变焦，其实就是截取感应器上的局部放大。

（3）镜头最好可更换，以适应不同商品类型的拍摄。若只拍摄单一类型的商品则不必考虑。

（4）相机应具备手动挡，最好可以手动对焦，以便准确曝光和对焦。

（5）必须有闪光灯热靴。有闪光灯热靴才可以安装引闪器，从而实现离机引闪，达到控制闪光灯进行拍摄的目的。

（6）最好有快门线接口。使用快门线可有效防止相机振动，避免因相机振动导致的画质降低。

（7）支持 RAW 格式的图片输出。绝大部分商品图片需要通过后期调整，而 RAW 格式拥有所有图片格式中最高的宽容度，非常适合进行后期处理。

对于电子商务商品拍摄来说，对相机的要求并不高。只要具备上述条件就可以拍摄出出色的商品图片。高速连拍、防抖、大光圈等会增加很多成本的功能对拍摄商品的作用有限，可以不做考虑。

2．摄影棚

要拍摄出好的图片，除了以上描述的数码相机、镜头等设备，还需要一批专业的辅助设备，构建一个合适的摄影棚。在摄影棚中，光源的操控、背景的设计及道具的运用等相对比较方便与实用，拍摄时最重要的采光问题也能在摄影棚内完全根据需要进行控制。图 3-5 所示为一个简易的摄影棚。

在拍摄商品图片时，由于各种商品外观大小与造型不同，摄影棚中还需要配备静物拍摄台，用来拍摄鞋包等中等大小的商品。如图 3-6 所示，静物拍摄台也可以简单自制。

在拍摄珠宝、首饰、化妆品等体积比较小的商品时，需要有静物箱，静物箱也可以根据拍摄的要求自行制作，如图 3-7 所示。

图 3-5 简易的摄影棚　　　　　图 3-6 静物拍摄台　　　　　图 3-7 静物箱

摄影棚除了上述的规划设计，如果空间允许的话，还可以规划仪容整理区、快速更衣区及各类独特景观区等多功能空间。一般，摄影师可依据自己的运作习惯，设计更适合自己风格的摄影棚。

3. 灯光设备

1）小型携带式闪光灯

小型携带式闪光灯是指小型相机本身自带的携带式电子闪光灯，目前许多双镜头或单镜头相机上所附带的闪光灯都属于此种。小型携带式闪光灯的优点有：闪光时间短，被拍摄物体不会因拍摄时的振动而变得模糊，不会产生高温，易于携带，使用方便。小型携带式闪光灯的缺点有：拍摄前无法预知照明效果，光束狭小，光源无法均匀分布整个画面。小型携带式闪光灯如图 3-8 所示。

2）石英灯

石英灯（见图 3-9）是以耐高温石英玻璃为灯体材料而制成的灯具，通常作为灯源上的反光部件，制成杯状或碗状并镀上反射银膜。石英灯属于连续光，光度强，色温稳定，寿命长，效果柔和、温润，布光极准，色彩极艳，价格贵。但是，石英灯灯具小，易形成点光源，电量消耗较大，容易发热。需要注意，手指不可碰触石英玻璃表面，否则使用过程中石英玻璃受热容易破裂。

图 3-8 小型携带式闪光灯　　　　　　　图 3-9 石英灯

3）钨丝灯

钨丝灯（见图 3-10）是以钨丝作为灯丝而制成的白炽灯。钨丝灯能产生连续光谱，用于 400～780 nm 可见光谱区，在分光光度计中作为可见光源。钨丝灯的结构与电灯泡的结构相似，在一个密闭的玻璃灯泡中放置钨丝，当电流通过时，就会产生高温，呈白热状态，发出强光。钨丝灯可根据色温的不同分为两种形式。

（1）白色灯泡：白色的玻璃灯泡，色温为 3200 K，偏橙红色。

（2）蓝色灯泡：蓝色的玻璃灯泡，可校正偏色，使色温接近日光的色温（5600 K）。

4）卤素太阳灯

立地式白炽灯通常称为太阳灯。卤素太阳灯（见图 3-11）常用于棚外或户外拍摄服装等商品。其特点包括：发出连续光；色温为 290～3400 K；偏橙黄色；有热靴座，可以直接装置于相机或摄像机上。卤素太阳灯在使用时产生高温，以铝制外壳为隔垫，或者装置冷却风扇。卤素太阳灯有大型、中型之分，可选择性比较高，种类也多；可以装置滤色片、网片或散光镜，改变灯光性质。

图 3-10　钨丝灯

图 3-11　卤素太阳灯

5）高频冷光灯

冷光灯一般指发出光线的色温靠近紫外线方向的光源。使用高频电源的冷光灯叫作高频冷光灯，如氙灯、氪灯、水银灯等。高频冷光灯的灯具设计结合了高频功率全光谱域荧光灯及专利光学反射器，其光效率是传统石英灯光效率的 10 倍。

高频冷光灯的特点：发出连续光；寿命长，可达 10 000 小时；不产生高温；亮度强；可调光控制光量；有日光型及灯光型两种设计；光质柔和，不刺眼。

6）大型电子闪光灯

目前专业摄影使用最普遍的光源为大型电子闪光灯。大型电子闪光灯在使用时电容器将电压升高，预先储存电力，当击发闪光灯时，高压电力被传送至灯内的闪光管中，使管中气体产生电离作用，瞬间发出强光。其优点为：发光强度高；可调光控制光量；附带模拟灯，可预先看出拍照效果；色温接近日光的色温，色调稳定；发光时间短，避免相机振动问题（瞬间闪光常用测光表测量判断）；充电快速，依据功率及设计的不同，仅需 0.5～3 秒；有闪光感应装置，可使用多盏灯具联动同步闪光；各种附件可任意改变光源方向、光质和色温；耗电量少，不产生高热。

4．辅助器材

1）反光伞

将反光伞（见图 3-12）装置于灯光前，利用此伞的反打功能，将裸灯（无任何遮蔽物的灯）转变为跳灯（有反射物的灯）。这种形式的打光法使光质变成散射光的性质，从而得到较柔和的光质。反光伞常装置于辅灯或主灯上。其颜色有银色和白色两种，白色的反光伞较为常用，光质较柔和。

2）柔光箱

柔光箱作为摄影器材，不能单独使用，属于影室灯的附件。将柔光箱装在影室灯上，发出的光会更柔和，拍摄时能消除照片上的光斑和阴影。柔光箱由反光布、柔光布、钢丝架、卡口组成。柔光箱的结构多样，常规的柔光箱似封口漏底的斗形，由于功能上的差异，所以另有八角形、伞形、立柱形、条形、蜂巢形等多种结构。柔光箱有大小不同的各种规格，小到40厘米，大到2米多。柔光箱的作用就是柔化生硬的光线，使光质变得柔和。其原理是在普通光源的基础上通过一两层的扩散，使原有光线的照射范围变得更广，使之成为漫射光。八角无影柔光箱如图3-13所示。

图3-12　反光伞

图3-13　八角无影柔光箱

3）尖嘴罩

尖嘴罩是与无影罩功能相反的装置，这种类似猪嘴巴的漏斗形圆筒也称束光筒。尖嘴罩装置于灯头前，会将裸灯的光更集中地聚集在投光处，形成聚光的状态，是发灯聚光最常用的导光设备。

4）四叶遮板

四叶遮板（见图3-14）是多功能的设备，其外形为由四个活动遮片组合而成的罩子。四叶遮板可以依叶片所开的孔径大小而得到不同的照明范围，是改变照明范围的最佳设备。另外，在四叶遮板的插孔上插上任何色片，可得到不同色彩的色光。四叶遮板操作简便、迅速，是很重要的多功能设备，常用于实现背景灯的变化。

5）反光板

反光板（见图3-15）是拍摄照片的辅助工具，用锡箔纸、白布、米菠萝板等材料制成。反光板在拍摄外景时通常起辅助照明作用，有时也作为主光。不同的反光板表面可产生软硬不同的光线。

图3-14　四叶遮板

图3-15　反光板

6）其他配件

（1）色片。色片即能改变灯光颜色的有色透明片，其材质为塑胶材料。摄影师可依据个人的喜好而更换不同的色片。

（2）漫射箱。漫射箱可将光线汇集后投射到底片上。漫射箱的特点是光质柔和，反差较小，原底片上的划痕、污点表现得也不明显，这是光线通过散射片在漫射箱内多次反射的结果。

（3）闪光灯测光表。闪光灯测光表由光敏元件组成感光探头，光线通过底片到达感光探头再传输给控制元件，将探头置于放大尺板上就能读出投射到底板上的影像光强度。所显示的数据不仅指出了正确的曝光时间，而且指出了相纸或滤光片的反差等级。

3.1.2 电子商务商品拍摄中的用光与布光

1. 布光的基本知识

布光又称照明或采光，指主光和辅助光有效地配合应用。

光型是指各种光线在拍摄时的作用。拍摄时有主光、辅助光、修饰光、轮廓光、背景光、模拟光等光型。

（1）主光又称塑形光，指用以显示景物、表现质感、塑造形象的主要照明光。

（2）辅助光又称补光，用以提高由主光产生的阴影部分的亮度，展示阴影部分的细节，减小影像反差。

（3）修饰光又称装饰光，指对被拍摄景物的局部添加的强化塑形光线，如眼神光、工艺首饰的耀斑光等。

（4）轮廓光指勾画被拍摄物体轮廓的光线，逆光、侧逆光通常都用作轮廓光。

（5）背景光指灯光位于被拍摄物体后方时朝背景照射的光线，用以突出主体或美化画面。

（6）模拟光又称效果光，是用以模拟某种现场光线效果而添加的辅助光。

微课：布光的方法

2. 布光的方法

在布光过程中，应按照不同的需要和拍摄现场照明的实际条件，选择合适的光源，并通过不同数量、不同光种灯具的灵活组合，以主体表现为依据，合理调整各类光线的强度和位置，正确布光。布光的方法一般有单光源照明、主辅光照明、三点布光等。

1）单光源照明

单光源照明指在拍摄中只使用一个照明灯具作为光源。这种布光方式简单方便，适合在拍摄准备时间紧迫或现场布光条件有限的场合中应用。其可以灵活选择不同的灯具，光线性质可以是聚光方式或散射光方式。

2）主辅光照明

主辅光照明指在拍摄中使用两个照明灯具分别作为主光和辅助光。

（1）主光即照明中最明亮的、起主要作用的光源，用于显示拍摄对象的基本形态，表现画面的立体空间和物体的表面结构。它的主要功能是表现光源的方向和性质，产生明显的阴影和反差，塑造人物和景物的形象，因此也称塑形光。

（2）辅助光用于减弱主光造成的明显阴影，增加主光照不到的那一部分的画面层次与细节，减少阴影的密度。灯具常选用柔和的、无明显方向的散射光或反射光。当主光亮度确定之后，辅助光就成为决定画面反差的主要因素。

3）三点布光

三点布光也称三光照明或三角形布光，是最常用的布光方法，由主光、辅助光、背光组成。三种光线分别置于各自的基本位置，各司其职，共同创造出具有三维幻觉的画面空间效果。其由主光确定被拍摄物体的形态；辅助光增加柔和的层次，减弱主光造成的阴影；背光把被拍摄物体从背景中分离出来。

3．光与影的基本属性

1）亮度

简单来说，只要光线的亮度高于拍摄需要的最低水平，就可以拍摄出好的照片。因为拍摄时一般都倾向用小的光圈，所以务必要保证足够的光线。

光线的亮度直接影响底片的曝光量。拍摄时利用测光表测光，以选用正确的光圈、快门，是摄影的基本要求，也是曝光组合的运用原则。

2）色温

光线的色彩又称色温，以绝对温度（单位：K）表示。色温的预设根据实验室中黑铁加热后放射出的颜色而定，加热到多少K时黑铁发出什么色的光，就定该色光的色温为多少K。

通常的拍摄以正午日光的5600 K为标准，偏橙黄色表示色温低，偏蓝紫色表示色温高。

3）用光

用光是摄影中最核心、最基本的一种技巧。实际上很多摄影作品都是通过光影来表现或烘托作品的主题的，可以说光是摄影中作品的灵魂。用光通常有顺光、侧光、漫射光、逆光、逆射光。

（1）顺光：以被拍摄物体为中心，从正面射来的光，用于表现被拍摄物体的细节。

（2）侧光：照射在被拍摄物体的侧面呈90°的光，用于生成强烈的阴影，强调被拍摄物体的轮廓。

（3）漫射光：与被拍摄物体呈45°射出的光，用于强调被拍摄物体的凹凸层次。漫射光形成的影子比侧光形成的影子淡。

（4）逆光：从被拍摄物体的正后方射出的光，适合拍摄透明和半透明容器内的商品，如矿泉水。

（5）逆射光：从被拍摄物体后面120°～150°射出的光，用于突出被拍摄物体的阴影、立体感和重量感，可用于拍摄眼镜。

4）光质

光线的硬、柔程度称为光质。光质会影响画面的风格及立体感，正确应用光质对图像的质感有较大的影响。光质有硬光与柔光两类。

（1）硬光。能使物体产生明显阴影的光线被称为硬光。直射光是硬光的主要来源，太阳、闪光灯、聚光灯等都是硬光。

（2）柔光。反差较弱，无明显阴影的光线被称为柔光。其呈色柔和，可表现细部层次，适合拍摄温柔、典雅的题材。

5）光比

光比是摄影中重要的参数，指被拍摄物体受光面亮度与阴影面亮度的比值，常用"受光面亮度/阴影面亮度"的比例形式来表示。"受光面亮度/阴影面亮度"指的不是物体本身的亮度，而是受光强烈程度。例如，在均匀照明环境下，黑色物体和白色物体的本身亮度有很大区别，但光比是1∶1。被拍摄物体在自然光或人工布光条件下，受光面的亮度较高，阴影面虽不直接受光（或受光较少），但由于散射光（辅助光照射）影响，仍有一定的亮度。

6）影调

影调就是光影的基调。在素描中，物体在受光情况下会表现出三大面、五大调子。三大面指亮面、灰面、暗面，五大调子指高光、中间调、明暗交界线、反光、投影。摄影中的影调一般有硬调、柔调、中间调等。

4．布光的方式

商品拍摄通常使用的光源是室外自然光、室内自然光、人造光。

1）室外自然光的运用

自然光是摄影师最常用到的光源。它有时明亮、强烈，有时黯淡、柔和；色调有时温暖，有时冷峻；有时笔直照射，能制造出长长的影子，有时被云层遮挡发生漫射，不会留下任何阴影。随着太阳东升西落，自然光能够做主光、侧光、背光和轮廓光。自然光看起来非常自然，而且永远免费，所以有效利用自然光是一种非常便捷的拍摄途径。对于服装等可以搬到室外拍摄的商品，在晴朗的天气条件下，非阳光直射的时间内的拍摄效果还是非常不错的，特别是毛绒玩具等。在使用自然光拍摄时，最好的时间是11:00—16:00，此时的光照度较为理想，造型效果好。

2）室内自然光的运用

在进行拍摄时，如果背景较暗，主体日光直照较亮，可以用黑板或不透明的伞在主体上方挡光，提亮背景。只要调整光圈和速度就会得到更多来自被压暗的主体的光，同时自然而然地提亮背景。如果身边没有工具，可以让主体移动到能遮挡直射光的物体下方。如果在室内使用自然光，那么一定要注意在光线充足且避免直射的时候进行拍摄。由于光线要透过窗户照射进来，切记把窗户全部打开，因为玻璃非常容易使图片产生色差。但是，由于室内自然光是由户外自然光通过门窗等射入室内的光线，方向固定，极易造成物体受光部分与阴暗部分的明暗对比，既不利于追求物品的质感，也很难完成色彩的表现，因此应该学会使用室内人造光。

3）人造光的运用

人造光一般由主光与辅助光构成，运用主光与辅助光来布光。人造光主要是指前文讲述的各种灯光设备发出的光。这种光源是商品拍摄中主要使用的光源。人造光发光强度稳定，光源的位置和灯光的照射角度可以根据自己的需要进行调节。一般来讲，布光至少需要两种类型的光源，一种是主光，一种是辅助光，在此基础上还可以根据需要打轮廓光。主光是所有光线中占主导地位的光线，是塑造拍摄主体的主要光线，一般将主光置于拍摄主体顶部会取得较好效果。

辅助光一般安排在照相机附近，灯光的照射角度应适当高一些，可以选择左右45°向内照射。其目的是降低被拍摄物体的投影高度，不影响背景的效果。需要注意的是，辅助光和主光之间的光比不能太大，以免影响主光。

轮廓光一般置于被拍摄物体的左后侧或右后侧。灯位应设置得较高一些，以免产生炫光，可根据相机取景器适当调节其位置。对于服装商品拍摄，拍摄细腻材料的服装时比较适合用柔和的光，拍摄粗糙材料的服装时比较适合直接打光。

5．调节光线的注意事项

要拍摄出"形、色、质"俱佳且具有视觉冲击力的商品图像，用光与光线的调节非常重要。对柔光与硬光的取舍、光源的位置、光线的强度、光线的方向、色温、光质、影调等要运用自如，所以光线的调节是商品拍摄过程中难度最大的技术。光线的调节通常要注意以下几点，同时要不断地摸索与实践，不断地积累经验。

1）光源越广阔，光线越柔和

广阔的光源可以柔化阴影、降低对比度和柔化被拍摄物体的纹理，而较窄的光源则相反。其原理是光源越广阔，射在物体上的光线扩散的方向就越多，这样会令场景整体更明亮并减轻阴影的强度。

2）光源越近，光线越柔和

光源离被拍摄物体越近，对被拍摄物体来说，光线的来源就越大、越分散。光源离被拍摄物体越远，光线的来源就越小、越窄。以阳光为例，太阳的直径约为地球的109倍，本应是个很广阔的光源，但太阳距地球太远了，只占天空很少的一部分。因此，当晴天阳光直射在物体上时，光线就会很硬。在室内用影楼灯拍摄时，可以通过改变光源与被拍摄物体之间的距离来控制光线的柔和度。

3）柔光箱能令光线变得更广阔、更柔和

以云举例，当云遮挡阳光时，被拍摄物体的阴影会变得不太明显。当云层再厚一点时，阴影甚至会消失。云和雾都会使光线分散到四周。在阴天和大雾时，光源会变得非常广而不集中，天空中的水汽就像一个巨型的柔光箱，将阳光柔化。另外，半透明的塑胶或白色丝织物料都可以用来柔化强光。

4）用反射来柔化光线

如果将一束很窄的光线投射在一个较大、反光度不高的表面（如磨砂玻璃面、墙壁或塑胶反光板）上，光线在反射的过程中会被分散到较宽广的区域。但是如果使用一些反光度较高的表面（如铝纸或镜子），光线被反射后，仍然会十分集中，无法起到柔化作用。如果将铝纸揉成一团，展开后将光面向外，包在一块纸板上，可以得到一块特殊反光板，这种自制的反光板可以给被拍摄物体增加闪闪发亮的光点。

5）光源越远，被拍摄物体越暗

光线会随着光源的远离而迅速衰减。光线经过折射，其行进距离也会增加，反射出来的光度会不如直射的光度强。

6）利用光线的强弱使被拍摄物体更突出

如果灯光距离被拍摄物体较近，被拍摄物体和背景间的光度强弱就会比较明显；如果灯光距离被拍摄物体较远，背景也会相应地变亮，被拍摄物体就不会特别突出。如果被拍摄物体的正面光是从窗户射入的，让被拍摄物体靠近窗边，背景就会变暗。如果要使室内背景更明亮，就应让被拍摄物体远离窗户、靠近背景。

7）正面光可以减弱被拍摄物体的纹理，侧光、顶光和底光可以强化被拍摄物体的纹理

摄影师通常会将光源正面射向被拍摄物体的正面，这样被拍摄物体的纹理就不会非常突出。风景摄影师更喜欢用侧光来强化岩石、沙石和叶子的纹理。一般来说，光线方向和被拍摄物体之间的倾斜角度越大，被拍摄物体的纹理就越明显。例如，当想拍摄出宠物毛茸茸的效果时，最好将光源由侧面射入，这样比采用正面光源的效果更明显。

8）阴影可以使被拍摄物体更有立体感

平面图像上的阴影可以使被拍摄物体更具有立体感。侧光、顶光和底光等各种光线都能在物体上投射出影子，从而制造立体感。

9）背光可以作为柔光的光源

很少有被拍摄物体仅仅靠背光照亮。如果一个人站在明亮的窗户前，面向的墙壁会反射部分光线到其身上。如果一个人站在户外，即使背景是明亮的阳光，正面也会有来自天空的光线照射。通常拍摄时可以使用反光板，将背光反射回被拍摄物体上增加其曝光量。

10）光线是有色彩的

光线的色彩称为色温。尽管有时光线看起来是无色的，但这只是因为人的眼睛和大脑会自动调整和感应。数码相机会记录人看不到的色彩。例如，清晨和傍晚的阳光拥有温暖的色调，中午阳光投射的阴影则很蓝。对于数码相机而言，可以使用白平衡功能来消除或强调光线的颜色，增强照片中的暖色调。如果是晴天拍摄的照片，特别是阴影部分会非常蓝，将相机的白平衡设置为阴天，可以在照片中增加金黄色，如同在镜头前加了一片暖色滤镜。

6．摄影棚中拍摄的布光方式

在摄影棚拍摄静止的商品时通常有正面两侧布光、两侧45°布光、单侧45°不均衡布光、前后交叉布光、后方布光等方式。

（1）正面两侧布光是商品拍摄过程中最常用的布光方式。正面投射出来的光线全面而均衡，从而使商品表现得全面，不会有暗角。

（2）两侧45°布光使商品的顶部受光，正面没有完全受光，适合拍摄外形扁平的小商品，不适合拍摄立体感较强且有一定高度的商品。

（3）单侧45°不均衡布光会使商品的一侧出现严重的阴影，底部的投影也很深，商品表面的很多细节无法得以呈现。同时，由于减少了环境光线，反而增加了拍摄的难度，因此要根据具体情况合理选用。

（4）前后交叉布光。从商品后侧打光可以表现出商品表面的层次感，如果两侧的光线还有明暗的差别，那么这种布光方式既表现了商品的层次又保全了所有的细节，比单纯关掉一侧灯光取得的效果要好。

（5）后方布光。从背后打光，商品的正面因没有光线而产生大片的阴影，无法看出商品的全貌。因此，除了拍摄琉璃、镂空雕刻等具有通透性的商品，最好不要轻易尝试这种布光方式。同样的道理，如果采用平摊摆放的方式来拍摄商品，可以增加底部的灯光，通过从商品的后方布光来表现出通透的质感。

因为大部分商品拍摄为静物室内拍摄且大多要展现商品的质感和细节，所以光线使用的问题比较复杂。用光线来表现商品的特点与表面属性是一项比较难的工作，许多人因为掌握不了光线的应用而无法拍出理想的图像。必须注意的是，在布光上不能照本宣科，一定要根据实际情况进行科学合理的布光。因为不同商品的表面属性不同，所以在使用灯光时要采用不同的用光与拍摄技巧。

3.1.3 拍摄方法

1. 开拍前必不可少的准备工作

1）了解拍摄对象

在准备拍摄一件商品之前，首先要做的是找到这件商品最美的地方，对商品进行360°观察，必要的话还需要了解商品的制作工艺及相关文化背景。当我们把商品最美的一面展示出来时，一张好的照片就已经成功了一半。通过柔光可表现水果的光泽质感，如图3-16所示。

图 3-16　通过柔光可表现水果的光泽质感

2）确定商品的表现方式

在拿到一件商品后，需要根据商品的外形特点及图片功能来确定表现方式。表现方式主要从数量、摆放方式、图片功能3个方面进行考虑。

（1）数量。首先需要确定画面中需要表现的商品数量。有些商品是由多件商品组合而成的套装，如常见的化妆品套装、洗护用品套装。此类商品需要将多件商品放在画面内进行表现，构图时需要考虑商品的合理分布，如图3-17所示。还有一些商品是独立的，如数码商品和酒类商品，此类商品更适合单个展示，如图3-18所示。

图 3-17　成套商品展示　　　　　　　　图 3-18　单个商品展示

（2）摆放方式。摆放方式分为直摆、平铺和悬挂。大多数商品的拍摄采用直摆的摆放方式，此种摆放方式更容易固定商品，拍摄机位及光位的选择性也更强，如图 3-19 所示。平铺摆放方式多用于服装拍摄，以此充分表现其款式及颜色，如图 3-20 所示。悬挂摆放方式通常用于拍摄项链、挂坠等饰品，可以得到模仿佩戴的效果，形成自然下垂的画面，如图 3-21 所示。

图 3-19　直摆表现啤酒杯　　　图 3-20　平铺表现服装　　　图 3-21　悬挂表现项链

（3）图片功能。根据图片功能的不同决定拍摄商品的整体、局部还是细节。一般来讲，在全面表现一件商品时，商品的整体、局部、细节均需要进行图片展示。整体图片用于表现商品的外观、颜色，在电子商务中作为主图出现，是最重要的商品图，如图 3-22 所示；局部图片用于表现商品在设计或功能上的特点；细节图片用于表现商品的材料质感或精细做工，如图 3-23 所示。

图 3-22　西装的整体展示　　　　　图 3-23　西装的细节展示

3）选择合适的影调

摄影中有 5 种影调，分别为高调、中高调、中调、中低调、低调。在拍摄商品前要根据商品的特性确定合适的影调来表现商品。例如，高跟鞋就适合用高调去表现其高雅、简洁的一面，如图 3-24 所示；毛巾、床上用品就适合用中高调去表现其干净、舒适的一面；一些珠宝就适合用中低调去表现其色彩及质感；牛仔帽就适合用低调去表现其神秘感，如图 3-25 所示。

图 3-24　高调展示高跟鞋的高雅、简洁　　　图 3-25　低调展示牛仔帽的神秘感

4)设定布景

布景分为两种情况：一种是仅考虑照片的背景，另一种是布置一个场景。如果是单纯地展示商品材质、形状、颜色、质感，那么只需要考虑用何种背景即可，既可以购买市面上各种颜色的背景纸（见图3-26、图3-27），也可以通过灯光的布置营造渐变、富有变化的背景，如图3-28所示。

 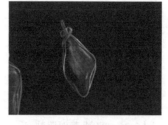 

图 3-26　白色背景商品图　　　图 3-27　黑色背景商品图　　　图 3-28　彩色渐变背景商品图

布置场景是为了拍出高质量的照片，照片中的每样东西都是可以烘托氛围的道具，通过陪体的衬托营造出符合商品特质的某种气氛。

布置场景最忌讳的是陪体的加入导致主体不够突出，所以一定要确定每一个陪体的加入都可以突出主体，否则就不要添加，如图3-29、图3-30所示。

图 3-29　礼物场景的布置　　　　　图 3-30　玩偶场景的布置

5）布光

摄影是光的艺术，对光线的处理和运用是创作的重要环节，尤其是在商品拍摄中。商品的特征、质感、层次及模特等都是通过拍摄中对光的艺术处理来形成最强烈的视觉形象。商品拍摄必须严格针对不同的创意内容来设计光位、光的强弱、光的面积及光源的远近高低等。逆光效果如图3-31所示。

图 3-31　逆光效果

6）准备道具

在拍摄过程中，需要用到背景布、衬托物和辅助拍摄的道具，要提前做好准备。用来给实物做大小参照物的可以是手机、杂志等人们熟悉的物品，白纸、铝箔纸等可用来做辅助拍摄反光板。一条白线、一根曲别针、一朵花，甚至一台跑车等都可以用来做道具。总之，道具的作用就是为了辅助拍摄，衬托商品特质。

2．商品拍摄的构图

1）构图的含义与目的

构图是艺术家为了表现作品的主题思想和美感效果，在一定的空间内，安排和处理人、景、物的关系和位置，把个别或局部的形象组成艺术的整体。构图是把人、景、物安排在画面当中以获得最佳布局的方法，是把形象结合起来的方法，是揭示形象的全部手段的总和，是艺术家利用视觉要素在画面上按照空间把形象组织起来的构成，是在形式美方面诉诸视觉的点、线、形态、用光、明暗、色彩的配合。

构图是表现摄影作品内容的重要因素，是作品中全部摄影视觉艺术语言的组织方式。它使摄影作品的部分内部结构得到恰当的表现，只有内部结构和外部结构得到和谐统一，才能产生完美的构图。

构图的目的是把构思中典型化的人、景、物加以强调突出，从而舍弃那些一般的、表面的、烦琐的、次要的东西，并恰当地安排陪体，选择环境，使作品比现实生活更高级、更强烈、更完善、更集中、更典型、更理想，以增强艺术效果。总的来说，构图就是把一个人的思想情感传递给别人的艺术。

2）构图的画幅

（1）横画幅。横画幅是一种将商品横向放置或横向排列的构图方式。这种构图方式能够给人一种稳定、安静、可靠的感觉，多用来表现商品的稳固性，并给人以安全感，是一种常用的构图方式。横画幅如图 3-32 所示。

（2）竖画幅。竖画幅是一种将商品竖向放置或竖向排列的构图方式。这种构图方式可以表现出商品的高挑、秀朗，常用来拍摄长条或竖立的商品。竖画幅构图在商品的拍摄中也是经常使用的。竖画幅如图 3-33 所示。

图 3-32　横画幅

图 3-33　竖画幅

3．基本构图方法

构图在于帮助我们从周围丰富多彩的现实生活中选出典型的生活素材，赋予其鲜明的造型，创作出具有深刻思想内容与完美形式的摄影艺术作品。那么，应该怎样进行构图呢？下面介绍几种基本的构图方法。

1）中心构图

中心构图是指在画面的中心位置安排主元素。这样的构图能给人以稳定、庄重的感觉，较适合表现对称式构图，可产生中心透视效果。但是，这种构图容易使画面显得呆板，所以要注意一些细节上的点缀设计，使画面有所变化。如图3-34所示，主题文字在中间，主体商品也在中间，可以让消费者的视觉中心落在中间的黑板上，图片上边是品牌标志，下边是slogan（标语，口号）。整体设计稳定而又不单调，算的上是一个较成功的设计稿。

2）九宫格构图

九宫格构图即用"井"字把画面平分成九部分，在四个交叉点中，选择一个点或两个点作为画面的主体物体的位置，同时其他点还应适当考虑平衡、对比等因素。这种构图能呈现变化与动感，使画面富有活力。如图3-35所示，商品主图和文字在"井"字形的交叉点位置，按从左到右、从上到下的顺序一目了然，符合视觉习惯。画面不仅构图好，而且更好地传达了广告内容信息。

 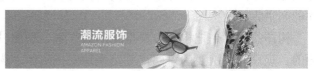

图3-34　那不勒斯球迷店——书包的中心构图　　　图3-35　潮流服饰的九宫格构图

3）对角线构图

在对角线构图中，主体本身占据画面斜对角部位，能使画面产生较强的动势。这种构图与中心构图相比，具有打破平衡、活泼生动的特点。如图3-36所示，鞋子的摆放在画面中正好形成一条对角线，产生一种向前的动势，让平静的图片瞬时动起来，给人以强烈的视觉动感，有利于加深消费者的记忆。

4）三角形构图

三角形构图是指在设计中以三个视觉中心为元素的主要位置，形成一个三角形。三角形构图具有安定、均衡但又不失灵活的特点。这种三角形可以是正三角形，也可以是斜三角形或倒三角形，其中斜三角形较为常用，也较为灵活。如图3-37所示，建筑楼正好构成了一个稳定的三角形，画面相对平衡。

图3-36　鞋子的对角线构图　　　　　　　图3-37　照明类商品的三角形构图

5）黄金分割构图

黄金分割又称黄金率，即整体画面一分为二，其中较小部分与较大部分之比约等于较大部分与全体之比，其比值约为0.618。0.618是被公认为最具有审美意义的比例数字。黄金分割具有严格的比例性、艺术性、和谐性，蕴藏着丰富的美学价值。遵循这一规则的构图形式具有和谐之美，对设计师而言，黄金比例是在构图创作中必须深入领会的一种指导方针。如图 3-38 所示的构图,主推商品为照明类商品,正是在画面的黄金分割位置。

图 3-38　照明类商品的黄金分割构图

6) 三分法构图

三分法构图实际上是黄金分割构图的简化版,是指以横或竖三等分的比例分割画面,当被拍摄商品以线条的形式出现时,可将其置于画面的任意一条三分线的位置。这种构图方式能够在视觉上带给人愉悦和生动的感受,避免主体居中而产生的呆板感。三分法构图如图 3-39 所示。

7) 对称式构图

很多商品是左右对称的结构,所以对称式构图在商品拍摄中很常用。另外,可以将商品和商品的倒影拍成对称的。这种对称式构图的画面会给人一种协调、平静和秩序井然之感。对称式构图如图 3-40 所示。

8) S 形曲线构图

S 形曲线构图是指通过拍摄的角度或商品的摆放方式使商品在画面中呈现 S 形曲线的构图方式。由于画面中存在 S 形曲线,因此其弯转所形成的线条变化,能够使商品展现柔美之姿,这也正是 S 形曲线构图的美感所在。S 形曲线构图如图 3-41 所示。

图 3-39　三分法构图　　　　图 3-40　对称式构图　　　　图 3-41　S 形曲线构图

4. 基本构图技巧

1) 主体突出

拍摄任何画面都要保证画面主体的突出。网店销售主要通过图片来展现商品,因此更要突出商品主体。图片只需要一个主体,而且要尽可能大,背景要尽量简单,不要拼凑两张或更多的小图,否则缩略图会很模糊。如果需要更多的图片,应放到宝贝描述中。

具体来说,比较常见的突出主体的方法有:突出前景,弱化背景;每次只拍摄一个主体;切忌喧宾夺主。拍摄商品有时要加入一些小装饰物,切忌装饰物过大,抢了主体的风头。用干净的背景突出挎包,如图 3-42 所示。

2) 商标的表现

在购买任何商品之前,大部分人会留意此种商品的品牌,而最简单、最直观的方式就是观察商品的商标。任意一件商品,大到汽车,小到纽扣,都有着独特的商标,因此在拍摄网店商品时,对商标的表现也十分重要,它能使每个观看商品图片的人直观地看出商品的品牌。

在拍摄网店商品时，表现其商标的方式有很多。不同商品的商标可能会在商品不同的位置，拍摄时可以将商标安排在画面某个特定的位置，也可以将商标进行特写表现。

对于一些固定外形的网店商品，表现其商标比较简单。例如，在拍摄一瓶可乐时，可以直接将其标有商标的一面正对相机，这样能使人们直观地看出商品的品牌特征，如图3-43所示。在拍摄类似的有固定外形的商品时，都可以用这样的方式进行拍摄。

3）利用构图表现商品的局部细节

有些商品通过局部的拍摄能将其材质的质感表现出来。如果商品尺寸较大，如拖把、领带、字画，也可以拍摄商品的局部细节，即所谓的"窥一斑而知全豹"。细节的精致表现对商品整体效果的突出也有积极的作用。

构图是摄影的第一步，它关系到拍摄方式的选择。并不是见到的所有视觉元素都纳入镜头中就可以得到一张好的照片，在很多商品的拍摄中，局部的细节能使画面更具有视觉冲击力，也能传达出更多的信息并抓住商品的特征。在日常生活中并不经常观看事物的局部，但它经常能给我们带来更多的视觉新鲜感。因此，突出商品的局部是一种巧妙的构图方法，如图3-44所示。

图3-42　用干净的背景突出挎包　　图3-43　可乐商标表现　　图3-44　服装局部表现

4）利用道具修饰画面

"道具"一词经常在电影、电视上看到，好的道具可以使电影画面更加精彩。其实，在摄影中也会用到不同的道具，只不过摄影道具一般比较简单，不一定每次拍摄都会用到。在特殊情况下，使用恰当的道具可以起到画龙点睛的作用。

和背景一样，道具没有色彩、材质、大小的限制，可以是沙子、包装盒、树叶、小花朵、报纸、杂志等，适合的就是最好的。以书本为背景表现手表，如图3-45所示。

5）融入场景营造气氛

布景非常重要，照片中的每样东西都可以烘托氛围。例如，为了表现一款旗袍，挑选了丝绸店铺作为背景，让人立马联想到高雅的装束，从而对该旗袍有了兴趣。同时，旗袍布料又和背景的丝绸形成呼应，画面整体很和谐，如图3-46所示。

图3-45　以书本为背景表现手表　　图3-46　营造气氛表现旗袍

5. 商品图片拍摄

1) 背景的选择

在商品拍摄过程中，背景在表现主体所处的环境、气氛和空间方面，具有无可替代的作用；在表现整个画面的色调及线条结构方面，也有着极其重要的作用。由于背景的面积比较大，能够直接影响画面内容的表现，因此背景处理得好坏在某种程度上决定了静物拍摄的成败。背景使用的材料主要有专用的背景布、呢绒、丝绒、布料、纸张和墙壁等。

（1）背景灯光的运用。在商品拍摄中，背景灯光如果运用合理，不仅能在一定程度上清除一些杂乱的灯光投影，而且能更好地渲染和烘托主体。

背景灯光的布光有两种形式：一种是将背景的照明亮度设置均匀，尽可能地在背景上没有深浅、明暗的差异；另一种是将背景的光线效果布置成中间亮、周围逐渐暗淡的效果，或背景上部最暗逐渐向下过渡的效果。通过对背景进行光线调整，可以使背景的影调或色彩既有明暗之分又有深浅之别，将拍摄对象与背景融合成一个完美的整体，从而得到非常好的拍摄效果。

如果将背景灯置于主体的背后，从正面照亮背景，就会在背景上形成一个圆形的光束环。灯光位置距离背景的远近决定了光束环的大小，拍摄者可以根据主体表现的需要自行调整。这种方法既操作简便，又可以获得较好的画面效果。

（2）背景色彩的处理。对于背景色彩的处理，应追求艳丽而不俗气、清淡而不苍白的视觉效果。背景色彩的冷暖关系、浓淡比例、深浅配置、明暗对比都必须从更好地突出主体这一核心前提出发。可以用淡雅的背景衬托色彩鲜艳的静物，也可以对淡雅的静物配以淡雅的背景。在这方面没有一定之规可循，只要将主体和背景的关系处理得协调、合理即可。

黑色与白色在商品拍摄背景中的使用已逐渐受到人们的重视，对于主体的烘托和表现，黑色与白色背景有着其他颜色背景达不到的效果。尤其是白色背景给人一种简练、朴素、纯洁的视觉印象，会将主体表现得清秀明净、淡雅柔丽。如果要拍摄静物照片，可以尝试使用白色背景，可能获得意想不到的效果。

（3）背景的虚化处理。如果在室外拍摄静物照片，会受到杂乱背景的影响。因此，为了不影响主体的表现，对背景进行虚化处理是很有必要的。

虚化处理的方法：一是采用中长焦距的镜头进行拍摄，发挥中长焦距镜头焦距长、景深小的优势，虚化背景；二是拍摄时尽量不用太小的光圈，避免产生太大的景深；三是控制主体与背景之间的距离，以达到虚化背景的目的。

如果在室内运用自然光拍摄静物照片，可利用较慢的快门速度，在开启快门的同时，将背景进行左右或上下快速移动，同样可以达到虚化背景的目的。但是需要两个人进行操作，快门速度也应该在 1/2 秒以下。

2) 商品的陈列与摆放

在拍摄商品照片之前，或者在拍摄的过程中，必须先将要拍摄的商品进行合理组合，设计出一个最佳的摆放角度，为拍摄时的构图和取景做好前期准备工作。商品采用什么摆放角度和组合最能体现其商品性能、特点及价值，这是每个拍摄者在准备拍摄之前就要思考的问题。因为拍摄过程中商品的摆放决定了照片的基本构图。

商品的摆放其实也是一种陈列艺术，对同样的商品，使用不同的造型和摆放方式会带来不同的视觉效果。由于摆放和组合方式不同会产生完全不同的构图和陈列效果，消费者在看到不同的商品摆放造型时，会因视觉上出现的美感区别产生不同的感受，而这个感受将会直接影响到消费者是否会购买这件商品。商品照片归根到底是要刺激消费者的购买欲，而视觉感受恰恰是消费者价值判断中最重要的因素之一。

（1）商品摆放的角度。商品的摆放角度是多种多样的，摆放时要根据商品的特征进行设计，可以从左到右、从上到下，也可以采用45°的摆放角度等。

（2）商品外形的二次设计。每一件商品从流水线上出来时就决定了它的外观形态，商品拍摄者无法改变商品的外观形态，但是可以在拍摄时充分运用想象力，通过对多个商品的排列组合，进行整体形态设计，通过这种二次设计来美化商品的外部线条，使之呈现出一种独有的设计感和美感。

（3）商品外观的衬托设计。红花还需绿叶配，对商品外观形态与色质的衬托，可以收到令人意想不到的视觉效果。很多拍摄者能充分发挥个人丰富的想象力，拍摄时不再满足于仅仅展现商品的外观，而是充分考虑商品外观的衬托设计，尽最大可能满足消费者的网络购物心理。在消费者越来越挑剔的目光下，商品照片所表现的商品优势和价值、悠闲的生活节奏、小资情调和无法言说的意境，都有可能成为打开消费者心门的那一把钥匙。

在当今的网络零售行业，越来越多的商家在拍摄商品照片时开始融入个人的感情，以此来营造出一种购物的氛围，因此网上的商品照片不再一成不变，不再拘泥于呆板的排列，偶尔也会呈现出一些个性化的清新设计，以烘托商品的本质属性。

（4）商品的排列组合。商品的排列组合能产生别具风格的韵味。在摆放一件商品时，主题设计要简单清晰，要让消费者在一堆花花绿绿的物体中很容易发现该商品，能轻松领会商家所表达的主题，这就需要拍摄者具有一定的商品陈列水平。

（5）商品摆放的疏密和序列感。摆放多件商品最难的是要兼顾造型的美感和构图的合理性，因为画面上内容太多就容易显得杂乱。采用有序列感和疏密相间的摆放方式就能很好地兼顾这两点，使画面显得饱满、丰富，又不失节奏感和韵律感。

3.2 商品图片处理

3.2.1 调整图片大小

拍摄商品时，图像的大小可以直接在数码相机上设定，但以目前1000万像素的数码相机来说，最小的尺寸可能也有200万像素，以淘宝网店的图片来说，还要再缩小些。

一般在800×600像素的显示器分辨率下，图片只能显示到500像素左右的宽度，在1024×768像素及其以上的显示器分辨率下，图片可以显示到900像素，但为了让大多数买家能看到完整的图片，并且要考虑到宝贝描述模板所占用的页面宽度，商品图片的宽度最好定在500~700像素，以避免图片过小，买家看不清楚，或图片过大，买家看不到完整的商品图片而造成交易失败。

为了方便日后图片可以应用在不同的场合，建议在拍摄时先将相机设定在最高像素，这样后续的软件处理或输出照片都会有较佳的质量，当需要上传到淘宝网店时，再进行缩图即可。

以下为使用 Photoshop 调整图片大小的步骤。

步骤 1：在 Photoshop 内执行"文件"→"打开"命令，打开需要处理的商品图片，如图 3-47 所示。

图 3-47　打开图片

步骤 2：选择菜单栏中的"图像"→"图像大小"，打开图像大小对话框，如图 3-48 所示。

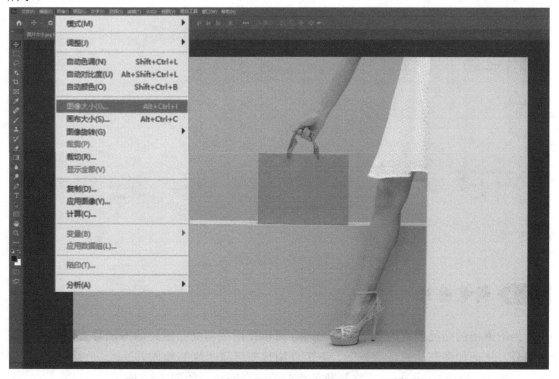

图 3-48　打开图像大小对话框

步骤 3：在进行尺寸调整的时候，必须维持长宽的比例，以免商品的照片变形。因此，应先选中对话框中的约束比例，维持照片长宽比例不变，如图 3-49 所示。

步骤 4：假定图像尺寸大小的宽度要控制在 400，在设定图像尺寸时就在宽度字段输入 400；调整完宽度后，高度会随着宽度自行运算而变化，但不管如何变化，这张照片都不会变形，如图 3-50 所示。

 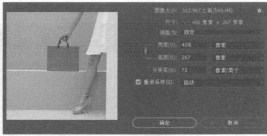

图 3-49　设置约束　　　　　　　　　　图 3-50　设置参数

步骤 5：处理完之后，必须将图片另存到已处理的文件夹内。选择"文件"→"存储为"命令，选择好文件夹并输入新的文件名，单击"保存"按钮，即可完成修改，如图 3-51 所示。

图 3-51　保存文件

3.2.2　裁剪图片

当拍摄出的商品照片的效果不突出时，可以使用裁剪商品照片的方法移去照片中的多余部分，从而加强商品的显示效果。下面介绍裁剪商品照片的操作方法。

步骤 1：启动 Photoshop，打开准备裁剪的商品照片，如图 3-52 所示。

步骤 2：在工具箱中选择"裁剪工具"选项，在图像上单击并拖动鼠标以创建裁剪选框，如图 3-53 所示。

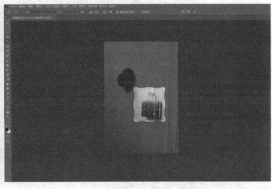

图 3-52　打开图片　　　　　　　　图 3-53　创建选框

步骤 3：在键盘上按 Enter 键，通过上述方法即可完成裁剪商品照片的操作，效果如图 3-54 所示。

图 3-54　完成操作

3.2.3　旋转图片

步骤 1：在 Photoshop 中打开原图，如图 3-55 所示，可以看到图中的商品包装盒横向放置。

图 3-55　打开图片

步骤 2：选择"图像"→"图像旋转"→"90 度（逆时针）"命令，如图 3-56 所示。

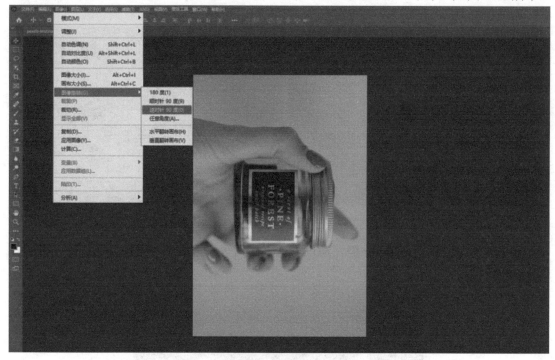

图 3-56　旋转图片

步骤 3：旋转后的效果如图 3-57 所示。

图 3-57　完成操作

3.2.4　调整图片的亮度

通过使用色阶、曲线等都可以调整图像的亮度，以下为具体操作步骤。

1. 使用色阶调整亮度

步骤 1：选择上方菜单栏中的"图像"→"调整"→"色阶"命令，如图 3-58 所示。

图 3-58 选择"色阶"命令

步骤 2：弹出色阶对话框，在对话框中会有 3 个三角形，画面左边的三角形代表图片的暗部色调，中间的三角形代表图片的中间色调，而位于右边的三角形则代表图片的亮部色调，如图 3-59 所示。

步骤 3：以本范例照片来看，整体曝光稍显过暗，需要把照片调亮一些。右边三角形图标调整画面的亮度，按住鼠标左键不放，向左慢慢移动，就会发现整张照片色调变亮一些，越往左移画面上的照片就越亮，可以根据自己的喜好及照片的状况自行调整，如图 3-60 所示。

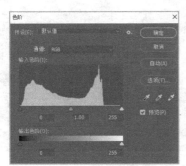 

图 3-59 打开"色阶"对话框　　　　　　图 3-60 最终效果

2．使用曲线调整亮度

虽然 Photoshop 提供了很多不同原理的亮度调整工具，但实际上最基础、最好掌握的就是曲线工具。其他的一些工具，如"亮度/对比度"命令等，都是由其派生出来的。曲线工具是 Photoshop 中最常用到的调整工具。学会使用曲线工具就能触类旁通，掌握其他的色彩调整命令。

步骤 1：选择图像下拉菜单中的"调整"→"曲线"命令，如图 3-61 所示。

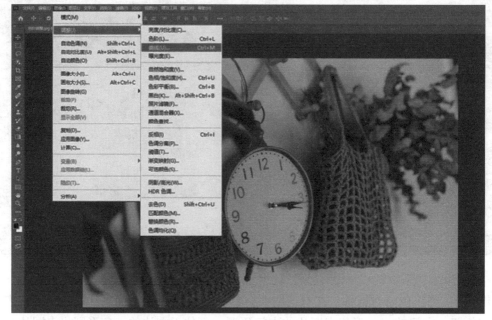

图 3-61　选择"曲线"命令

步骤 2：弹出"曲线"对话框，如图 3-62 所示。

步骤 3：将鼠标放在曲线的小黑点上，进行上下、左右移动，此时图片随着小黑点的移动，其亮度和对比度也在发生变化，小黑点越往上，亮度越高，小黑点越往左移，对比度越弱；反之，结果相反。可以根据实际情况调整合适的亮度，如图 3-63 所示。

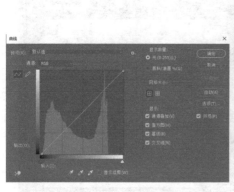

图 3-62　打开"曲线"对话框

图 3-63　最终效果图

3.2.5　调整图片的颜色

在拍摄照片时，如果使用的光源有问题，或色温设定不准确，拍出来的色彩就会与实物存在误差，必须进行适当调整，让色彩尽量符合实际情况，以免造成买卖双方的纠纷。以下为调整图片颜色的步骤。

步骤1：打开要处理的照片，如图3-64所示。

图3-64 打开图片

步骤2：选择上方菜单栏中的"图像"→"调整"→"色度/饱和度"命令，如图3-65所示。

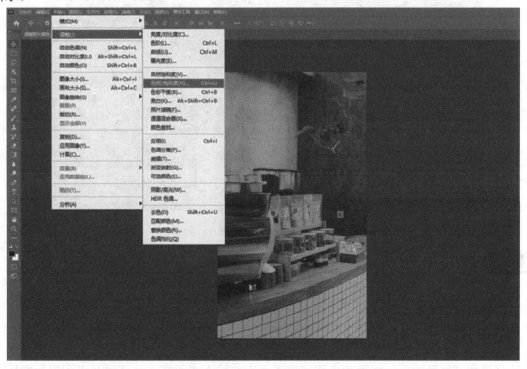

图3-65 选择"色度/饱和度"命令

步骤3：在弹出的面板中进行参数的设置，这里没有具体的值，但可以选中"预览"复选框，然后根据效果调整颜色，如图3-66所示。

步骤4：进行进一步调整，继续选择"图像"→"调整"→"色彩平衡"命令，如图3-67所示，在弹出的对话框里，根据"预览"效果调整各个颜色的数值。

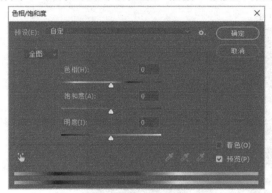

图3-66　设置参数　　　　　　　　　　　图3-67　调整数值

步骤5：图片调色的基本操作已经完成，如果觉得图片过亮或过暗，可以对图片的亮度进行调节，如图3-68所示。

图3-68　最终效果

3.2.6　添加水印

在淘宝网中上传商品照片时，为了防止他人盗取图片，可以在照片中添加水印。下面介绍为商品照片添加水印的操作方法。

步骤1：打开商品照片，在工具箱中选择"横排文字工具"选项，在工具栏中设置字体、字号和文字颜色后，在照片中选定位置单击并输入水印文本，然后在"图层"面板中双击新建立的文字图层，如图3-69所示。

图 3-69 输入水印

步骤 2：弹出"图层样式"对话框，选中"描边"复选框，在"描边"区域设置边框样式后，选中"投影"复选框，在"投影"区域设置投影选项，单击"确定"按钮，如图 3-70 所示。

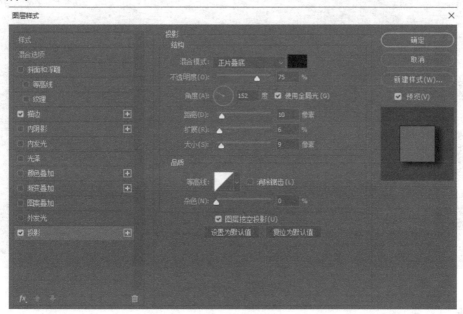

图 3-70 设置"图层样式"参数

步骤 3：再次单击照片区域，输入并设置店铺地址，在"图层"面板中选中所有文字图层，在键盘上按 Ctrl+E 组合键组合图层，如图 3-71 所示。

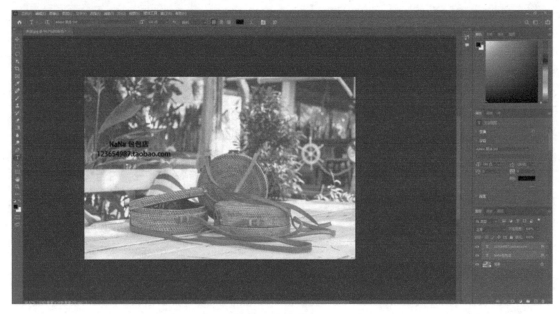

图 3-71　组合图层

步骤 4：选中文字图层，在"图层"面板中的"不透明度"文本框中设置不透明度为"60%"，完成为商品照片添加水印的操作，如图 3-72 所示。

图 3-72　最终效果

3.2.7　抠图

抠图指在使用 Photoshop 处理商品图片时，在图片中创建选区，把商品从图像背景中分离出来的一种图像处理方法。抠图是处理商品图片的第一步，要认真掌握。抠图有两种常用方法，下面分别予以介绍。

1. 使用魔棒工具抠图

当商品图片中商品的颜色和背景色差异较大时，使用魔棒工具进行抠图，可快速选择图像中颜色相似的区域，从而节省抠图时间。下面介绍使用魔棒工具抠图的操作方法。

步骤 1：启动 Photoshop CS4，打开商品图片，在工具栏中选择"魔棒工具"选项，在工具栏中单击"添加到选区"按钮，在"容差"文本框中设置容差值后，单击图像的背景区域即可选择背景图像，如图 3-73 所示。

图 3-73　选择"魔棒工具"选项

步骤 2：在键盘上按 Ctrl+Shift+I 组合键反选图像后即可完成使用魔棒工具抠图的操作，如图 3-74 所示。

图 3-74　完成抠图

2. 使用套索工具抠图

当图片中商品的边缘较为明显或较为规整时，可以使用套索工具抠取商品图片。下面介绍使用多边形套索工具抠图的操作方法。

启动 Photoshop，打开商品图片，在工具栏中选择"多边形套索工具"选项，在图像边缘依次单击，至起点位置后即可创建封闭选区，完成商品图片的抠取，如图 3-75 所示。

图 3-75　创建封闭选区

3.3　网店装修

3.3.1　店招视觉营销设计

店招是网店首页的第一个板块，是店铺的招牌，是店铺品牌展示的窗口。有特色的店招对于店铺定位具有不可替代的作用。店招的内容一般包括标志（logo）、收藏店铺、店铺名称、店铺性质、店铺理念和促销活动信息等内容。

淘宝网按尺寸大小将店招分为常规店招和通栏店招两类。常规店招尺寸为950×120像素，而通栏店招的尺寸多为 1920×150 像素。一般来说，常规店招的使用率相对较低，通栏店招的使用率相对较高。

1. 确定店招的策略

店招的风格引导着店铺的风格，而店铺的风格在很大程度上取决于店铺所经营的商品。一般而言，店铺应保证店招、商品、店铺风格的统一。图 3-76 所示为美的官方旗舰店的店招效果，美的是中国家电领导品牌，是天猫、京东等主流电子商务平台的重要战略合作伙伴。因此，店招采用了和网站同风格并和店标同色的配色方案，并用"天猫"的图案配合产品以强调产品的品质，在字形和形状等元素上也统一采用偏方正的风格。

图 3-76 美的官方旗舰店店招

图 3-77 所示的 "ONLY 女装" 店招则主要以白色为背景，内容简洁，展示了女性青春、靓丽的特征。

图 3-77 女装店招

同一行业的店招在用色上需要考究，图 3-78 所示的护肤品店招彰显了商品的天然本色，突出了商品洁净、清透与水嫩的特点等。

图 3-78 护肤品店招

2．店招的营销设计

店招的营销设计主要体现在 logo 设计、促销商品、收藏和关注、优惠券等能够直接吸引客户的因素方面，这些因素的结合使用可以将营销信息凸显出来，下面分别进行介绍。

（1）logo 设计：logo 的效果直接影响着客户对店铺的印象。logo 是店铺的形象标志，在店招或是商品上出现 logo 可以加深客户对店铺的印象。logo 的外观要求简洁鲜明、富有感染力，既要形体简洁、引人注目，还要易于识别、理解和记忆，让人一眼望去即可形成简单的记忆。

（2）促销商品：在店招中添加促销商品，不但能让客户进店第一眼就看到促销信息，引导其点击查看，还能起到宣传的作用。该方法是店铺营销中常用的方法。

（3）收藏和关注：在店招中添加收藏和关注模块，可以引导消费者快速收藏和关注店铺，为其后期再次购物做准备。

（4）优惠券：在店招中添加优惠券，可以方便客户快速查看优惠信息，并进一步点击优惠商品，从而促使客户购买。

3．店招的布局设计

店招是店铺中曝光量最大的板块之一，如何将店铺的优惠信息、活动内容、促销款式、收藏和关注等内容通过不同的方式展现到店招中是店招布局设计中的难点，下面将介绍几种常见的布局方法。

1）简洁布局

简洁布局店招比较强调品牌 logo 和广告语，部分店铺还在其中添加了收藏链接等一些小控件，使店招功能更丰富，如图 3-79 所示。

图 3-79　简洁布局店招

2）促销活动布局

促销活动布局店招在简洁布局的基础上添加促销信息或活动商品信息，将店铺的优惠信息体现在店招中。但是需要注意，不要让店招中的信息过于杂乱，以免影响店铺的整体美观，如图 3-80 所示。

图 3-80　促销活动布局店招

3）互动布局

互动布局指店招以互动信息为主，如关注、分享、会员、品牌故事等，有利于提高店铺与客户的互动性，加强客户与店铺的联系，如图 3-81 所示。

图 3-81　互动布局店招

4）左中右布局

左中右布局店招指将店招分为三个部分，分门别类地对商品和店铺信息进行展示，如图 3-82 所示。

图 3-82　左中右布局店招

4．店招的设计与制作

通栏店招是淘宝网中运用最广泛的一种店招。该店招不但可以包含常规店招的基本信息，还能将导航条设计到店招中。下面将制作数码专营店的通栏店招，采用左中右布局的样式，在左边先制作店铺 logo，在中间输入店铺的名称，在右边输入互动内容，使店招效果更加美观。以下为具体操作步骤。

步骤 1：新建大小为 1920×150 像素、分辨率为 72 像素/英寸、名为"店招"的文件。选择"视图"→"标尺"命令，将标尺显示到图像中，拖动绘制出如图 3-83 所示的参考线。

步骤 2：绘制导航条区域。选择"矩形工具"选项，并设置填充色为深灰色，RGB 值为（68，68，68），在最底端区域绘制通栏的矩形形状，如图 3-84 所示。

图 3-83　新建文件并拖动绘制出参考线

图 3-84　绘制底端矩形形状

步骤 3：按 Ctrl++组合键，放大视图，绘制 logo。选择"椭圆"工具，在工具参数栏选择工具模式为"形状"，绘制圆形并取消填充颜色，设置描边 2 像素并设置颜色为蓝色，RGB 值为（9，48，241），如图 3-85 所示。

步骤 4：选择"椭圆 1"，按 Ctrl+J 组合键，复制出一个形状图层，选择"编辑"→"交换"→"缩放"命令，如图 3-86 所示。

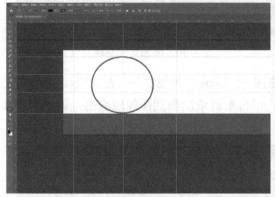

图 3-85　绘制形状　　　　　　　　　　图 3-86　选择缩放

步骤 5：设置缩放比例为"80%"，效果如图 3-87 所示。

步骤 6：选择"椭圆 1 拷贝"选项，右击选择"栅格化图层"选项，选择"矩形选框工具"选项，将椭圆的左右两侧圆弧删除，如图 3-88 所示。

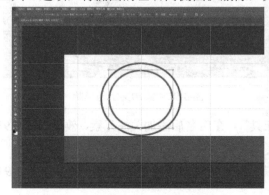

图 3-87　缩放图形　　　　　　　　　　图 3-88　绘制椭圆形状

步骤 7：选择"直排文字工具"选项，在椭圆缺口处添加"正品""保障"，颜色为黑色，并设置字体为"微软雅黑"；在椭圆中间位置添加"讯飞"，设置字体为"方正粗宋_GBK"，字体颜色为黄色，RGB值为（255，235，9），调整字体大小和位置，完成 logo 制作，效果如图 3-89 所示。

步骤 8：添加店铺名称。选择"横排文字工具"选项，在形状下方添加"讯飞数码专营店"文字，颜色为黄色，并设置字体为"方正粗宋_GBK"。调整字体大小和位置，效果如图 3-90 所示。

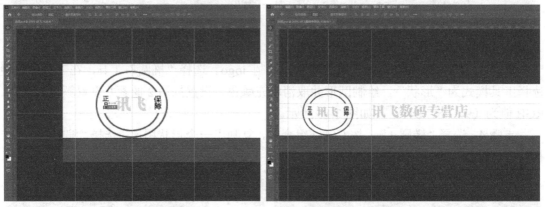

图 3-89　添加店招文字　　　　　　　图 3-90　添加店铺名称文字

步骤 9：打开"店招素材 1.png"和"店招素材 2.png"图像文件（配套资源：\素材文件\第 3 章\店招素材 1.png 和店招素材 2.png），将素材依次拖到图像较右侧，调整大小和位置，如图 3-91 所示。

步骤 10：使用"横排文字工具"和"矩形工具"，分别为右侧产品图添加文字和形状，效果如图 3-92 所示。

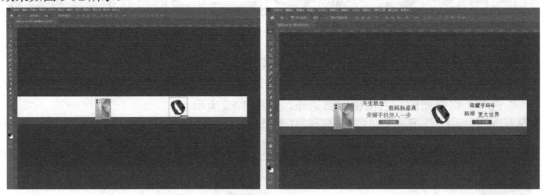

图 3-91　添加素材图片　　　　　　　图 3-92　添加文字与形状

步骤 11：使用"横排文字工具"和"矩形工具"，在店名后添加关注元素，效果如图 3-93 所示。

步骤 12：使用"横排文字工具"，在底端灰色区域添加导航条的文字，效果如图 3-94 所示。

第 3 章 网店装修与设计

图 3-93 添加关注元素

图 3-94 添加导航条文字

步骤 13：保存图像并查看完成后的效果（配套资源：\效果文件\第 3 章\店招.psd），如图 3-95 所示。

图 3-95 查看完成后效果

3.3.2 首页海报视觉营销设计

海报是客户进入店铺首页时看到的最醒目的区域，位于店招的下方。它可以是一张海报，也可以是多张海报组合成的轮播效果，应具有高端、大气的特点，是网店视觉和营销设计的重点。首页海报视觉设计效果好，不但可以大大提高店铺整体的美观度，还可以对店铺中的主推商品起到积极的推广作用。

好的首页海报不仅能给客户带来视觉上的美好感受，还能使客户在第一时间了解店铺的活动和促销信息。

1．海报的布局设计

海报作为首页中最重要的视觉点，不但是店铺的门面，而且能对主推商品起到积极的宣传作用，是网店视觉营销设计中不可忽视的区域。好的海报布局可以有效提升店铺的整体视觉效果，加深客户对店铺的印象。一般来说，海报设计中常见的布局技巧有3种。

1）不杂乱，细节作点缀

首页海报中的主体商品不能太多，否则会造成画面杂乱的感觉，影响店铺整体的视觉美观度。在细节上，海报要做到前后呼应，不能为了细节而添加细节。图3-96所示为常规海报的布局。

图3-96　常规海报的布局

2）元素主次有别，排列有序

海报的主题一般从背景、商品和文案中体现出来，而这些元素往往是杂乱无章的，需要对其进行分类整理、精简提炼，突出主要信息。同时，海报布局要分清主次，背景不能比主体突出，促销信息也应该醒目显示。图3-97所示为主次有别的海报效果。

图3-97　主次有别的海报效果

3）留白

客户在浏览了多个店铺首页后，眼睛往往会在不同的颜色和结构切换中感到疲劳，因此店铺首页的海报设计可以适当留白，以减轻客户的视觉负担。例如，在海报周围留出一些空白的空间，给客户简单舒适的视觉体验，从而使其对店铺产生好的印象。图3-98所示为留白海报的效果。

图 3-98　留白海报的效果

2. 海报的设计要点

要使海报达到美观、吸引客户注意的效果，就要对海报的主题、构图和配色设计要点进行综合考虑。

1）主题

无论是新品上市还是活动促销，海报中的主题都应该围绕一个重点。一般情况下，海报主题通过简洁精练的文字搭配主体商品来表现，并设计为海报的第一视觉点，让客户直观地看到海报需要传达的重要信息。此外，还要根据商品和活动特点为海报选择合适的背景。在编辑文案时，建议文案的字体不要超过 3 种，同时用稍大或个性化的字体突出主题和商品的特征，如图 3-99 所示。

图 3-99　展现主题和商品特征

2）构图

构图的好坏直接影响着海报的效果，海报构图主要分为左右构图、左中右三分式构图、上下构图、底面构图和斜切构图 5 种形式。图 3-100 所示为左右构图，图 3-101 所示为左中右构图。

图 3-100　左右构图　　　　　　　　图 3-101　左中右构图

3）配色

海报设计需要保持统一色调，重要的文字信息应该用突出醒目的颜色进行强调，可通过明暗对比和颜色搭配确定海报的整体风格。进行海报配色时，不要使用过多的颜色，以免页面杂乱。图 3-102 所示为比较漂亮的配色效果。

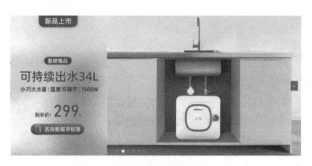

图 3-102　比较漂亮的配色效果

3．海报的表现手法

灵活运用海报的设计和布局可以提升海报的美观度，快速吸引客户的注意力，而好的海报表现手法则能让客户在第一时间了解海报中的重要信息，甚至对商品产生亲切感和信任感。海报的表现手法主要有以下 3 种。

1）直接展示法

这是一种运用十分广泛的表现手法，它将商品或主题直接展示在海报上，并充分运用摄影或绘画等写实表现技巧，细致刻画和着力渲染商品的质感、形态和功能，将商品精美的品质清晰直观地呈现出来，给人以逼真的现实感，使客户对商品快速产生亲切感和信任感。

2）对比衬托法

对比是一种趋向于对立冲突的表现手法，它把海报中描绘的商品的性质和特点放在鲜明的对照和直接对比中进行表现，借彼显此，从对比呈现的差别中，实现集中、简洁的表现效果。该手法能更鲜明地强调或提示商品的性能和特点，给客户带来深刻的视觉感受。

3）突出特征法

突出特征法指运用多种方式抓住和强调商品与众不同的特征，并将其置于广告画面的主要视觉部位或加以烘托处理，使观众在接触的瞬间即可感受到，从而引发视觉兴趣，达到刺激购买欲望的目的。

4．海报的设计与制作

首页海报需要结合店铺的整体风格进行设计与制作。下面以制作手表店铺的女款手表海报为例进行介绍，具体步骤如下所示。

步骤 1：新建大小为 1920×700 像素、分辨率为 72 像素/英寸、名为"全屏海报"的文件。

步骤 2：将前景色 RGB 值设置为（211，226，240），按 Alt+Delete 组合键将背景层填充为前景色。

步骤 3：打开"海报素材 1-2.psd"图像文件（配套资源：素材文件\第 3 章\海报素材 1-2），将素材拖动到图像中，调整大小和位置，并设置图层的混合模式为"正片叠底"，如图 3-103 所示。

步骤 4：打开"海报素材 3.psd"图像文件（配套资源：素材文件\第 3 章\海报素材 3），将需要的部分素材拖动到图像中，调整大小和位置，并设置图层的混合模式为"滤色"或"叠加"，如图 3-104 所示。

图 3-103　添加产品素材和模特素材　　　　图 3-104　添加海报素材并调整大小和位置

步骤 5：选择"横排文字工具"选项，字体设置为"方正粗宋_GBK"，颜色 RGB 值设置为（82，146，236），分别添加文字"NARS怦然心动"和"经典挚爱 百搭不出错"，设置大小和位置，如图 3-105 所示。

步骤 6：新建图层，选择"矩形选框工具"选项，在文字下方绘制矩形按钮，并添加白色文字"即刻购买"，如图 3-106 所示。

图 3-105　添加文字　　　　　　　图 3-106　添加"即刻购买"

步骤 7：保存图像并查看完成后的效果（配套资源：\效果文件\项目 7\全屏海报.psd），如图 3-107 所示。

图 3-107　查看完成后的效果

3.3.3　主图营销设计

客户最先看到的店铺商品信息是从商品主图中获得的。作为传递信息的核心载体，主图需要具有吸引力，使客户产生点击欲望，从而进入商品详情页浏览更多信息。因此，主图效果的好坏在很大程度上影响着店铺流量的高低。一张好的主图可以为店铺运营节省很多宣传推广费用，也是店铺营销成功的关键因素。

客户无论选择通过关键词搜索还是通过类目搜索，商品主图都是展现在客户眼前的第一张图片。因此，主图设计的关注重点是商品图像必须与实物相符合。商品主图展现的图像必须要清晰，不能出现色彩与造型上的偏差，最好采用高质量的商品照片来制作。主图视觉效果是影响客户关注和点击的主要因素，可以说一张诱人的主图可以为店铺节省大笔营销费用，也可以在没有进行其他促销推广的情况下为店铺吸引流量。下面将对主图的尺寸规范、主图的素材选择、主图的营销体现以及主图的设计与制作进行介绍。

1. 主图的尺寸规范

不同的电子商务平台对商品主图有不同的要求与规范，下面主要以淘宝网的主图规范为例进行说明。淘宝网主图的标准尺寸为 310×310 像素的正方形图片。800×800 像素以上的图片可在商品详情页中使用放大镜功能。该功能可以直接放大主图的细节，使客户可以在主图中查看商品的细节。在计算机上编辑发布商品时，主图位置一般可以上传 5 张不同角度的图片，一般最后一张主图要用白底图。我们要充分重视这 5 张主图的设计，尽量从不同角度展示商品的特征。卖家也可以在主图位置上发布视频，以便客户查看实物效果。

2. 主图的素材选择

主图作为表现商品的第一要素，其素材的选择也要遵循一定的规律和方法。下面对主图的素材选择要求进行介绍。

1）清晰整洁

在主图素材的选择中，清晰整洁是首要条件。模糊、脏乱的主图不仅影响客户的视觉体验，还影响商品的价值。

2）曝光正确

光线的色温和明暗度是造成商品色差的关键，若选择一张曝光有问题的图片作为主图，则很容易引起售后纠纷。因此在选择主图时，要选择正确曝光的图片。

3）展现角度合理

合理的商品展现角度不但能增强商品的立体感，使商品更加灵动，还能让客户更加清晰地看到商品的全貌，从而促使客户购买商品。

4）商品完整

在保证商品角度合理的情况下，还要注重商品的完整度。主图需要展现商品最美观的角度，而作为主图的第二张图片则要展现商品的侧面，让客户在图片中能了解更多的信息。

3. 主图的营销体现

好的主图能够提高点击率，从而达到引流的目的，而如何让主图更具有营销效果，从而吸引客户的眼球，则成为设计的关键。客户浏览主图的速度一般较快，如何让你的主图在淘宝网搜索页的众多主图中成功吸引客户眼球，是制作营销型主图的关键，一般可以从以下 4 个方面着手。

1）卖点清晰、有创意

所谓"卖点"，就是指商品具备的别出心裁、与众不同的特色，既可以是商品的款式或材质，也可以是商品的价格等。卖点清晰是指客户即使眼睛一扫而过，也能快速明白你的商品的优势是什么，和别家的商品有什么不同。一个主图的卖点不需要多，但要能够直击用户痛点。许多商品的卖点是大同小异的，这时优化卖点就成为体现营销价值、赢得客户眼球的关键。如图 3-108 所示，从左图中可以看出商家想要体现的商品卖点是"久戴耳朵不痛"，该图的场景设立是合适的，但背景过于单调，优势并没有显示出来，因此该主图中卖点展现得并不够突出，不符合视觉营销的要求；而右图则通过手执产品直观地展现商品的小巧特点，虽然没有文字，但是通过可以戴在脖子上，传达了更多信息，并体现了营销优势。

图 3-108　卖点对比

2）商品的大小适中

主图中商品过大会显得臃肿，过小则不利于突出商品的主体地位，从而使营销效果达不到要求。而大小适中的商品能增强客户浏览时的视觉舒适感，提高点击率。如图 3-109 所示，左侧图的脐橙与叶子形成对比，客户可以感受到脐橙的实际大小，并且能感受到脐橙的新鲜与香甜，极大地提高了浏览的直观度，甚至能让客户产生吃到口中的汁水饱满的味觉体验，这样展示的营销效果比右侧一堆脐橙堆放在一处要好，右侧图让客户直观地感觉到果实很小，甚至口感也普通。

图 3-109　大小对比

3）宜简不宜繁

由于客户浏览主图的速度较快，因此主图传达的信息越简单明确就越容易被客户接受。商品摆放杂乱、文案信息多、背景太杂、水印夸张等都会阻碍信息的传达，从而影响营销的效果。如图 3-110 所示，左图和右图都是化妆品，左图设计简洁大气、唯美清新，以少量的文字很好地表达了其卖点；而右图用了两个部分来体现卖点，过于繁杂，并用了大量文字来说明化妆品的特点及促销信息，由于文字太小，信息展现不够完整，导致客户失去兴趣，快速跳过该主图。

图 3-110　简繁对比

4）丰富细节

通过放大细节提高主图的点击率，也可以在主图上添加除标题文字外的补充文字，如商品名称、特点与特色、包邮、特价等商家想要表达的内容。丰富主图的细节可以使卖点更加突出，从而提升商品销量。

4. 主图的设计与制作

主图的设计一定要有亮点。本例将制作一款化妆品的主图，主要通过添加炫光的背景来增加产品质感，再通过促销文案来传递营销信息，以吸引消费者的注意力。在制作时，先制作主图背景，突出创意，再输入文字并添加素材，以下为具体操作步骤。

步骤 1：新建大小为 800×800 像素、分辨率为 72 像素/英寸、名为"手机主图"的图像文件。打开"主图背景.jpg"图像文件（配套资源：\素材文件\第 3 章\主图背景.jpg），将背景拖动到新建的化妆品主图中，调整大小和位置并设置图层的不透明度为 70%，如图 3-111 所示。

步骤 2：打开化妆品素材.psd（配套资源：\素材文件\第 3 章\主图设计素材 1），将化妆品拖动到文件中，调整位置和大小，如图 3-112 所示。

图 3-111 添加背景　　　　　　图 3-112 添加产品素材

步骤 3：制作倒影。按 Ctrl+J 组合键复制化妆品图层为"图层 2 副本"，执行"编辑"→"变换"→"垂直翻转"命令，然后将翻转后的图层调整到化妆品层的倒影位置；执行"编辑"→"变换"→"变形"命令，在变形框内对倒影进行变形操作，使倒影贴合产品，如图 3-113 所示。按 Enter 键确认变形操作。

步骤 4：单击图层面板底端的"添加图层蒙版"按钮，为"图层 2 副本"添加图层蒙版，然后选择画笔工具，设置硬度为"0"，前景色为"黑色"，在图层蒙版上进行绘画，采用渐变方式遮盖住不必要的部分，并将图层的透明度调整为 40%，如图 3-114 所示。制作倒影完成效果如图 3-115 所示。

图 3-113 进行倒影的变形　　　图 3-114 对图层蒙版进行操作　　　图 3-115 倒影完成效果

步骤 5：在工具栏中选择"矩形工具"选项，在工具属性栏中单击"填充"按钮，在打开的下拉列表中选择"渐变"选项，设置渐变颜色 RGB 值为（247，138，158）、（245，111，135）和（254，152，139），并设置渐变方式为"线性"，角度为"0"，如图 3-116 所示。在图像编辑区的左侧绘制 245×60 像素的渐变矩形，调整图层不透明度为"90%"，并添加投影效果（参数为默认值即可），完成后复制矩形，调整两个矩形的位置，如图 3-117 所示。

步骤 6：选择"横排文字工具"选项，在工具属性栏中，设置字体为"宋体"，字号为"48 点"，颜色为黑色，在矩形框中分别输入"现货抢购"和"全场包邮"文字，完成效果如图 3-118 所示。

图 3-116　设置矩形渐变填充　　　图 3-117　绘制矩形　　　图 3-118　添加文字

步骤 7：在工具栏中选择"矩形工具"选项，在工具属性栏中单击"填充"按钮，将填充色设置为红色，绘制 280×50 像素的红色矩形形状，按 Ctrl+T 组合键将其旋转 45°，移动到右上角位置，如图 3-119 所示。

步骤 8：选择"横排文字工具"选项，在工具属性栏中，设置字体为"宋体"，字号为"32 号"，颜色为白色，在红色矩形图形上输入"正品保障"文字，完成后按 Ctrl+T 组合键，变换文字方向旋转 45°，使其展现的效果更加美观，完成效果如图 3-120 所示。

图 3-119　绘制矩形并旋转　　　　图 3-120　添加文字并旋转

步骤 9：选择"横排文字工具"选项，输入文字"更大胆、更高调、更迷人"，设置字体为"幼圆"，RGB 值为（246，37，0），完成后按 Ctrl+T 组合键，调整角度，如图 3-121 所示。

步骤 10：保存图像，查看完成后的效果，如图 3-122 所示。

图 3-121　添加标语

图 3-122　查看完成后效果

3.3.4　详情页营销设计

商品详情页通常担负着比首页更多的转化率责任，它直接面对客户，要经受客户的反复对比和推敲，是决定客户能否对产品产生信任的关键。因此，详情页的营销设计是至关重要的。

1. 详情页设计原则

确定详情页设计思路是设计详情页的前提，而详情页内容的安排是否深入人心则是影响成交的关键。如何能有效利用商品的描述使客户产生购买欲望，即使没有产生订单，也要让客户对商品留有印象，能够浏览到页尾，甚至可以加入收藏。这需要设计者遵循一定的原则，下面分别进行介绍。

1）逻辑合理

站在客户角度来说，他们需要清晰地认识到商品的全部信息，该商品能给自己带来哪些好处。因此，商品描述的逻辑合理就变得格外重要，基于商品描述的认知规律可以考虑遵循以下顺序进行商品描述。

（1）店铺活动和场景效果图。

（2）商品图和材质工艺细节图。

（3）尺寸说明和质检合格证展示。

（4）关联推荐、品牌展示和防损包装、品牌形象。

每个店铺的情况不同，还可根据自己店铺的具体要求，添加一些其他内容，达到层层递进的效果。

2）亲切自然

很多商品详情页的品牌情结过于明显，这会让用户觉得商业色彩太过浓重，缺乏亲切感。这种做法与商户最应该注重的用户体验完全背道而驰，会让用户产生反感。

3）真实可信

网上销售最重要的是取得客户的信任，这种信任需要建立在客户对店铺商品了解的基础上，所以要在强调商品真实性的前提下，尽量多角度、全方位地展现商品原貌，减少客服人员的工作量,提高客户自主购物、静默下单的概率。

4)营造氛围

并不是所有客户浏览网站都目的明确,部分客户可能只是随便逛逛,并没有真正的购买需求。这部分客户比较喜欢购物的氛围,当他们进入商品详情页后,如果商品描述设计中存在具有吸引力的焦点图、完整的商品展示图以及优惠的促销信息,那么他们会产生一种心动的感觉,完成购买行为。

5)专业描述

商品描述要体现出商品的专业性,可以从侧面烘托商品的优势,并给予最专业、最有利的市场行情对比。因为客户更相信专业的信息,专业的详情页描述可以更好地引导客户购物,如销售毛皮制品的店铺,可以从毛皮的角度切入,从真毛皮与假毛皮在形状、颜色、质感上的区别进行专业的描述,让客户在选购时有所参考,从而决定购买哪家的商品。

6)图片质量

图片质量一般体现在页面整洁干净、色彩丰富、比例正常、主题内容显著、页面信息完整、页面元素丰富等方面。详情页中的图片质量是非常重要的,所以在制作详情页时应尽量将优质大图和少量文字进行搭配。另外,商品展示图不宜过大,不能与商品文字信息有太大的偏差,以免造成用户在视觉上的不适感。

2. 详情页客户分析

商品的营销要有针对性,首先要分析客户"逛淘宝"的心理。对于进入详情页的客户,一般可以归纳为三类,即随便看看、潜在需求和感兴趣且有需求。

1)随便看看

随便看看的客户往往没有明确的购买目的。有些店铺为了获得更多的流量,会使用一些个性鲜明的图片(如图 3-123 所示)吸引客户点击,而吸引到的客户往往属于随便看看类型的客户,他们的点击查看只是一种满足好奇心的行为,一般不会产生购买欲望。

图 3-123　个性图片

2)潜在需求

有些客户在浏览时并没有明确的购买目的,看到一款比较喜欢的商品就进入详情页看看,这类客户的随意性很大,但是能点击进入详情页进行查看,说明客户对该商品还是有一些潜在需求的。因此，只要详情页能引起客户的兴趣，就很可能将其潜在需求转变为购买需求。

3）感兴趣且有需求

通过搜索对比进入详情页的客户一般对商品很感兴趣，或者很有需求。此时，详情页的设计要从客户的需求和兴趣出发，要能够迎合客户的需求，从而促使其购买。

3. 详情页视觉营销的形式

详情页客户分析将客户分为 3 种类型，而视觉营销体现则主要针对其中感兴趣的客户人群，通过视觉营销的形式吸引客户，从而促成交易。常见的视觉营销形式包括引起客户关注和引起客户兴趣。

1）引起客户关注

从某种程度上来说，店铺吸引了多少眼球，就会有多少潜在客户，就等于加了多少流量，因此，流量转化的第一步是要引起潜在客户的关注，也就是尽可能提高商品或店铺的展现量。如图3-124所示，以淘宝网站搜索为例进行说明，当搜索"爽肤水"时，在宝贝列表前两排中"韩束"出现了两次，该品牌自然会引起客户关注，它们的点击率也一定会比其他店铺高。

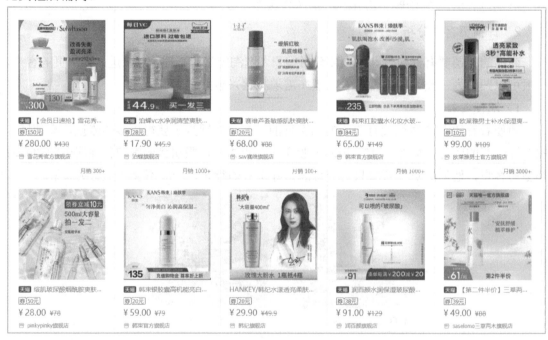

图 3-124　淘宝店铺搜索列表

2）引起客户兴趣

客户关注到你的商品了，但这还不够，你还要引发他们的兴趣和购买欲望，这就是宝贝描述的任务了。引起客户兴趣的可能是产品热销盛况、产品升级或客户的痛点等，如图3-125所示，即以限时促销价格引起客户兴趣。

图 3-125　引起客户兴趣

3.3.5 产品主图视觉设计

当客户通过关键词搜索并打开搜索结果页后,首先看到的就是产品主图,主图是产品给予客户的第一印象。根据第一印象效应,第一印象会在客户的头脑中占据主导地位,这也是不少网店不断优化产品主图的原因。做出来的主图,必须要让客户一眼就能从中接收到商品的有效信息。

1．分析主图背景

在视觉营销时代,要想获得客户的点击,主图背景的设计必不可少。网店产品主图背景有以下几种类型。

1)纯白背景

纯白背景可以让产品看起来简洁美观,并突出产品本身,图 3-126 所示为纯白背景的产品主图。

2)灰色背景

灰色背景能营造空间感,相比纯白背景,灰色背景有时可以让产品看起来更有质感。根据灰度的不同,灰色背景又可分为浅灰、银灰、昏灰和深灰等,灰度越深,主图整体看起来色彩就越暗。图 3-127 所示为灰色背景的产品主图。

图 3-126　纯白背景的产品主图

图 3-127　灰色背景的产品主图

3)其他纯色背景

除了白色和灰色,纯黑、纯蓝、纯黄等也能成为主图的背景色,如图 3-128 所示。

4）生活背景

生活背景可以让产品显得不那么单调，能够营造真实感和生活情调，给客户以身临其境的感觉，如图 3-129 所示。

5）室外背景

服装类新产品会较多地选择室外背景，如商业街、公园、草地和建筑物等，都可以成为背景，如图 3-130 所示。

图 3-128　纯色背景的产品主图　　图 3-129　生活背景的产品主图　　图 3-130　室外背景的产品主图

2．突出主图卖点

从前面展示的产品主图可以看出，主图一般并不大且是正方形的，如何在有限的空间中呈现出产品的卖点是我们需要重点考虑的问题。通常突出主图卖点的方式包括以下两种。

1）用图说话

用图说话是指用图来说明产品的功能，如图 3-131 所示，这两款产品就是用图说话的典型案例，即使没有下方的文字，客户也能心领神会。左图展示了晾衣架的卖点是承重能力强、稳固不晃动；右图展示了此款万能胶水粘贴牢固、承重力强以及防水性好。

图 3-131　用图说明新产品功能

2）搭配适当文字

主图上搭配适当的文字是很有必要的，但文字内容不能过多，要精心提炼，提炼出最能让客户心动的卖点，并进行突出的、能吸引眼球的设计，用很少的文字表达出产品的关键信息。如图 3-132 所示表达的是产品特质、产品优势、打折优惠以及包邮等信息，这些也是最直接影响客户购买的卖点。

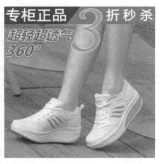

图 3-132　主图文字营销

3．主图创意优化

网店之间的竞争已经越来越激烈，如何才能让自己的产品脱颖而出是商家需要时刻考虑的问题。很多商家发现，自家产品的展现量很高，但点击量很小，那么问题出在哪儿呢？其实主要是因为主图没有创意，或者说与同行没有差异。

1）创意主图的要点

有些商家认为自己的类目很小，不是大众类目，创意主图不是很重要。其实这种想法是错误的。创意主图展示的是什么？是整个产品的款式，产品的款式直接影响产品的点击率情况。创意主图就是为了提高产品在同款式中的市场竞争力。如今，市场上的产品可以分为两类，即功能性产品和非功能性产品，也称为标品与非标品。接下来我们分明说明其主图要点。

（1）标品的主图要点。标品是指有明确规格、型号的产品，如手机、家电类产品等。对于这类产品，一般客户都有足够的了解和认知，客户会凭借自己的经验去选择并形成购买欲望。那如何能够脱颖而出？如何进一步吸引客户？这就需要做出特色了。如图 3-133 所示的三款产品，价格不同，功能不同，但都做出了自己的特色，所以导致所产生的受众人群不同，都有一定的成交量。

对于家具类产品，如床、柜子等区别并不大，那么如何展示自己的价值是这类产品所要思考的问题。在主图中既要展示其功能、舒适性，又要说明价格，可以运用场景、背景来衬托产品的"高大上"，如图 3-134 所示。

图 3-133　标品主图设计　　　　　　　图 3-134　家具类主图设计

（2）非标品的主图要点。非标品没有统一的市场标准和明确的规格、型号。比如女鞋、服装等产品，其主图的卖点在于款式，因此要在图片质感上下功夫，要让产品在模特身上体现好看、舒适的感觉，如图 3-135 所示。

图 3-135　非标品主图设计

2）创意主图卖点的常用手段

（1）背景色差突出产品。我们经常会在网店上见到一些主图，通过场景图的色差来突出产品的卖点。如图 3-136 所示，分别使用鲜艳的黄色、草地的绿色以及砖红色与服装形成强烈的对比，使得产品本身更突出、更抢眼。

（2）多个款式结合成一个创意主图。主图不一定只展示产品的一个款式，也可以将不同款式组合起来构成一个有创意的主图。在视觉传达中，大脑对于色彩的敏感度远高于对形状的敏感度。当我们看到一个品牌时，在对品牌的快速印象里，色彩的感受占了 90%。简而言之，色彩更能吸引人对品牌的注意力，也决定了品牌能否让人持续印象深刻，如图 3-137 所示。不同的客户喜欢的颜色不同，如果能在主图中展示所有产品颜色，可扩大受众范围，再加上一定的构图造型，就会吸引客户视线，增加产品的点击率。

图 3-136　背景色差突出产品

图 3-137　同款多色创意主图

（3）图文结合，凸显优势。在淘宝网站搜索框输入关键词后会发现一些黑体字。这些黑体字都是属性、卖点、风格。按照搜索人气的高低从上往下排序，这些黑体字是市场需求最多的属性，如图 3-138 所示的儿童、舞蹈专用、软底、真皮等。

那么我们的产品是否有这些属性呢？怎么去凸显才能吸引客户呢？如图 3-139 所示，把产品的这些属性以图文并茂的形式展现出来，放大产品的卖点。

图 3-138　产品属性

图 3-139　产品属性展现

技能实训

【实训目标】

通过实训，使学生初步了解网店装修与设计的主要内容，包括商品图片的拍摄、商品图片处理、网店装修等。

【实训内容】

了解并掌握网店装修与设计，掌握拍摄器材的选择、商品拍摄中的用光与布光、拍摄方法、图片处理等技能。

【实训步骤】

（1）以 2~3 人为单位组成一个团队，设负责人一名，负责整个团队的分工协作。

（2）团队成员通过分工协作，多渠道收集相关资料。

（3）团队成员对收集的材料进行整理，总结并分析网店的装修与设计。

（4）各团队将总结制作成表格，派出 1 人作为代表上台演讲，阐述自己团队的成果。

（5）教师对各团队的成果进行总结评价，指出不足并提出改进措施。

【实训要求】

（1）考虑到课堂时间有限，实训可采取"课外+课内"的方式进行，即团队组成、分工、讨论和方案形成在课外完成，成果展示安排在课内。

（2）每个团队方案展示时间为 10 分钟左右，教师和学生提问时间为 5 分钟左右。

复习思考题

1．数码相机的类型有哪些？
2．布光的方法有哪些？
3．基本构图方法有哪些？
4．详情页设计原则有哪些？

第 4 章 促销活动与营销工具

近年来,虽然网上店铺的数量与日俱增,但许多网店由于缺乏经营意识,只是昙花一现。网上店铺同传统的商店一样都需要精心打理,因此组织既适合网店又适合网络环境的促销活动就显得十分重要。本章主要讲述促销活动的基础知识、淘宝活动概述、不同类别的促销活动的报名、常见的促销方式。通过对本章的学习,读者可以对网店运营有一个初步的了解,为深入学习网店运营打下基础。本章将从促销活动、网店营销工具两个方面进行阐述,供大家学习、交流。

思政导学

引导学生在选品与商品定价、开展营销活动时,树立规范经营的职业意识。

教学目标

	本章教学目标	
1	知识目标	● 了解官方促销活动 ● 了解网络营销工具
2	能力目标	● 熟练运用聚划算活动运营店铺 ● 熟练运用淘宝币活动运营店铺 ● 掌握单品宝、店铺宝、搭配宝等营销工具
3	素质目标	● 熟练地运用所学知识 ● 熟悉正确的网店运营方法

4.1 促销活动

4.1.1 官方促销活动

在日常的网店运营中,店铺活动一般包括自己店铺、官方平台以及第三方平台的促销活动,由于当下官方促销活动是网店运营工作的主流,所以下面以官方活动为主进行介绍。

官方促销活动是指由网络平台组织商家开展的活动。一方面，平台引导商家按要求参与各种活动；另一方面，平台在站内各大主要栏目及站外进行宣传推广，拉动客户参与。由于平台拥有广泛的受众群体及活动宣传影响力，因此商家适度地参加活动对增加销量、积累客户、提升影响力都有明显的拉动效应。

下面主要以淘系为例，系统介绍官方促销活动。

知识链接

网络零售平台上比较突出的活动

1. 淘系官方促销活动类型

淘系官方促销活动主要包括品牌型活动、行业型活动、节庆类活动。

1）品牌型活动

聚划算、淘抢购、淘金币、全球购、极有家、天天特价、阿里试用等活动属于品牌型活动。这类活动面向整个淘系平台，在 PC 端、移动端首页及主要栏目都有流量入口，受众广、流量大，因此其销量拉动和品牌推广的效果比较明显。

2）行业型活动

行业型活动即面向行业的专场活动，如女装、男装、女鞋、男鞋、运动户外、母婴、美妆、家居百货、家电数码等常规类目的活动，以及中国质造、潮电街、淘宝美食、农村淘宝等特色市场类目的活动，这类活动的流量入口主要分布在类目频道页，虽然没有品牌型活动影响力大，但客户针对性更强。

3）节庆类活动

节庆类活动，如面向淘宝商家的"淘宝嘉年华""双 12""双 11""6·18 年中大促""女王节""年货街"等活动，尤其是"双 11""双 12""6·18 年中大促"专场可以算得上是影响整个互联网的大型活动。

2. 淘系官方促销活动报名要求

由于营销活动流量巨大，促销、品牌效果较明显，因此它成了商家竞相拼抢的"香饽饽"，但是对于平台而言，为了保障平台的信誉度、提升客户体验，平台要求参加活动的商家必须具备一定的资质。一般要求商家须符合《营销平台基础招商标准》，并且平台对商家和商品做出了详细规定。

1）淘宝店铺

（1）商家要求方面：须支持淘宝消费者保障服务，近半年店铺 DSR 评分三项指标均值不得低于 4.7，店铺实物交易占比须在 95%及以上，近 90 天店铺订单金额退款率不超过 30%，店铺近 30 天纠纷退款率必须小于 0.1%，店铺在近 30 天及一年周期内不能触犯某些规则等。类目不同，要求各有差异，特殊类目除外。

（2）商品要求方面：除特殊类目商品，其他报名商品的报名价格须满足《天猫及营销平台最低标价规则》的规定，必须支持包邮。商家参与聚划算、淘抢购、百亿补贴期间，商品活动价应为任一国内电子商务平台中同款商品的最低商品价格（含拼团价格）。

2）天猫店铺

相比淘宝店铺而言，平台对天猫店铺的要求相对宽松一些。

（1）商家要求方面：主要表现在商家基础服务考核分、商家活跃度（即开店时长）、商家综合排名3个维度。商家基础服务考核分须达到该店铺所属主营类目的要求；商家开店时长（即店铺上线时间）已满180天（含），且近180天（含）内未达成任何成交的商家，将被限制参加营销活动；天猫还将结合商家多维度经营情况（如诚信经营、品质情况等）进行综合排名，若综合排名较低，将被限制参加营销活动。

（2）商品要求方面：商品须符合《天猫及营销平台最低标价》的规定。

除了以上规定，平台还要求商家店铺没有因违反《淘宝（天猫）规则》被限制的行为。其主要表现在不存在下列违规行为：近90天（含）内因一般违规扣分累计达48分，或因严重违规扣分达12分；近30天（含）内因一般违规扣分累计达12分，或存在严重违规扣分（不含0分）；近30天（含）报名店铺在大促中存在虚假交易行为。

3. 淘系官方促销活动报名渠道

淘系为商家参加官方活动提供了多元化的活动入口。

（1）统一的淘宝官方营销活动中心入口。为了方便商家报名，平台提供了淘宝官方营销活动中心统一的导航页，以供商家参加各种类型的活动。

（2）商家后台营销中心入口。商家也可以通过自己的"卖家中心（商家后台）"→"营销中心"栏目报名活动。

由于淘宝卖家中心和天猫商家后台有一定差异且淘系后台变化比较快，因此二者的后台活动报名入口方式有一些不同，但总体基本接近。由于商家店铺类型不同及所属类目不同，因此商家在对应后台报名页面看到的报名列表也有所不同，图4-1所示为天猫商家后台营销活动中心报名页面。

图4-1 营销活动中心报名页面

（3）活动官方主页报名入口。商家也可以在对应的官方主页直接报名参加活动，如聚划算、试用中心、淘抢购等，还有一些活动可以在淘金币论坛、旺旺群报名。尤其对于头部商家而言，旺旺群是一些优质资源活动的主要报名渠道。

4. 淘系官方促销活动准备工作

店铺促销活动运营不仅涉及报名条件核实、报名流程中资料提交等问题，而且涉及商品选择、定价、关联营销、促销品、客服、库存准备等一系列问题，因此每一次成功的活动都是周密策划和准备的结果。

1）明确活动目的，做好选品与定价工作

活动商品的营销目标不同，选品和定价也就有了差异，以清库存为目的的促销活动以清理积压商品和过季商品为主，为避免压货可以低价促销；以带动店铺业绩为目的的促销活动可以选择店铺爆款，辅以适当优惠大量促销；以展示形象和新品预热为目的的促销活动可以适当优惠，扩大新品影响力与提升客户体验，同时做好新品搭配促销或者全店推荐工作。

2）准确把握每种活动特性，有选择地报名

聚划算、淘抢购、"双11"等活动规模大、门槛高，对商家资质、综合运营能力要求较高，比较适合有一定基础的淘系商家；天天特卖、淘金币相对要求条件低，比较适合中小型商家或者初级商家。从商品角度而言，聚划算流量大，适合库存比较充足的宝贝；试用中心以试用为主，适合新品发布或重复消费型的商品；天天特价、淘金币更适合集市店、低客单价的商品。

3）考虑不同活动对商品的要求，提前做好准备

不同的活动对目标商品有明确的指标要求，因此要提前做好店铺的销量、评价整理等准备工作，为保障报名顺利通过、后期在活动中赢取客户信任奠定基础。

4）做好商品准备工作

由于大部分活动流量大、成交量大且准备时间有限，因此商家要对库存、供应链有一定的预期，避免成交后出现供货不足的现象，造成客户投诉、店铺权重下降的问题。同时由于活动涉及出货，压制现金流大，要缴纳一定的保证金，所以要提前做好资金准备和后续的资金周转工作。

4.1.2 聚划算活动

1. 聚划算活动概述

淘宝聚划算是团购的一种形式，是由淘宝网官方开发并组织的一种线上团购活动，日访客过千万。从2010年诞生到现在，聚划算几经变革，从前期隶属淘宝的一个频道到现在的淘系的独立部门，从前期商家免费参加到后来的商家竞拍、付费方式参加，尽管聚划算活动不断发生变化，但它依然是在淘系影响最大的官方活动之一。

2. 聚划算活动流量入口

聚划算之所以在淘系平台备受瞩目，关键在于淘系平台赋予其丰富的流量入口资源，如手机端淘宝首页主要栏目的中间位置，如图4-2所示；淘宝首页横向导航入口位置，如图4-3所示。另外，淘系还为聚划算开发了独立的App，用户无论打开哪个入口，都可以看到多种多样的聚划算活动。

图 4-2 手机端淘宝聚划算入口

图 4-3 PC 端淘宝首页聚划算入口

3. 聚划算活动类型

目前随着聚划算体量的增加和活动场景的不断变化，聚划算频道类型也变得多种多样，从原来简单的商品团、品牌团、聚名品、聚新品等发展到聚划算优选团、量贩团、全球精选、视频团频道等数十种频道类型，如图 4-4 所示。不同的频道类型适合不同的营销场景，商品团是单品参加团购的形式，针对商家比较广泛；品牌团针对有影响力的品牌商家及商品开放，主要适合品牌商家；聚新品主要针对新品开放，助力商家"引爆"新品，快速积累客户群体。

图 4-4 聚划算活动报名频道类型

4. 聚划算活动报名要求

不同类型的聚划算活动的报名条件各有差异，下面以商品团为例具体介绍活动对商家及商品的要求。报名条件要满足淘系营销平台基础招商要求，具体要求包括商家店铺资质和商品资质两大方面。

1）商家店铺资质要求

商家店铺资质要求主要体现在开店时间、店铺信用、店铺评分、参聚退款率等方面：店铺开店在 180 天及以上；淘宝店铺一般类目信用在一皇冠及以上；店铺的有效店铺评分数量，其中天猫店铺必须在 300 个及以上，淘宝店铺必须在 200 个及以上，特殊类目另行计算；参加过近 30 天聚划算的订单金额退款率不超过 50%，订单未发退款率不超过 30%，特殊类目另行计算。

2）商品资质要求

商品资质要求除了符合《营销平台基础招商标准》，在商品历史销售记录、库存报名信息标题和图片、商品限购数量、减库存方式等方面也有具体的规定：具体活动报名商品一口价必须符合聚划算对商品历史销售记录的要求，如商品一口价在 500 元以下的，报名商品近 30 天的历史销售记录必须在 20 笔及以上等；报名商品的库存数在 1000 件及以上；商品限购数量最高为 5 个等级，特殊类目除外。

5. 聚划算活动报名流程

1）了解活动详情

图 4-5 所示为聚划算报名活动详情页，商家可以通过详情页掌握该活动的时间安排、玩法，同时还可以查看该活动的收费规则和资质等。

图 4-5　活动详情页

图 4-6 所示为聚划算活动报名收费规则页面，商家可以根据活动目标选择商品预估成交额，判断活动费用（保底费用=货值×费率，实时划扣技术服务费=预估成交×佣金率），根据实际情况还会出现退还金额，最终生成实际花费。

图 4-6　收费规则页面

图 4-7 所示为聚划算活动报名规则和资质页面，商家可以看到当前活动对商家资质的具体要求。

图 4-7　规则和资质页面

2）填写基本信息

在聚划算活动报名商品选择页面，选择要报名的商品，单击"选择"按钮可跳转至下一页面。

部分商品的"选择"按钮呈现灰色，说明这些商品不符合上述聚划算的报名要求，商家可单击"查看原因"按钮，查看具体原因。

聚划算活动选择坑位页面，页面显示该款商品适合的坑位安排，包括展示时间、开团时间、类目、位置数、报名商家数等。聚划算活动签署协议页面，商家可根据提示填写基本信息。

3）商品提交

商品提交内容主要包括提交商品的活动价格及数量、商品信息、商品资质证明、补充信息等。

活动价格及数量：商家在该页面可以选填报名类型，既可以选择商品维度，又可以选择最小存货单位（stock keeping unit，SKU）维度，同时填写商品活动价格和报名库存数量，这里需要填写有竞争力的价格，同时也要考虑投入回报比，还需要为以后其他活动留有一定的空间，避免违背最低价原则。

商品信息：填写的内容包括标题、短标题、商品图片、商品素材图、卖点特性等，每一项内容都会显示在聚划算开团后的前台页面，都有可能是吸引客户关注的焦点，因此商家要慎重填写。

商品资质证明及补充信息：按要求填写即可。

4）玩法设置

聚划算活动玩法设置页面，商家可以在活动价的基础上进一步添加促销元素，如优惠、权益供给等，选择满减、第 N 件优惠等，其目的在于进一步增加参加活动的力度，提升客户的购买欲望，设置完成后可提交完成报名。

5）完成报名

完成报名后，商家可以在后台查看报名活动状态，进行报名商品编辑、撤销报名等。

一般而言，聚划算平台会在商品报名后的 5 个工作日内完成商品的审核。审核完毕后，商品就进入预热状态，客户会在聚划算预告频道看到预热的商品，但是预热期间商品处于锁定期，在没有正式开团之前，商品不能被购买。

4.1.3 淘金币活动

淘金币是淘宝平台为淘宝卖家量身打造的免费网店营销工具，卖家可以通过淘金币账户赚取金币，给买家发淘金币，打造网店专属的自运营体系，提高买家黏性与成交转化率。

下面讲述报名淘金币活动的具体操作步骤。

（1）进入"千牛卖家中心"，选择左侧"营销中心"下的"营销场景"选项，打开"营销场景"页面，单击"淘金币"按钮，如图4-8所示。

图 4-8　单击"淘金币"按钮

（2）进入"淘金币招商活动"页面，单击"立即报名"按钮，如图4-9所示。

图 4-9　单击"立即报名"按钮

（3）进入"淘金币卖家服务中心"页面，根据自己的经营项目选择报名活动，如图4-10所示。

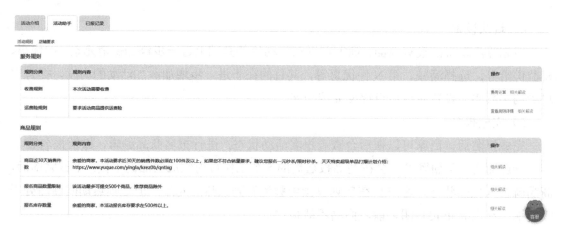

图 4-10 活动详情页面

4.2 网店营销工具

网店营销工具是指网店运营过程中从事营销活动所使用的工具，由于营销工具的设置既能体现一定的优惠力度，又有一定的时效限制，因此商家将这些营销工具与推广、活动配合起来使用，能起到促进客户购买、提升店铺转化率、提高客单价、促进关联消费、提升店铺业绩的目的。

传统的市场营销活动中，商家主要的营销形式表现为折扣券、减价优惠、组合销售、多买多送、赠品抽奖和团购活动等，在网店运营中同样存在这些形式，如淘系的红包优惠券、拼多多的拼购等。下面以淘系平台营销工具为例进行介绍。

淘系平台为商家提供的营销工具主要有单品宝、店铺券、优惠券、搭配宝等，这些在商家后台营销工具中心都有展示，如图 4-11 所示。

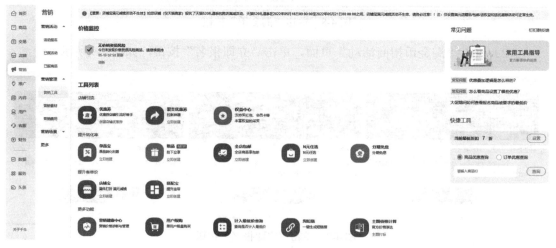

图 4-11 淘系商家后台营销工具中心

在营销工具的使用费用上，天猫店铺和淘宝店铺是有明显差别的，一般淘系官方提供给天猫商家的营销工具是免费的，而对淘宝商家则需要收费，如图 4-12 所示。

图 4-12　营销工具收费情况

4.2.1　单品宝

单品宝是针对店铺某个商品灵活设置打折、减现、促销价的工具，是"限时打折"工具的升级版。商家应用单品宝对商品进行设置后，对应商品的前台会自动体现出打折优惠的效果。

打开营销中心，选择"单品宝"选项，单击"创建新活动"按钮，其流程主要包括活动设置、选择活动商品、设置商品优惠 3 个步骤，如图 4-13 所示。随着系统升级，目前淘系已经把单品宝升级为粉丝专享价、会员专享价、新客专享价及老客专享价等多种应用场景。

图 4-13　单品宝创建活动页面

1．活动设置

对单品宝活动进行设置需要填写活动名称、活动描述，选择开始时间、结束时间、优惠级别、优惠方式、定向人群及包邮与否。优惠级别可以选择商品级或 SKU 级；优惠方式可以是打折（按折扣算），也可以直接减钱或者直接设置促销价；定向人群就如同直通车和钻展中的定向，可以让优惠投放人群更精准一些，这里的定向选择相对简单。图 4-14 所示为基本信息设置页面。

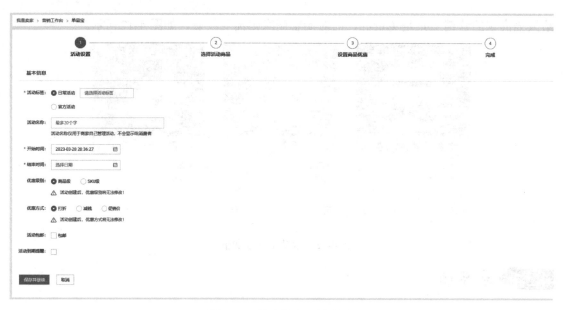

图 4-14 基本信息设置页面

2. 选择活动商品

选择需要设置优惠的商品，如图 4-15 所示，可以同时对多个商品进行设置，也可以选择一个商品进行设置，其设置的最终效果体现在各单品页面。

图 4-15 选择活动商品页面

3. 设置商品优惠

基于上面选择的优惠方式设置对应的促销价即可，同时可以设置商品优惠，如图 4-16 所示，然后进行保存，后台就会显示对应的单品宝活动管理列表，后续还可以根据需要对活动进行修改、删除、暂停。

第 4 章 促销活动与营销工具

图 4-16　设置商品优惠页面

4. 设置完成

上述设置完成后，前台展示页面就会出现对应的优惠，如价格、淘宝价等，如图 4-17 所示。

图 4-17　前台展示页面

4.2.2　店铺宝

店铺宝是店铺级优惠工具，支持创建部分商品或全店商品的满减、满折、满包邮、满送权益、满送赠品等营销活动，是"满就减（送）"的升级版。店铺宝设置完成后，前台对应商品会自动体现对应的优惠效果。

商家进入营销工作台，打开店铺宝，可以根据营销目标需要选择多件多折、拍下立享×折、2 件 75 折等活动，如图 4-18 所示。

图 4-18　店铺宝后台

1. 填写基本信息

商家设置活动名称、优惠类型、开始时间、结束时间及定向人群，如图 4-19 所示。

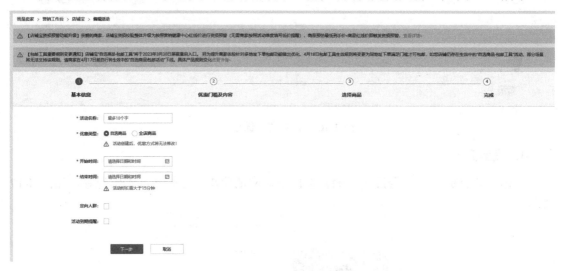

图 4-19　基本信息填写页面

2. 设置优惠门槛及内容

商家设置优惠条件、优惠门槛及优惠内容，如图 4-20 所示。

图 4-20　优惠门槛及内容设置页面

3. 选择商品

商家可以选择参与活动的商品，可以选择全部商品，也可以选择部分商品，如图 4-21 所示。

图 4-21 选择商品页面

4．设置活动推广

商家可以进行活动推广，为活动争取更多流量，也可以选择福利中心推广的方法增加活动宣传的覆盖面，活动推广设置页面如图 4-22 所示。

图 4-22 活动推广设置页面

5．设置完成

商家设置完成后就可以在前台页面看到本店的活动了，如图 4-23 所示。

图 4-23　店铺宝活动前台页面

4.2.3　优惠券

优惠券也是商家常用的营销工具，既可以独立使用促进客户快速下单，又可以结合店铺宝、购物车营销、淘宝客推广等多种场景使用，应用比较灵活。

优惠券的设置流程比较简单，在计算机端，商家进入营销工作台页面，选择"优惠券"栏目，然后创建对应优惠券即可完成。优惠券类型主要包括店铺优惠券、商品优惠券、裂变优惠券 3 种，如图 4-24 所示。

图 4-24　商家后台优惠券中心

下面重点介绍优惠券推广渠道。

1．全网自助推广

全网自助推广是优惠券在公开渠道应用的一种形式，优惠券创建以后会自动在商品搜索结果页或者商品详情页标题下面直接显示，客户可以自主领取使用，如图 4-25 所示。

第 4 章 促销活动与营销工具

图 4-25　全网自助推广前台展示页面

2. 官方渠道推广

官方渠道推广是优惠券在特定场景公开应用的一种形式，主要应用于淘系官方场景。图 4-26 所示为官方渠道推广应用场景，包括阿里妈妈推广、店铺宝满就送等。

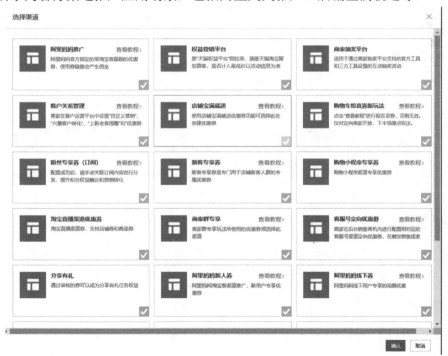

图 4-26　官方渠道推广应用场景

3. 自有渠道推广

自有渠道推广是优惠券非公开应用的一种形式，商家创建优惠券后，会生成优惠券链接，商家可以使用通用领券链接，也可以给老客户发送一次性链接，如图 4-27 所示。

图 4-27 自有渠道推广

4.2.4 搭配宝

搭配宝是淘系提供给商家的一款比较实用的促进客户关联消费的营销工具,通过套餐的搭配可以提高商品的性价比,通过时效性限制来调动客户的购物热情,不仅可以提升商家的店铺转化率,还有利于提升店铺的客单量,可以说搭配宝是"搭配套餐"的升级版。其设置流程比较简单,按提示操作即可,部分操作流程如图 4-28 所示。

图 4-28 搭配宝部分操作流程

第 4 章 促销活动与营销工具

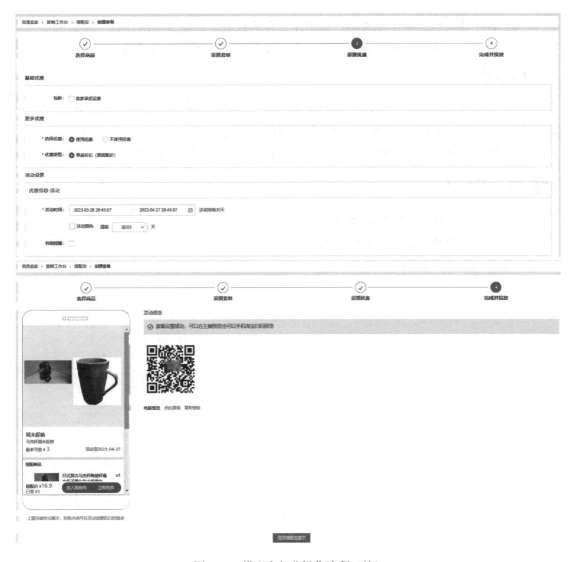

图 4-28 搭配宝部分操作流程（续）

技能实训

【实训目标】

通过实训，使学生初步了解网店促销活动与营销工具的使用。

【实训内容】

了解网店促销活动与营销工具的使用，如单品宝、店铺宝等。

【实训步骤】

（1）以 2～3 人为单位组成一个团队，设负责人一名，负责整个团队的分工协作。

（2）团队成员通过分工协作，多渠道收集相关资料。

（3）团队成员对收集的材料进行整理，总结并分析如何使用网店营销工具。

（4）各团队将总结制作成表格，派出 1 人作为代表上台演讲，阐述自己团队的成果。

（5）教师对各团队的成果进行总结评价，指出不足并提出改进措施。

【实训要求】

（1）考虑到课堂时间有限，实训可采取"课外+课内"的方式进行，即团队组成、分工、讨论和方案形成在课外完成，成果展示安排在课内。

（2）每个团队方案展示时间为 10 分钟左右，教师和学生提问时间为 5 分钟左右。

复习思考题

1．淘系官方促销活动有哪些类型？
2．淘宝店铺促销活动的报名要求有哪些？
3．淘金币活动的目的是什么？

第 5 章

网店营销推广

在正式开店前,人们需要了解网店营销推广的基础知识。通过对本章的学习,读者可以对网店推广有一个初步的了解,为深入学习网店运营打下基础。本章将从搜索引擎优化、站内付费推广、站外推广3个方面进行介绍,供大家学习、交流。

思政导学

在店铺运营与推广过程中,引导学生采用合法的推广手段进行公平竞争,帮助学生养成诚实劳动、合法经营、信守承诺、讲究信誉的职业精神。

教学目标

本章教学目标		
1	知识目标	• 了解影响平台搜索引擎优化的因素 • 了解如何优化商品标题、主图等内容
2	能力目标	• 熟练运用直通车、钻石展位、淘宝客等站内付费推广工具运营店铺 • 熟练运用微信、微博、抖音等站外推广工具运营店铺
3	素质目标	• 熟练地运用所学知识 • 熟悉正确的网店运营方法

5.1 搜索引擎优化

5.1.1 淘宝搜索引擎优化

1. 零售平台搜索引擎优化认知

知识链接

搜索引擎优化小知识

网络零售平台搜索引擎优化就是指根据网络零售平台搜索引擎工作原理,商家通过优化自己的商品信息使自己的商品和店铺排名靠前,以促进客户关注、购买的行为活动。综合类搜索引擎在整个互联网进行数据的收集、分析和归类,然后结合网站内容、外链内容等进行搜索展示;而对于零售平台而言,商家发布商品的过程就是零售平台建立商品搜索引擎的过程，有了按关键词、类目、属性发布的商品，就有了搜索索引基础，然后平台可以根据其排名要素，将客户搜索的商品信息展示出来。

2. 零售平台搜索引擎优化的影响因素

微课：零售平台搜索引擎优化的影响因素

如何提升零售平台的搜索排名呢？首先需要了解各大平台的搜索框搜索筛选条件。以淘宝为例，打开搜索框，会看到可以按照店铺类型、综合、销量、品牌、价格区间、区域进行搜索，因此这些相关信息都是影响搜索结果排名的因素。具体细分，主要有以下几个因素。

1）违规因素

违规因素是商家商品参与搜索排名的重要影响因素。商家一旦违反平台规则，商品就没有资格参与搜索排名，在影响搜索排名的规则中比较有代表性的就是虚假交易规则。以淘系为例，规则明确指出触犯虚假交易规则的商品将面临搜索降权的处罚：涉嫌虚假交易（不论次数和笔数）单个商品降权30天。另外，淘系还明确规定搜索作弊行为包括虚假交易、重复、铺货、广告商品、错放类目和属性、标题滥用关键词、价格不符、邮费不符等，此类行为一旦被发现，商品都会被降权。

2）文本因素

文本因素是指在商品发布的过程中，在遵循商品特质的基础上，商家要围绕客户搜索关键词来设置布局商品标题和属性，乃至店铺相关内容，因为搜索引擎优化工作是以关键词搜索为基础的，淘系搜索引擎优化也不例外。根据搜索原理分析，如果标题和属性中没有对应关键词，那么商品几乎不可能出现在对应搜索结果中。

3）人气因素

人气因素主要是指商家商品在客户搜索结果中的点击率、收藏率、加购率、转化率、熟客率、流量、销量等因素。准确地说，在诸多因素已满足的情况下，人气因素是决定商品搜索排名的核心因素，而且人气因素的原理也适用于直通车、钻石展位、超级推荐等诸多场景。

4）类目因素

类目因素主要是指商家在商品发布过程中一定要精准选择类目，填写的精准与否会直接影响到商品信息的排名。在网络商业行为中，类目划分是淘系商品关键词分类的基础，也是客户查找信息的一项重要依据。

5）服务因素

服务因素是指商家服务于客户过程中涉及的各种因素，包括投诉率、纠纷率、退款率、旺旺响应时效等一系列指标，综合表现为后台操作中对应的DSR指标、综合体验星级、基础服务考核分等。当这些指标达到类目平均水平以上时，平台会给予对应的店铺商品优先排序。

6）个性化因素

个性化因素是指淘系在统计分析客户购买偏好（个性化标签）的基础上，往往会把商品优先展示在其对应标签的客户浏览结果中。其影响因素包括客户成交价格区间、店铺偏好、属性偏好、品牌偏好、类目偏好等。如果客户经常在某个店铺购买商品，当客户搜索同类商品时，该店铺商品在排序结果中就会有更突出的表现。

目前，由于淘系高客单价的商品越来越多，低客单价的商品在其搜索结果中排名就不会表现很突出。随着大数据分析愈加完备精准，千人千面式的个性化展示已被广泛地应用于淘系的各个领域，如手机淘宝首页、搜索结果页等。

5.1.2 商品标题优化

1. 商品标题组合策略

一个完整的商品标题应该包括3个部分。

第一部分是"商品名称"，这部分要让买家一眼就能知道卖的是什么东西。

第二部分是由一些"感官词"组成的，感官词在很大程度上可以提升买家打开商品链接的兴趣。

第三部分是由"优化词"组成的，可以使用与商品相关的优化词来增加商品被搜索到的概率。

这里举一个商品标题的例子来说明，如"2021年秋季新款女士长款呢子外套正品风衣"，这个商品标题能激发买家的购买欲望。"呢子外套""女士""风衣"这3个词是优化词，它能够让潜在买家更容易找到商品。

一般商品标题主要有下面几种组合方式：品牌、型号+商品名称；促销、特性、形容词+商品名称地域特点+品牌+商品名称；网店名称+品牌、型号+商品名称；品牌、型号+促销、特性、形容词+商品名称；网店名称+地域特点+商品名称；品牌+促销、特性、形容词+商品名称。

这些组合不管如何变化，商品名称必不可少。因为在搜索时首先会使用到的就是商品名称关键词，在这个基础上再增加其他的关键词，这样可以使商品在搜索时得到更多的入选机会。至于组合方式的选择，要靠我们通过分析市场、商品竞争激烈程度和目标消费群体的搜索习惯来确定，以找到最合适的组合方式。

2. 优化商品标题的方法

优化商品标题时最重要的就是把商品最核心的卖点用精练的语言表达出来。卖家可以列出四五个卖点，然后选择其中最重要的3个卖点融入商品标题中。下面是优化商品标题常用的一些方法。

1）标题应清晰准确

商品标题应该准确清晰，让买家在短时间内就能轻松读懂。

2）体现价格信号

价格是买家关注的重要内容之一，也是最能直接刺激买家做出购买行为的因素。因此，如果你的商品具备一定的价格优势，或是正在进行优惠促销活动，如"特价""清仓特卖""满××打8折""包邮""买二赠一"等，就可以在标题中用简短有力的词注明。

3）注明进货渠道

如果网店的商品是厂家直供或从国外购进的，可在标题中注明，以突出商品的独特性。

4）注明售后服务

在网上购物不能看到实物，对于某些商品许多买家会有所顾虑。因此，许多卖家提供了独具特色的售后服务，如"无条件换货""全国联保"等，这些都可以在标题中注明。

5）网店高信誉度记录

如果网店的信誉度较高，达到了皇冠级、金冠级等，就可以在商品标题中注明，以增强买家的购买信心。

6）单品超高的成交纪录

如果网店中某件商品的销量在一段时间内较高，就可以在标题中使用"月销上千""明星推荐"等文字。运用这些能够调动人情绪的词语，对网店的生意有很大的帮助。这样会使买家在有购买意向时，大幅减少对该商品的后顾之忧。

5.1.3 商品主图优化

1．主图优化原则

淘宝图片展示是买家对商品的第一感官接触，要想让买家第一眼就相中商品，图片一定要进行优化，不仅要展示清楚，还要突出卖点，彰显品牌和信誉。主图优化应该遵循以下原则。

1）简洁干净

在优化主图时一定要注意不要过于花哨，避免干扰买家视线。

2）凸显卖点

把商品的卖点重点突出，如折扣、包邮、价格低等。

3）注重实际效果

图片做好之后一定要进行对比测试，不要主观地认为自己做出来的图片一定就好，要客观对待，进行对比测试，通过流量变化来判断。没达到优化预期效果、不合格的图片要果断删除，然后继续优化。

2．优化商品主图的方法

以下为优化商品主图的方法。

1）保证图片的清晰度

想要使图片吸引人，提高买家的购买欲，就要保证商品图片的清晰度。清晰的商品图片不仅能体现出商品的细节和各种相关的信息，还能极大地提高商品的视觉冲击力。相反，朦胧的商品图片只会降低买家的体验感和购买欲，甚至有些买家还会觉得是盗图，从而对商品也失去了信心。图 5-1 所示为清晰的商品图片。

2）突出重点

很多卖家在设计商品主图时，忽略了要突出商品重点这个细节，往往在体现商品效果的时候，分不清主次，容易造成视觉混乱。突出重点的商品图片如图 5-2 所示。

3）注意美观度

商品图片的设计还要注意美观度。很多卖家为了突出自己的商品优势和特点，会选择在商品图片上加上一些文字，如"真材实料""正品甩卖""爆款促销"等。当然，卖家在添加这些文字时，一定要选择最重要的，文字不宜过多，否则就会造成图片混乱，缺乏美感。美观图片如图 5-3 所示。

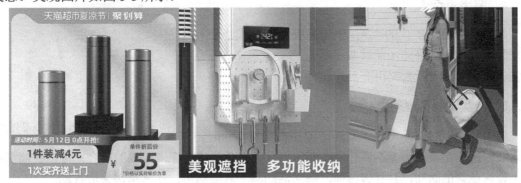

图 5-1　清晰的商品图片　　图 5-2　突出重点的商品图片　　图 5-3　美观图片

5.1.4　商品描述优化

在网上购物时，影响买家是否购买的一个重要因素就是商品描述是否精美，很多卖家会花费大量的心思在商品描述上。下面是撰写商品描述的步骤。

1. 做一个精美的商品描述模板

卖家最好有一个精美的商品描述模板。商品描述模板可以自己设计，也可以在淘宝上购买，还可以从网上下载一些免费的。精美的商品描述模板不仅能让买家知道卖家在用心经营网店，还可以对商品起到衬托和美化作用，促进商品的销售。图 5-4 所示为网上销售的商品描述模板。

图 5-4　网上销售的商品描述模板

2. 拍摄好商品图片

在发布商品描述前还要拍摄并处理好商品图片。图片的好坏直接影响到交易的成败，一张好的商品图片能向买家传递很多信息，可以在上面添加货号、美化装饰品、网店防盗水印等。图5-5所示为处理好的商品图片。

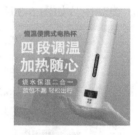

图5-5 处理好的商品图片

3. 设计吸引人的开头

一个好的商品描述开头能迅速吸引买家的注意，激发他们的购买欲望。

4. 突出卖点

在商品高度同质化的今天，挖掘并突出商品卖点变得越来越重要。商品描述中能够吸引买家的卖点越多，商品越畅销。图5-6所示为突出商品卖点的商品图片。

5. 给买家购买推动力

当买家已经对商品产生了兴趣，但还在犹豫不决时，

图5-6 突出商品卖点的商品图片

就需要给他一个推动力。不要让潜在买家有任何对你说"考虑考虑"的机会。可以在商品描述中设置免费的赠品，并且告诉他，赠送活动马上就要结束，让其尽快采取行动。

6. 建立信任，打消买家疑虑

将买家好评和聊天记录附加在商品描述里，可增加说服力。第三方的评价会让买家觉得可信度更高，因为只有让买家说你好，其他的买家才会相信你。

5.1.5 其他方面的优化

1. 附上商品权威证书

在页面中放上商品的权威证书证明，能让买家感觉你的网店很专业。如果是功能性的商品，就需要展示能够证明自己技术实力的资料。提供能够证明不是虚假广告的文件，或者如实展示人们所关心的商品制作过程，这些都是提高网店可信度的方法。如果所售的商品在电视、报纸等新闻媒体上曾有报道，那么收集这些资料展示给买家也是很好的方法。图5-7所示为页面中展示了商品的相关证书和证明资料。

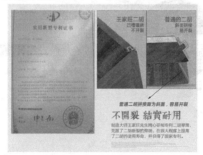

图5-7 页面中展示了商品的相关证书和证明材料

2. 写好售后服务内容

不论是商品名称、商品图片还是商品描述，其实就是卖家和买家之间交易的条款和契约。例如，这是一件什么样的商品，是全新的还是二手的，它的具体商品信息有哪些等，所有这些买卖双方所关心的问题都应该真实、详细地体现在商品描述中。

例如，一顶帽子是夏帽还是冬帽，是运动风还是休闲风，是什么面料、什么颜色、什么尺码，适合什么场合戴，出现质量问题应该怎么办以及退货要求和退货费用，关于这件商品的所有疑虑，买家都可以在商品描述中得到答案。所以，商品描述越详细，以后出现纠纷的可能性就越小，也越容易打动买家并促成交易。

一般除了商品的详细信息，买家还会关心商品的售后服务，如什么情况下可以退货、什么情况下可以换货及发生退换货产生的邮费由谁承担等。不同地区及不同的物流运输方式会产生不同的邮费，对于邮费的说明，卖家一定要详细说明，消除买家后顾之忧。

3. 准备出色的商品图片

网上开店有别于日常的面对面交易，买家难以亲身感受商品的质地、做工、细节及商品的其他特点，在这种情况下，商品图片就变得至关重要了。商品图片要吸引人，就需要注意以下几方面内容。

（1）注意商品图片的整体效果。通过整体效果图片，买家可以对商品有一个总体了解。图 5-8 所示为商品整体效果图。

（2）道具搭配拍摄。商品图片的道具不能太大，否则就会喧宾夺主。商品搭配如图 5-9 所示。

（3）注意图片背景问题。在拍摄照片时，适当加入背景可以更好地展示商品，但背景切勿过于繁杂，要牢记图片是用来表现商品的，应主次分明。图 5-10 所示为添加了适当背景的图片。

图 5-8　商品整体效果图

图 5-9　商品搭配

图 5-10　添加了适当背景的图片

（4）使用真人模特。因为商品图片只是给买家一个商品的概念，对于上身效果，买家心里没底。如果有真人模特示范，就是给买家最好的定心丸。图 5-11 所示为采用模特实拍。

（5）外景拍摄。有些商品需要外出拍摄，从而使商品的拍摄角度更多元化，给人一种自然的感觉。图 5-12 所示为采用外景拍摄。

图 5-11 采用模特实拍

图 5-12 采用外景拍摄

5.2 站内付费推广

5.2.1 直通车

直通车是网店推广的得力助手,具有广告位极佳、针对性强和按效果付费等优势。直通车的核心作用是提高流量、吸引新买家,通过超高点击量提高网店的综合评分,从而增加自然搜索量。本小节主要讲述直通车推广的相关内容,包括直通车的概念、直通车广告的展示位置、新建直通车推广计划等。

1. 直通车的概念

直通车是阿里妈妈旗下的一个营销平台,是淘宝网的一种付费推广方式,消费者可通过点击直通车推广展位的商品进入该商品详情页,产生一次甚至多次跳转流量。同时,直通车还给参与商家提供了淘宝网首页热卖单品活动、各个频道热卖单品活动以及不定期的淘宝各类资源整合的直通车用户专享活动。

直通车的推广形式是:商家通过设置关键词来推广商品,淘宝网根据消费者搜索的关键词在直通车展位展示相关商品,消费者单击商品产生流量,淘宝网通过直通车流量的点击数进行收费。当消费者单击直通车展位的商品进入详情页后,将产生一次流量,从而形成以点带面的关联效应。当消费者通过该次单击继续查看店铺其他商品时,即可产生多次跳转流量。此外,直通车可以多维度、全方位提供各类报表及信息咨询服务,从而快速、便捷地进行批量操作。商家可根据实际需要,按时间和地域来控制推广费用,精准定位目标消费群体,降低推广成本,提高店铺的整体曝光度和流量,最终达到提高销售额的目的。

2. 直通车广告的展示位置

直通车竞价结果可以在淘宝网以全新的"图片+文字"的形式展示出来。每件商品可以设置 200 个关键字,卖家可针对每个竞价词自由定价。直通车商品一般展现在以下位置。

(1)当买家在淘宝网中输入关键词搜索商品时,就会在搜索结果页面右侧的"掌柜热卖"一栏看到直通车推荐的商品展示广告,如图 5-13 所示。

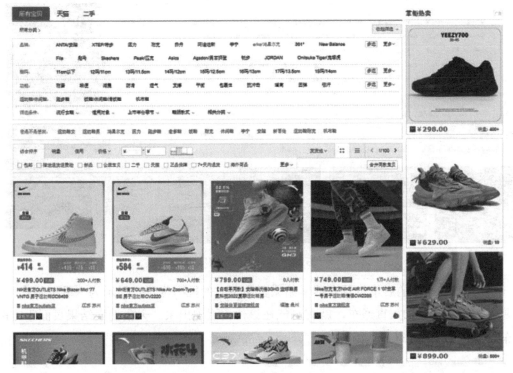

图 5-13　右侧展示位置

(2)在搜索结果页面的下端也会出现直通车商品广告位,如图 5-14 所示。

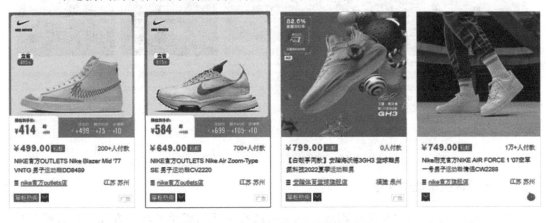

图 5-14　搜索结果页面下端的广告位

(3)利用商品类目搜索。如果买家不使用关键词搜索,而是直接进入淘宝分类频道页面,那么在打开的商品页面中,右侧"掌柜热卖"的位置也是直通车的广告位,如图 5-15 所示。

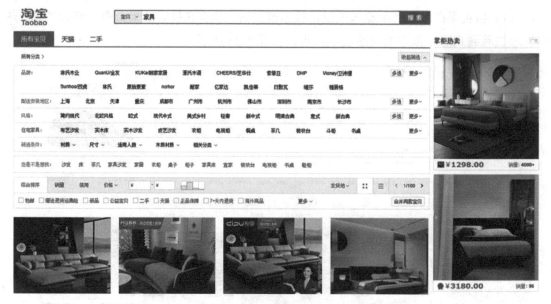

图 5-15　右侧"掌柜热卖"的广告位

（4）天猫直通车的展示位置在搜索结果页面下方的推广位置，显示为"掌柜热卖"，只要是天猫客户且已加入直通车，就有可能在该位置展现出来。天猫搜索结果页面下方的直通车展示位如图 5-16 所示。

图 5-16　搜索结果下方的直通车展示位

3. 新建直通车推广计划

根据店铺的实际情况和推广需求，商家可选择合适的直通车推广方式，在直通车页面中新建推广计划。下面介绍在淘宝网中制订直通车推广计划的方法，其具体操作方法如下所示。

（1）登录淘宝网首页，单击页面右上角的"千牛卖家中心"超链接，进入千牛卖家工作台页面，在"推广"栏中单击"直通车"按钮，如图 5-17 所示。

图 5-17 单击"直通车"按钮

(2)进入淘宝直通车后台,单击"推广"按钮,如图 5-18 所示。

图 5-18 单击"推广"按钮

(3)进入"标准推广"页面,单击"新建推广计划"按钮,新建一个推广计划,如图 5-19 所示。

图 5-19 单击"新建推广计划"按钮

（4）填写推广计划设置，输入"计划名称"和"日限额"，如图 5-20 所示。

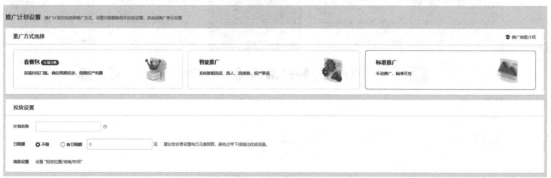

图 5-20　设置投放位置信息

（5）单击"高级设置"按钮，可以设置"投放位置""投放地域""投放时间"，如图 5-21 所示。

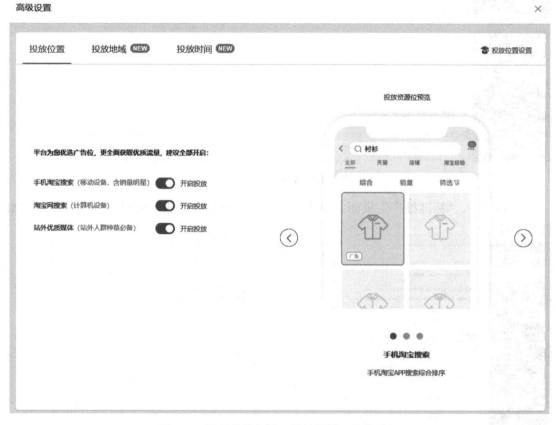

图 5-21　设置投放位置、投放地域、投放时间

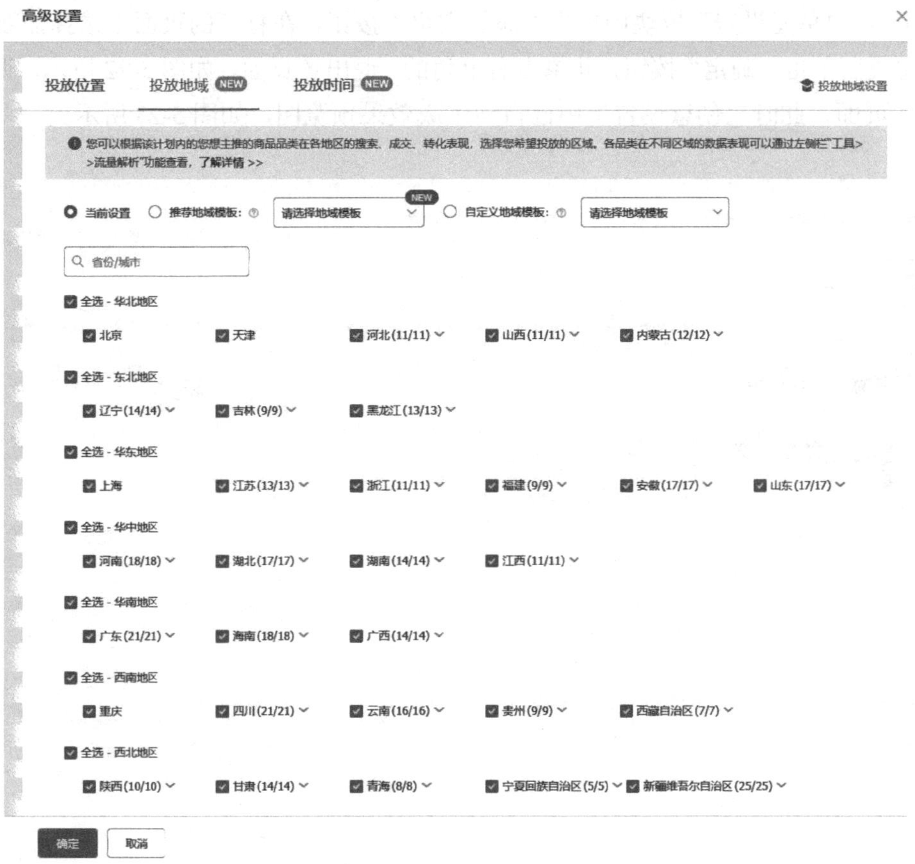

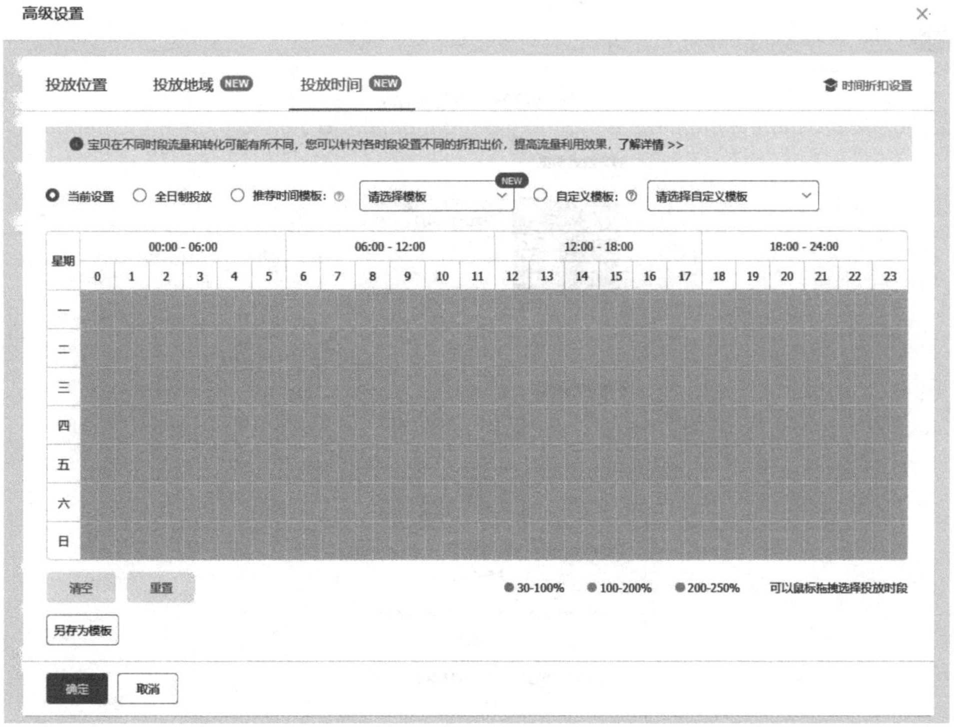

第 5 章 网店营销推广

图 5-21 设置投放位置、投放地域、投放时间（续）

（6）在"单元设置"板块中单击"添加宝贝"按钮，在打开的页面中选择需要推广的商品，完成后单击"确定"按钮，并单击右上角的×退出该页面，如图5-22所示。返回"推广设置"页面，此时"创意设置"中已自动生成效果预览图，如图5-23所示。

图5-22　添加商品

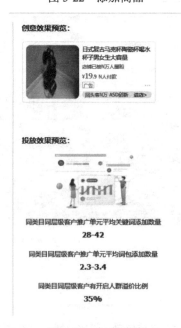

图5-23　创意预览

（7）在"推荐关键词"板块中可以看到系统推荐的关键词，单击"更多关键词"按钮可以自行添加关键词。打开"添加关键词"对话框，单击"精准匹配"按钮，在右侧的关键词列表框中选择所需的关键词，并将其添加到左侧列表框中。添加完成后，再设置"修改出价"，最后单击"确定"按钮，如图5-24所示。

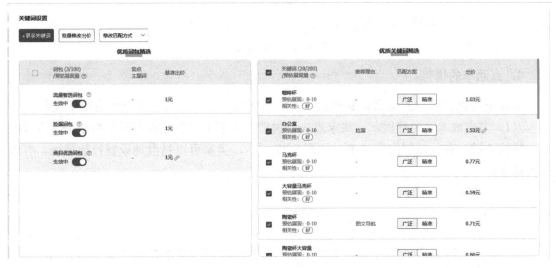

图5-24　添加关键词

（8）在"推荐人群"板块中单击"更多精选人群"按钮，在打开的"添加访客人群"对话框中自定义组合人群，可以组合的人群包括"精选人群""店铺长期价值人群""优质人群扩展"等。选择定向人群后设置"修改溢价"（溢价是指在原本出价上进行加价，出价超出原定价），然后单击"确定"按钮，如图5-25所示，即可返回"推广方案"页面。

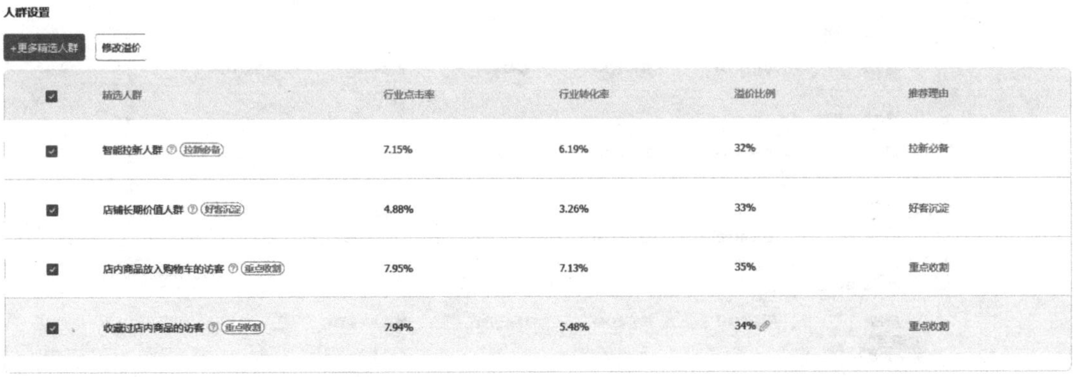

图5-25　添加访问人群

（9）在"推广方案"页面的"定向推广"中设置智能投放出价（设置后商品将有机会在定向推广位置中进行展现），设置完成后单击"完成推广"按钮，即可完成直通车的新建操作，如图5-26所示。

图 5-26 创建完成

4. 直通车的优势

直通车可以把潜在的买家带到网店中，给网店带来流量。直通车具体有以下优势。

（1）节省成本。免费展示，买家点击才付费，卖家可以自由设置日消费限额、投放时间、投放地域，有效控制推广成本。如图 5-27 所示，卖家可以精准地设置投放地域，有效控制成本。

图 5-27 精准设置投放地域

（2）精准推荐。被直通车推广的商品，当买家主动搜索时就能看到，其放在最优位置上展示，只给想买的人看。

（3）引爆人气。直通车推广能给整个网店带来人气，虽然推广的是单个商品，但很多买家都会进入网店去看。一个点击带来的可能是几个商品的成交，这是直通车推广的最大优势。

（4）卖家可以参加更多的淘宝促销活动，还有机会参加不定期的直通车用户专享促销活动。

（5）卖家可以免费参加直通车培训，并且有优秀的直通车小二指点优化推广方案，因此卖家可以迅速掌握直通车推广技巧。图5-28所示为卖家可以免费参加直通车培训报名。

图5-28　卖家可以免费学习直通车

5.2.2 钻石展位

钻石展位可分为展示广告、移动广告、视频广告、明星店铺4种类型，下面分别对这4种钻石展位的展示位置、创意形式等进行介绍。

1. 展示广告

钻石展位展示广告平台以图片展示广告为基础，以精准定向为核心，面向全网精准流量实时竞价。钻石展位展示广告平台支持按展示付费（CPM，指按照广告创意每1000次展现计费）和按点击付费（CPC，指广告创意按照用户点击次数计费），为客户提供精准定向、创意策略、效果监测、数据分析、诊断优化等一站式全网推广、投放解决方案，帮助客户实现高效、精准的全网营销。

展示位置：包含淘宝网、天猫商城、新浪微博、网易、优酷土豆等几十家淘内、淘外优质媒体的上百个大流量优质展位。图5-29所示为淘宝网首页的钻石展位。

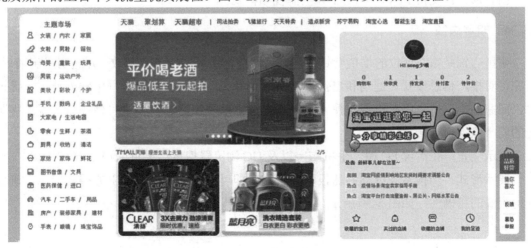

图5-29　淘宝网首页的钻石展位

创意形式：支持图片、Flash等动态创意，支持使用钻石展位提供的创意模板制作。

收费方式：在按展示付费（CPM）的基础上，增加按点击付费（CPC）的结算模式。

投放方式：选择资源位，设置定向人群，竞价投放，价高者得。

2. 移动广告

移动广告是通过移动设备（手机、平板电脑等）访问App或网页时显示的广告，其主要形式包括图片、文字、音频等。随着移动电子产品的发展，移动广告的受众人数不断增加，可根据消费者的属性和访问环境，将广告直接推送至消费者使用的电子产品上，使传播更加精准。

展示位置：在网络视频节目（电视剧、综艺节目等）播放前/后插播视频贴片。

展示形式：视频格式展示，时长在15秒以内。

定向支持：除钻石展位常规定向外，还可支持视频主题定向，即筛选热门动漫、影视、演员等相关视频节目，精准投放。

创意形式：可自主上传相关视频，也可在创意实验室中制作视频贴片。

3. 视频广告

视频广告是淘宝网为使钻石展位获取高端流量打造的品牌宣传类商业产品。视频广告可在视频播放开始或结束时展现品牌宣传类视频，具有曝光环境一流以及广告展现力强等优势，其配合钻石展位提供的视频主题定向，能够获取更精准的视频流量。

展示位置：视频广告主要展示在国内主流视频网站，如PPS、爱奇艺、优酷土豆、腾讯等大型视频媒体。广告主要展示在视频开始前和视频播放暂停时。

展示形式：以视频格式进行广告内容的展示，展示形式更新颖。

定向支持：针对各视频网站提供视频主题定向支持，根据目前热播剧集的名称、主题进行定向。

创意形式：支持FLV、MPEG等主流视频格式。

4. 明星店铺

明星店铺是钻石展位的增值营销服务，仅对部分钻石展位商家开放。开通明星店铺后，商家可对推广信息设置关键词和出价，当有消费者在淘宝网商品搜索框中输入特定关键词时，商家的推广信息将有机会在搜索结果页最上方位置获得展示，这可使商家实现品牌曝光的同时赢得更多转化。

展示位置：在淘宝PC端、手机淘宝以及UC浏览器搜索结果页面最上方。

展示形式：当搜索关键词触达投放广告词时即可在搜索结果页最上方得到展示，确保获得流量的精确性，如图5-30所示。

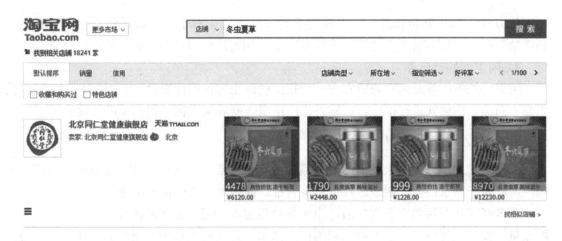

图 5-30　明星店铺

创意形式：可提供多样式创意模板，PC 模板和移动端模板相互独立，模板由图片和多条文案构成，满足各类消费者的需求。

收费方式：按展示收费。

5.2.3　淘宝客

淘宝客是专为淘宝商家服务的营销推广工具。区别于直通车的按点击付费，淘宝客以实际的交易完成额为计费依据，帮助商家推广商品并获取佣金。淘宝客支持按单个商品和店铺的形式进行推广，商家可针对某个商品或店铺设定推广佣金。淘宝客佣金可以在一定范围内进行调整，佣金越高，商家越容易获得淘宝客的关注。

1. 淘宝客的推广方式

为满足不同类型店铺的需求，淘宝客提供了多种推广方式，如营销计划、定向计划、淘宝客活动和如意投等，商家可根据实际需求设置推广计划。

1）营销计划

营销计划是商家在联盟后台进行单品推广的新计划。该计划支持单品推广管理、优惠券设置管理、佣金管理、营销库存管理、推广时限管理等商家推广所需的基本功能，并支持查看实时数据及各项数据报表。营销计划的优势在于其可让淘宝客便捷获取商品链接进行推广，获得更多流量，了解商品实时推广效果，并优先推广加入营销计划的商品库。

2）定向计划

定向计划是商家为淘宝客中某一个细分群体设置的推广计划，商家可以筛选通过申请的淘宝客，设置佣金比例最高为 70%。定向计划的流量相对较少，但精准度和转化率相对较高，可让商家获取较多的有效流量。在淘宝客首页单击"新建定向计划"按钮，即可创建定向计划。

定向计划最多可添加 10 个，其设置内容包括活动标题、计划类型、审核方式、计划时间、类目佣金、计划描述。在设置活动标题时，可直接将佣金加入其中，以吸引更多优质淘宝客关注。在设置审核方式时，可选择淘宝客的等级，如果佣金较低，可设置为自动审核方式;如果佣金较高,可设置为手动审核方式。对于手动审核的计划,可在"计划详情"→"淘宝客管理"中进行查看和审核,同时还可查看淘宝客近期推广计划。

3)阿里妈妈推广券

阿里妈妈推广券是阿里妈妈官方唯一指定的淘宝客推广优惠券,可支持淘宝客通过"优惠券+商品"的模式进行推广,在站外推广中引入新购买人群,提高单品转化率。

2. 合理设置淘宝客推广佣金比例

淘宝客推广过程中带来的展示量、流量等全部免费,商家只需按照交易额支付推广费用,所以对于商家而言,佣金是吸引淘宝客推广的关键,其设置十分重要。

很多商家在开通淘宝客推广后,由于佣金设置不合理,很容易出现没有淘宝客推广、没流量、没成交等情况,达不到预期的推广效果,那么商家该如何设置佣金比例?下面介绍两种设置佣金比例的思路。

1)根据店铺的不同阶段设置佣金比例

当店铺处于不同发展阶段时,为适应店铺发展要求,实现店铺现阶段的发展目标,商家可设置不同的佣金方案。

(1)新店铺发展阶段。刚开张或开张不久的新店铺,在销量、买家评价、卖家信誉等各个方面都没有优势,这个阶段的店铺最需要人气,而为积累人气,商家要考虑最大限度让利淘宝客。从淘宝客的角度来看,新店铺人气不足,没有销量和评价,推广这样的店铺或商品需要花费更多的时间和精力,相比之下,他们更愿意选择一些销量高、口碑好、品牌佳的店铺进行推广。因此,如果新店铺设置的佣金比例不高,就很难吸引淘宝客进行推广。

(2)店铺稳定发展阶段。当店铺发展较稳定时,店铺流量、转化率、成交额都比较稳定,甚至店铺也有一定的口碑和信誉,拥有不错的买家评价,此时很多淘宝客会主动选择该店铺进行推广。

该阶段的佣金比例不需要做太大调整,一般可根据店铺利润以及行业、竞争对手的情况等进行设置。

2)根据活动情况设置佣金比例

使用淘宝客进行推广时,商家还需根据实际推广情况设置不同的佣金比例,如热销品、活动款和常推款的佣金比例设置有所区别。

(1)热销品佣金比例设置。热销品或爆款一般是店铺的主要引流商品,性价比、口碑、转化率、买家评价等数据都较好,此时佣金设置一般在利润承受范围内,保持中等偏上的比例。一般来说,热销品的佣金比例不宜大幅度变动,特别是佣金比例降低,很容易影响商家与淘宝客的关系,以及淘宝客的忠诚度。

(2)常推款和主推款佣金比例设置。常推款即一直在推广的款式,与主推款不同,主推款的佣金比例通常高于常推款,且建议主推款佣金比例尽量高于类目佣金。而常推款的佣金比例根据实际情况设置,在保证利润的基础上最好保持有稳定的成交。

(3)活动款佣金比例设置。如果商家参加淘宝网活动,如聚划算、天天特价等,由于活动期间的商品利润比较低,此时建议将淘宝客的佣金比例设置在利润可承受范围内,活动结束后再做调整。

5.3 站外推广

5.3.1 微信

微信对于大多数人而言并不陌生，它是基于智能移动设备而产生的主流即时通信软件，也是一个可以及时与用户建立互动的交流平台，可以实现一对一的互动交流。微信的渗透率高、覆盖面广，拥有着巨大的流量。流量对于电子商务的重要性不言而喻，商家要想在电子商务领域内有所作为，必须把握好微信这个站外引流的重要渠道。

1. 微信引流的常用方法

微信引流是指在微信平台开设账号，发布内容并引导消费者查看商品或进入店铺，甚至主动搜索店铺或品牌名称。在微信上为店铺引流不受时间、地点限制，相对于传统广告来说成本更低、互动性更强，因此微信已经成了主要的站外引流平台之一。

通过微信为店铺引流有两种常用的方法，即微信个人账号引流和微信公众号引流，下面分别进行介绍。

1）微信个人账号引流

微信个人账号引流主要是指商家通过微信个人朋友圈发布一些碎片化、及时性的状态来传达店铺或商品的信息，通过朋友圈的频繁互动来拉近与消费者的距离。这种方法可以为目标人群提供更持续、更精准的服务，从而实现一定程度的口碑传播。

2）微信公众号引流

微信公众号引流是指商家通过微信公众号为店铺引流。相较于微信个人朋友圈，微信公众号推文所能辐射的范围更大，能够吸引的客户更多，推广效果更好，从而能为店铺吸引更多的流量。微信公众号主要通过推送一定篇幅的文章进行引流，呈现内容更详细，呈现形式更多样，具有更强的感染力。

目前，商家在进行微信公众号引流时主要有两种策略：一种是自己打造微信公众号，这样推广成本相对较低，也有助于形成自己的品牌，但需要较长的周期才能产生明显效果；另一种是与一些较为成熟的、符合自身店铺定位的微信公众号进行合作，合作的方式主要是在微信公众号推文中进行广告植入，这种方法需要支付一定的推广费，但很快就能看到效果。

2. 微信营销的特点

1）信息投放更精准

不同于其他媒体爆炸式的信息传递，微信因具有通信的属性，故投放到用户微信的信息一般能百分之百到达并准确传递。此外，借助微信提供的位置服务，还可以做到信息的分区域投放，特别适合开展基于地理位置服务（location based services，LBS）的营销。

2）病毒式营销

病毒式营销也叫口碑营销，是一种建立在用户关系上的利用口口相传来实现品牌传播目的的营销模式。由于用户数量急剧增加,微信形成了规模庞大的交友圈。利用这一特点,营销人员可以在自己的公众平台上为关注用户提供足够有价值的资讯和服务,在关注者中形成良好的口碑,塑造良好的品牌形象。关注者会成为所关注品牌忠实的粉丝,并在自己的朋友圈向其好友推荐品牌,以帮助品牌营销人员实现品牌营销的目的。

3)较强的用户黏性

微信主要是点对点的交流方式,这种方式的交流使得商家可以和关注自己的用户建立更强、更有黏性的关系,可以通过一对一的聊天等形式为用户提供单独的电话式的服务。

4)营销方式灵活多变

微信营销方式众多,这主要得益于微信软件丰富的功能,漂流瓶、摇一摇、附近的人、二维码、公众平台和开放平台都可以成为微信营销的途径。

主推微信营销的企业需要一步一步地构建稳固的粉丝群体。微信的价值是稳步实现的,投机取巧只会失去未来的市场。只有经过用心构建的微信营销,才能为企业带来巨大的商业空间。企业微信的粉丝都是企业最忠实的拥护者,他们关注企业的目的就是希望企业能够为其提供最具价值的产品。这一点在传统营销中很难做到,这就是微信营销的价值所在。

3. 微信营销的技巧

微信营销带来了移动互联网时代的营销革命,它凭借广阔的发展空间、强互动性的信息交流以及方便实用的客户体验让营销者品尝到了甜头。微信营销的特点包括传播率高、传播面广、传播时间快等。它所传送的信息和发送的短信一样,可以直接到达手机上,能让用户百分之百地看到这些信息。因此,企业在进行微信营销时,切记不可盲目,要讲求技巧,为用户提供价值,而非简单地吸引人的眼球。

1)内容为王,结合企业特点做好内容定位,提高用户的黏性

企业开始微信营销之前,首先,做好企业定位,一个有自身特点的企业才具有吸引精准客户群体的特质,进而针对这个客户群体所进行的营销才有可能成为有效营销。

其次,内容的定位应该结合企业的特点,同时又从用户的角度去考虑,因为微信不是为企业服务的,而是为用户服务的,这一点很重要。用户只有从你的微信中获得想要的东西,才会更加忠实于你,使你的营销目的在潜移默化中实现。

因此,向用户推荐有价值的内容,让每一次推送都能够被用户欣然接受,这就是我们所说的"内容为王"。

2)内容推送,避免狂轰滥炸

无论微信还是微博,用户订阅的优势在于自由取舍。目前,很多微信推送采取每日一次的频次,而大多数用户不可能实现对一个订阅号的每日一读,因此还需要重视推送频率等的设置。

推送时间要固定,因为只有时间固定了,粉丝才会形成阅读习惯。目前,许多公众账号会从下午开始,在晚上 8 点之前发送信息,而且微信中可以设置取消发送信息时的提示音,用户在闲暇时间就可以去看,而不是只要被提示就要去看,这样就不会让其产生逆反心理。

关于推送频率,建议一周不要超过 4 次。每日一推首先很难保证内容的精确策划,而将低质量的内容高频次地推送给用户,很有可能使用户取消对你的关注。当然,内容太少

了，用户也会觉得意犹未尽，因此把握好度很重要。

关于推送形式，建议多样化。微信内容不一定都是图文专题式，也可以选择一些短小精彩的纯文本形式与图文专题进行穿插。关键在于短文的内容能够引发读者的思考或者共鸣，取得良好的互动效果。这样既能实现与用户的互动，也能使我们更了解用户，实现更好的内容策划。

3）沟通是关键

微信作为一个沟通的平台，互动是必不可少的。微信公众号要适时地进行人工互动，而不是简单的自动回复。很多人会主动与其关注的公众号进行互动，如果用户每次都收不到回复的话，一般就会取消关注。因此，沟通是微信营销的灵魂。

4）建立丰富易查的关键词回复系统

微信消息太多，有些内容就会被覆盖掉，因此建立一个丰富易查的关键词回复系统是非常重要的。这一功能可以方便用户查找到其所需要的信息，增强互动性。

5）线上、线下相结合

线上、线下活动相结合可以提高粉丝的忠诚度，同时也可以让这些公众平台更接地气，真实而富有亲和力。

5.3.2 微博

微博作为一个即时信息传播平台，在信息传播和分享的过程中，可以为用户提供最优的路径，让用户快速、准确地获取有价值的信息。在微博平台上，用户既可以作为读者浏览自己感兴趣的信息，也可以作为发布者发布内容供其他用户浏览。微博蛛网式的传播方式为营销提供了更大的空间，因此在微博上也有很多商家运用各种手段为店铺引流。

1. 微博营销的特点

（1）发布门槛低，成本远小于广告，效果却不差。140个字发布信息，远比博客发布容易，对于同样效果的广告则更加经济。与传统的大众媒体（报纸、电视等）相比受众同样广泛，前期一次投入，后期维护成本低廉。

（2）传播效果好，速度快，覆盖面广。微博信息支持各种平台，同时传播方式多样化，转发非常方便。利用名人效应能够使事件的传播量呈几何级增长。

（3）针对性强，利用后期维护及反馈。微博营销是投资少、见效快的一种新型网络营销模式，可以使企业在短期内获得最大的收益。传统媒体广告往往针对性差，难以进行后期反馈。而微博针对性极强，绝大多数关注企业或者产品的粉丝是本产品的消费者或者潜在消费者，企业可以有针对性地进行精准营销。

（4）营销手段多样化、人性化。从技术上来看，微博营销可以同时利用文字、图片、视频等多种展现形式。从人性化角度上来看，企业品牌的微博本身就可以将自己拟人化，更具亲和力。

（5）即时沟通，互动性强。无论是通过手机微博的客户端，还是即时聊天工具，都能及时了解到微博的更新情况，即时与感兴趣的话题进行互动。

2. 微博营销的优势

微博是手机短信、社交网站、博客和即时通信系统四大产品优点的集成者。

（1）微博上有许多信息在传统媒体上是看不到的，而公众对公共话题天生有一种关注心态，在微博上更容易形成互动。

（2）微博可以通过手机随时随地发布信息，与短信相似，但短信传播方式是"one to one"，而微博则是"one to N to N"。同时，微博资费比短信低廉。

（3）国内微博网站的主要优势在于支持中文，并与国内移动通信服务商绑定，用户可通过无线渠道和有线渠道更新个人微博。

（4）微博的传播速度更快，关注的人更多，时效性更强。微博的实时搜索结果可融入搜索引擎，从而增强用户的实时体验。

知识链接

微博营销常用的方法及手段

3. 微博营销的技巧

（1）微博的质量不在于多，而在于精。有的人在建立微博时，一开始没有定位主题，今天觉得这个网站的微博很不错，就建立了一个微博用户，明天可能会觉得这类主题的微博不错，又建立了一个。建微博和运营网站有些类似，即要讲究专注，因为一个人的精力是有限的，杂乱无章的内容只会浪费时间和精力，所以我们要做精，重拳出击才会取得好的效果。

（2）使用个性化的名称。一个好的微博名称不仅便于用户记忆，也可以取得不错的搜索流量。企业如果要建立微博，准备在微博上进行营销，那么可以将企业名称、产品名称或者个性名称作为微博的用户名称。

（3）巧妙利用模板。一般的微博平台都会提供一些模板给用户，我们可以选择与行业特色相符合的风格，这样与微博的内容更贴切。当然，如果有能力，你可以设计一套有自己特色的模板风格，也是不错的选择。

（4）使用搜索检索，查看与自己相关的内容。每个微博平台都会有自己的搜索功能，你可以利用该功能对自己已经发布的话题进行搜索，查看自己内容的排名榜，与别人的微博内容进行对比。通过查看微博的评论数量、转发次数以及关键词的提及次数，你就可以了解微博取得的营销效果。

（5）定期更新微博信息。微博平台一般对发布信息频率不做过多限制，但对于营销来说，微博的热度和关注度来自微博的可持续话题，只有不断制造新的话题，发布与企业相关的信息，才可以吸引目标客户的关注。刚发的信息可能很快被后面的信息覆盖，要想长期吸引客户注意，必须要对微博进行定期更新。当然，及时更新的、新颖的话题还可能被网友转发或评论。

（6）及时回复粉丝的评论。要积极查看并回复微博上粉丝的评论，被关注的同时也去关注粉丝的动态。如果想获取更多评论，就要以积极的态度对待评论，回复评论也是对粉丝的一种尊重。

（7）"#"与"@"符号的灵活运用。在微博中发布内容时，两个"#"间的文字是话题的内容，可以在后面加入自己的见解。如果想引入某个活跃用户，可以使用"@"符号，意思是"向某人说"，如"@微博用户欢迎您的参与"。在微博菜单中点击"@我的"，也能查看提到自己的话题。

（8）学会使用私信。与微博的文字限制相比，私信可以容纳更多的文字。只要对方是你的粉丝，你就可以通过发私信的方式将更多内容通知对方。因为私信可以保护收信人和发信人隐私，所以当开展活动时，发私信的方式会显得更尊重粉丝。

（9）确保信息真实与透明。开展一些优惠活动、促销活动时，应以企业的名义发布，要即时兑现并公开得奖情况，以获得粉丝的信任。微博上发布的信息要与网站上一致，并且在微博上及时对活动进行跟踪报道，确保活动的持续开展，以吸引更多用户加入。

（10）不能只发产品信息或广告宣传。微博不是单纯的广告平台，微博的意义在于信息分享，没有吸引力的话题是不会产生互动的，要注意话题的娱乐性、趣味性、幽默感等。

5.3.3 抖音

抖音是一款可以拍短视频的音乐创意短视频社交软件，以 PGC（professional generated content，专业生产内容）+UGC（user generated content，用户原创内容）的形式为主，普通用户可以录制 15 秒的短视频，认证用户则可以录制 60 秒以上的短视频，然后选择合适的配乐，再运用快慢镜头、滤镜、特效以及场景切换等技术完成作品，之后分享到社交平台上，用户之间可以相互关注、点赞、评论、转发、收藏。

1. 抖音用户类型

1）网红型用户

"网红"即网络红人，指因某个或者一系列行为在互联网上受到网民迅速关注而走红的人。抖音前期招募了 300 人左右的网红，进行统一培训视频内容创作，并吸引有强烈自我表达意愿的网红参与。这种类型的用户是抖音短视频作品主要的内容生产者，他们对音乐和创意视频制作、剪辑有着极高的热情，希望自己的作品可以让更多的人看到。

2）追随型用户

这类用户在观看抖音短视频作品的过程中，欣赏那些网红型用户的精彩作品，羡慕他们收获了大量的点击率和粉丝，同时也渴望自己能够拍摄出同样炫酷的视频，所以他们在抖音短视频 App 平台寻找他们心中的"抖音达人"，追随他们，向他们学习，参与抖音的挑战话题。因此，追随型用户可以视为抖音短视频作品的内容次生产者。

3）浏览型用户

尽管抖音短视频作品全部为用户原创，但绝大部分抖音短视频 App 用户还是短视频作品的内容消费者和分享者，他们使用抖音短视频 App 只是想观看精彩的作品，丰富自己的碎片时间，与朋友有社交话题可聊。这类用户可以为平台带来大部分的 DAU（daily active user，日活跃用户数量），也是前两种类型用户的广大群众基础。

2．抖音营销的优势

抖音营销，顾名思义，就是在抖音平台上为自己的店铺或商品进行引流。由于短视频的特殊性，抖音在营销效果上与传统平台相比具有以下 4 大优势。

1）成长快、用户多

抖音 App 于 2016 年 9 月上线，2017 年 3 月开始公开大量传播，根据抖音发布的《2018 抖音大数据报告》，截至 2018 年 12 月，其国内日活跃用户量突破 2.5 亿，月活跃用户量超过 5 亿，平均每位用户日使用时间超过 20 分钟。如此多用户量和用户使用时间，无疑表示其中存在着大量的营销空间。

2）流量优质

抖音平台的用户偏年轻化，很大一部分来自北京、上海、广州、成都、重庆等一、二线城市，女性用户占比约 66.4%。这些用户消费观念比较前卫，消费能力较强，喜欢追逐时尚，对生活品质有一定要求，后期引流转化率会比较高。

3）内容直观

短视频拥有比图文更强大的信息承载和展示能力，用户在观看视频时获得的信息更丰富、直观。因此，在展示整体效果、商品细节、使用体验等方面，短视频无疑比文字、图片更具有优势。同时，短视频趣味性更强，既能避免文字的枯燥单调，又不像图片那样局限于静态表现，对用户具有更强的吸引力。

4）商业营销性强

首先，相对于微博、微信平台，用户使用抖音的目的不再只是希望获取多元、及时的信息和了解朋友的动态，而更多的是消遣娱乐。这种娱乐化的平台更能够贴合购物需求的使用场景。其次，抖音的产品设计更加简洁，其便捷的产品弹窗功能也大幅降低了用户从观看到购买的操作难度和门槛。最后，抖音主要进行社区化运营，从点到面扩散信息。这种在短视频内容中插入广告的方式，会起到意想不到的营销效果。

3．抖音短视频的信息流推广方式

目前抖音官方已经开放的信息流推广方式有信息流广告和开屏广告，卖家可以自行按需选择。

1）信息流广告

抖音信息流广告是在抖音 App "推荐"页面内出现的广告，即用户日常刷得最多的页面中的广告。信息流广告也被称为原生广告，是目前效果比较好的一种广告方式，其最大优势是将广告融入用户所浏览的内容中。在用户观看新视频时，不定期插入视频广告，这些视频大多制作精良且富有创意，不会对用户使用体验造成干扰。同时，在广告页面底部拥有非常明显的广告标识和操作选项，如"查看详情""立即购买"等。用户如果对该商品有兴趣，就会点击该广告去进一步了解该产品。图 5-31 所示为抖音信息流广告。

图 5-31　抖音信息流广告

2）开屏广告

开屏广告是很常见的营销形式，几乎成为所有 App 的标配。抖音开屏广告即在抖音 App 启动时展现的广告，该广告在抖音 App 启动时展现，广告播放完毕后进入"推荐"页面。开屏广告的优势很明显，就是曝光效果好，只要打开抖音就能实现曝光；缺点也很明显，就是价格高，比较适合品牌型的土豪客户以及追求曝光的客户。作为移动端的黄金广告位，抖音的开屏广告也在第一时间抢占了用户的注意力。

对于品牌来说，开屏广告是一种有效的广告营销形式，尤其是对于抖音这样的人气平台来说。抖音开屏广告具有以下几个特点。

（1）曝光量巨大。在投放开屏广告时，向全网投放，广告曝光量是十分巨大的。开屏广告支持按特定条件投放，投放开屏广告的广告主一般投放品牌形象广告、新品上市形象广告等以曝光量、形象展现为主的广告。

（2）视觉效果好。抖音开屏广告以巨幅图片或视频的形式在抖音 App 启动时展现，以相对酷炫的效果在抖音 App 启动时自动展现，给用户视觉和感官上的冲击力都非常大。

（3）广告费用高。由于抖音开屏广告曝光量巨大、广告位置佳，其费用会更高。

（4）可定向投放。抖音开屏广告投放时是支持定向投放的，目前支持地域、性别等基础定向，广告主可以根据目前客户、目标市场等进行定向投放，使广告曝光更有效率。

技能实训

【实训目标】

通过实训，使学生初步了解网店营销推广的相关知识，包括搜索引擎优化、站内付费推广、站外推广。

【实训内容】

了解并掌握如何对网店进行营销推广,如何运用站内付费推广与站外推广。

【实训步骤】

(1)以 2~3 人为单位组成一个团队,设负责人一名,负责整个团队的分工协作。

(2)团队成员通过分工协作,多渠道收集相关资料。

(3)团队成员对收集的材料进行整理,总结并分析网店营销推广的相关知识。

(4)各团队将总结制作成表格,派出 1 人作为代表上台演讲,阐述自己团队的成果。

(5)教师对各团队的成果进行总结评价,指出不足并提出改进措施。

【实训要求】

(1)考虑到课堂时间有限,实训可采取"课外+课内"的方式进行,即团队组成、分工、讨论和方案形成在课外完成,成果展示安排在课内。

(2)每个团队方案展示时间为 10 分钟左右,教师和学生提问时间为 5 分钟左右。

复习思考题

1. 零售平台搜索引擎优化的影响因素有哪些?
2. 直通车的概念是什么?
3. 钻石展位的类型有哪些?
4. 淘宝客的推广方式有哪些?

第 6 章

网店物流与仓储

仓储作为物品在生产过程中各间隔时间内的物流停滞,是保证生产正常进行的必要条件,它使上一步生产活动顺利进行到下一步生产活动。仓储是加快资金周转、节约流通费用、降低物流成本、提高经济效益的有效途径。有了仓储作为保证,就可以免除加班赶工的费用,避免紧急采购的成本增加。本章主要介绍了网店物流方式的选择、物流工具的设置以及仓储管理的相关知识。

思政导学

在网店运营过程中,应该做好物流选择、物流纠纷处理的规划,及时解决物流相关问题,引导学生树立正确的人生观与专业价值观,能辩证地看待问题、冷静地处理问题。

教学目标

		本章教学目标
1	知识目标	● 了解国内主流的快递公司 ● 了解快递公司的选择 ● 了解商品物流跟踪的相关知识
2	能力目标	● 掌握物流工具的设置 ● 掌握商品入库、在库、出库的相关知识 ● 掌握商品包装的相关知识
3	素质目标	● 灵活运用所学知识 ● 培养学生的职业素养

6.1 网店物流方式的选择

6.1.1 国内主流的快递公司

1. 京东物流

京东集团从 2007 年开始自建物流,2017 年 4 月正式成立京东物流集团;2021 年 5 月,京东物流于香港联交所主板上市。京东物流是中国领先的技术驱动的供应链解决方案及物流服务商,以"技术驱动,引领全球高效流通和可持续发展"为使命,致力于成为全球最值得信赖的供应链基础设施服务商,如图6-1所示。

图 6-1　京东物流

2. 顺丰物流

顺丰是国内的快递物流综合服务商,总部位于深圳,经过多年发展,已具备为客户提供一体化综合物流解决方案的能力,不仅提供配送端的物流服务,还延伸至价值链前端的产、供、销、配等环节,从消费者需求出发,以数据为牵引,利用大数据分析和云计算技术,为客户提供仓储管理、销售预测、大数据分析、金融管理等一揽子解决方案,如图6-2所示。

顺丰还是一家具有网络规模优势的智能物流运营商。经过多年的潜心经营和前瞻性的战略布局,顺丰已形成拥有"天网+地网+信息网"三网合一、可覆盖国内外的综合物流服务网络,其直营网络是国内同行中网络控制力强、稳定性高、独特稀缺的综合性物流网络体系。

图 6-2　顺丰物流

3. 申通物流

申通快递(申通物流)品牌初创于1993年,公司致力于民族品牌的建设和发展,不断完善终端网络、中转运输网络和信息网络三网一体的立体运行体系，立足传统快递业务，全面进入电子商务领域，以专业的服务和严格的质量管理推动中国快递行业的发展，如图 6-3 所示。

图 6-3　申通物流

4．其他物流

1）圆通物流

圆通物流成立于 2000 年 4 月 14 日，经过多年的经营，现已成为集速递、物流、电子商务为一体的大型民营企业。公司总部位于上海市青浦区华新镇。多年来，公司业务迅速发展，网络覆盖全国，如图 6-4 所示。

图 6-4　圆通物流

2）中通物流

中通快运成立于 2016 年，是中通旗下的快运品牌，聚焦数智物流新趋势，提供面向企业及个人客户的全链路一站式物流服务。中通快运通过布局全国的自建仓储物流枢纽和末端加盟网络，围绕物联网、大数据、云计算、人工智能，积极探寻物流业与制造业、服务业融合发展的模式，为客户打造一体化物流解决方案，致力于打造"科技引领、数据支撑、人才保证、智慧运营"的综合型物流服务平台，如图6-5所示。

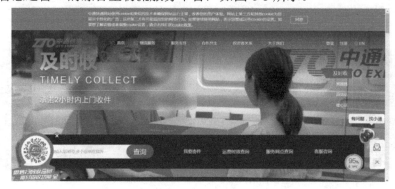

图6-5　中通物流

6.1.2　快递公司的选择

微课：选择快递公司应考虑的因素

1. 选择快递公司应考虑的因素

电子商务的快速发展带动了物流行业的发展，现在的物流服务不仅范围越来越广，企业也越来越多，且良莠不齐。在这个鱼龙混杂的物流环境中，商家在初期选择快递公司时一定要十分慎重，需要对快递安全性、快递价格、发货速度、服务质量等因素进行综合考虑。

（1）快递安全性：快递安全性是商家必须考虑的问题，丢件、物品破损等情况会严重损害店铺的服务质量，引起消费者的强烈不满。为了保证商品的安全性，贵重物品可以选择EMS并进行保价，从而保障货主的利益。在选择其他快递服务时，商家要有购买保险的意识，同时需要了解理赔服务内容。此外，商家还可对物品进行保护包装，在包装箱上标注"易碎""轻放"等文字，叮嘱快递公司注意保护等。若选择的快递公司不靠谱，消费者和商家的个人信息也容易遭到泄露，被不法分子利用。

（2）快递价格：快递价格与经营成本息息相关，为了降低成本，很多商家愿意优先选择价格更低的快递服务。但商家也绝不能一味以低价为标准，如果低价的物流服务以物流质量低为代价，商家将得不偿失，因此须对快递公司进行综合考量。快递费用一般按重量计算。

（3）发货速度：在网上进行购物的消费者，通常都对物流的速度非常在意。如果店铺的物流速度快，就很容易赢得消费者的好感，进而提高消费者的忠诚度；反之，则容易引起消费者的不满甚至投诉。商家一定要注意快递的发货速度，首先保证自己发货的速度要快，其次快递揽件并运送的速度也要快。快递公司在不同地区的各个网点一般都采用独立核算的方式，因此不同地区的快递网点，其服务质量、速度等可能有所不同，商家最好亲自考察并对比发货速度，选择发货速度快的网点。除了"双11"大促等特殊时期，淘宝网要求商家应在消费者下单后 72 小时内完成发货，否则有可能因消费者投诉而被淘宝网处罚。

（4）服务质量：服务质量也是商家挑选快递公司的标准之一。快递行业作为服务行业，应该具备服务意识，遵守服务行业的准则。质量好的快递服务会给消费者带来舒适的购物体验。

2. 选择快递公司的建议

商家如何快速有效地选择快递公司，如何少走弯路，避免损失呢？下面给出一些建议。

（1）尽量选择直营模式的快递公司。一般来说，直营模式的快递公司的经营管理比较规范，能够保障货物安全送达，如宅急送、顺丰速运等。而通过加盟的方式成立的快递公司由于加盟条件宽松、自身的经营管理不规范，很容易产生一些疏于管理、信誉较差的站点，甚至严重影响寄件人的货物安全。

（2）尽量使用本地经过正规注册的规模较大的快递公司。一般而言，本地的快递公司为了打造本公司在当地的良好口碑，对索赔的事件会快速解决。同时，其取件的效率也较高。

（3）尽量选择网点多的快递公司。在淘宝网上购物的消费者遍布大江南北，如果消费者购买了自己的商品而快递无法送达就比较麻烦了，因此选择网点多的快递公司也很有必要。为了保证发货的速度，商家也可选择与多家快递公司同时进行合作。

（4）尽量选择使用靠谱工具取件的快递公司。快递公司的业务员主要是通过 3 种交通工具取件，即电瓶车、三轮车和货车。商家一般应选择以货车取货的快递公司，因为此类公司实力较强。若店铺出货量较小，快递人员用电瓶车取货也属正常。目前流行的取货方式为电动三轮车。

（5）尽量选择快递单上条形码清晰、明确的快递公司。选择快递单上条形码清晰的快递公司可以避免条形码难以扫描，或扫描出来的数字和印刷出来的数字不符的情况，这种情况有可能会造成这一单货物因为对不上号而丢失，或造成重码，即两套单甚至几套单的条形码相同，从而导致货物发错地方或者丢失。

（6）尽量选择赔偿金额高且保价率低的快递公司。虽然丢件或货物损坏的情况比较少，但对于一些利润少的商家而言，丢件会导致利润降低甚至消失，因此商家需要慎重选择，尽量选择赔偿金额高且保价率低的快递公司。保价率低的快递公司一般信誉较好。

6.2 物流工具的设置

6.2.1 服务商的设置

淘宝网提供了很多物流服务商供商家选择，包括圆通速递、天天快递、EMS 等。

服务商设置的方法为：登录千牛卖家工作台，在页面左侧的"物流管理"中单击"物流工具"超链接，进入物流工具管理中心，选中需要开通的服务商前的复选框，然后单击其后的"开通服务商"按钮即可，如果商家在设置服务商时没有编辑过地址库，则首先需要对地址库进行编辑，之后才可以设置物流服务商，如图 6-6 所示。

图 6-6 选择服务商

6.2.2 运费模板的设置

由于店铺消费者来自各个不同的地区，而不同地区的快递服务费用通常有所差别，因此商家需要对运费模板进行设置，从而对不同地区的消费者的运费进行区分。下面介绍淘宝网中运费模板的设置方法，其具体操作过程如下所示。

（1）打开运费模板界面，如图 6-7 所示。

图 6-7 运费模板

(2) 打开 "新增运费模板" 页面, 在 "模板名称" 文本框中输入模板的名称, 并依次设置 "发货地" "发货时间" 等信息, 单击 "自定义运费" 单选按钮, 然后根据实际情况选择 "计价方式"。商家可以针对不同的区域设置不同的运费模板, 在寄送时, 直接根据寄送地址选中相应模板即可, 如图 6-8 所示。

图 6-8　设置基本信息

(3) 选中 "快递" "EMS" "平邮" 复选框, 在其下方展开的表格中填写相关运费信息, 如图 6-9 所示。

图 6-9　设置运费信息

(4) 单击 "为指定地区城市设置运费" 超链接, 添加一个模板, 单击 "运送到" 下的 "编辑" 超链接, 如图 6-10 所示。在打开的对话框中选中需特别指定运费的区域前的复选框, 单击 "保存" 按钮, 然后设置这些特定区域的运费, 如图 6-11 所示。

图 6-10　单击 "编辑" 超链接　　　　图 6-11　设置指定区域运费

（5）按照上述方法依次设置 EMS 和平邮的指定区域运费模板，选中"指定条件包邮"复选框，在展开的表格中可设置包邮条件，在"选择地区"中可设置包邮地区，在"设置包邮条件"中可设置包邮条件，设置完成后单击"保存并返回"按钮，如图 6-12 所示。

图 6-12　设置指定条件包邮

（6）返回物流工具管理中心，即可查看已经设置完成的运费模板，在寄送商品时，选择对应模板名称即可应用，如图 6-13 所示。

图 6-13　查看模板

6.2.3　地址库的设置

地址库即商家的地址，商家发货或消费者申请退货时需要商家的地址。设置地址库的方法为：登录千牛卖家工作台，在页面左侧的"物流管理"中单击"物流工具"超链接，进入物流工具管理中心，选择"地址库"选项卡，在打开的页面信息中填写相关信息，填写完成后单击"保存设置"按钮即可，如图 6-14 所示。

图 6-14　设置地址库

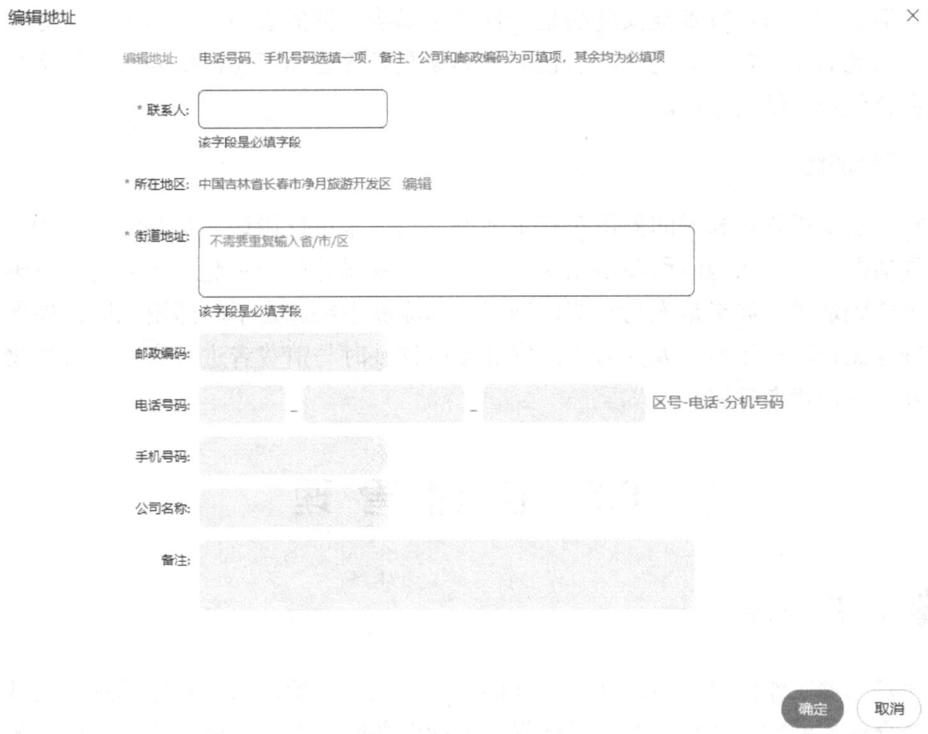

第 6 章 网店物流与仓储

图 6-14　设置地址库（续）

6.2.4 物流意外事件的处理

1. 货物丢失

货物丢失是物流中比较严重的问题，出现货物丢失的情况时，商家一定要与物流方进行沟通，及时对货物丢失的详细情况进行了解。一般来说，货物丢失分为人为和非人为两种情况。如果是人为原因造成的货物丢失，商家须追究责任人的责任。为了防止这种情况的发生，商家在进行商品包装，特别是包装电子商品等贵重商品时，一定要做好防拆措施，并提醒消费者先验收再签字，将风险降至最低。如果是非人为原因造成的货物丢失，那么商家可以要求快递公司对货物的物流信息进行详细排查，检查货物是否被遗落在某个网点，如果确实丢失了，可以追究快递公司的责任。

不管是何种原因造成的货物丢失，都会延迟消费者收到货物的时间，为了避免纠纷，在出现货物丢失情况时，商家应该尽快告知消费者，并与之协商好处理办法，如果消费者不接受，商家则要尽快重新安排发货。

2. 货物破损

货物破损是一种非常影响消费者好感度的情况，商品包装不当、快递运输不当等都可能导致货物破损情况的发生。为了避免这一情况，商家在包装商品时，一定要仔细严谨，选择合适的包装材料，保证货物在运输过程中的安全。如果是由于运输不当导致货物破损，则商家需要追究快递公司的责任。

对于消费者而言，收到破损商品是一件非常影响心情的事情，这可能直接导致中差评的产生，因此商家一定要重视商品的包装，如果是易碎易坏商品，则要告知快递员小心寄送，并在包装箱上做出标识。

3. 货物滞留

货物滞留是指货物长时间停留在某个地方，迟迟未进行派送。货物滞留分为人为和非人为两种情况，其中人为滞留多由派送遗漏、派送延误等问题引起，非人为滞留则多由天气等客观原因造成。如果是人为滞留，则需要商家联系物流方了解滞留原因，催促快递公司及时进行派送。如果是非人为滞留，则商家应该及时与消费者进行联系，告知物流滞留原因，并请求消费者理解。

6.3 仓储管理

6.3.1 商品入库

入库是仓储工作的第一步，标志着仓储工作的正式开始，入库业务的水平高低直接影响着整个仓储作业的效率与效益，因此提高入库业务管理水平十分重要。入库业务的工作内容主要包括货物的入库准备、入库手续、入库验收、理货及装卸搬运合理化的管理。

1. 入库前的准备工作

货物入库前的准备工作就是仓储管理者根据仓储合同或者入库单，及时对即将入库的货物进行接运、装卸、安排储位及相关作业人力、物力的活动，其主要目的是保证货物能按时入库，保证入库工作的顺利进行。

1）入库前的货物接运工作

货物入库接运是入库业务流程的第一道环节，也是仓库与外部直接发生的经济联系。它的主要任务是及时、准确地向运输部门提取入库货物，要求手续齐全，责任分明，为仓库验收工作创造有利条件。

做好货物接运业务管理的主要意义在于，防止把在运输过程中或运输之前已经发生的货物损害和各种差错带入仓库，减少或避免经济损失，为验收或保管、保养创造良好条件。

不同货物入库接运时的操作事项有以下几个方面。

（1）车站、码头接货。提货人员对所提取商品应了解其品名、型号、特性和一般保管知识及装卸搬运注意事项等。在提货前应做好接运货物准备工作，如装卸运输工具，腾出存放物品的场地等。提货人员在到货前，应主动了解到货时间和交货情况，根据到货多少，组织装卸人员、机具和车辆，按时前往提货。

提货时应根据运单及有关资料详细核对品名、规格及数量，并要注意物品外观，查看包装、封存是否完好，有无玷污、受潮、水渍等异状。若有疑点或不符，应当场要求运输部门检查。对短缺损坏情况，凡属运输部门责任的，应做出商务记录；属于其他方面责任的，须承运人证明并做出相应记录，并由承运人签字。注意记录事项和实际情况要相符。

在短途运输中，要做到不混不乱，避免碰坏损失。危险品应按照危险品搬运规定办理。

（2）专用线接车。接到专用线的到货通知后，应立即确定卸货货位，力求缩短场内搬运距离；组织好卸车所需要的机械、人员及有关资料，做好卸车准备。

车皮到达后，引导对位，进行检查。检查车皮封闭情况是否良好（即卡车、车窗、铅封、苫布等有无异状）；根据运单和有关资料核对到货品名、规格、标志和清点件数，检查包装是否损坏或有无散包；检查是否有进水、受潮或其他损坏现象。在检查中如发现异常情况，应请铁路部门派人员复查，做出普通或商务记录，记录内容与实际内容相符，以便减少交涉。

卸车时要注意为商品验收和入库保管提供便利条件，分清车号、品名和规格，不混不乱。保证包装完好，不碰坏、不碰伤，更不得自行打开包装。应根据物品的性质合理堆放，避免混淆。卸车后在商品上标明车号和卸车日期。

编制卸车记录。记明卸车货位规格、数量，连同有关证件和资料，尽快向保管员交代清楚，办好内部交接手续。

（3）仓库自行接货。仓库接受货主委托直接到供货单位提货时，应将这种接货与货主出货验收工作结合起来同时进行。仓储应根据提货通知，了解所提供货物的性能、规格、数量，准备好提货所需的机械、工具、人员，配备保管员在供方当场检验质量、清点数量，并做好验收记录，接货与验收合并一次完成。

（4）库内接货。存货单位或供货单位将商品直接运送到仓库储存时，应由保管员或验收人员直接与送货人员办理交接手续，当面验收并做好记录。若有差错，应填写记录，由送货人员签字证明，据此向有关部门提出索赔。

2）入库前的具体准备事项

（1）熟悉入库货物。仓储管理人员一定要认真查阅入库货物资料，必要时应向货主查询。掌握入库货物的品名、规格、数量、包装状态、单件体积、到库确切时间、货物堆放期、货物的物理化学特性、保管的特殊要求等。

（2）掌握仓库库场情况。了解在货物入库、保管期间仓库的库存、设备、人员的变动情况，目的是方便以后安排工作。必要时对仓库进行清查、整理、归位，以便腾出仓容。对于必须使用重型操作设备的货物，一定要确保可使用设备的货位。

（3）确定仓储计划。仓库业务部门根据货物情况、仓库情况及设备情况，制订出仓储计划，并将任务下达到各相应的作业单位、管理部门。

（4）妥善安排货位。仓库管理人员根据入库货物的性能、数量、类别，结合仓库分区分类保管的要求，核算货位大小，根据货位使用原则，妥善安排货位、验收场地，确定堆垛方法、苫垫方案等。

（5）合理组织人力。根据货物入库的数量和时间，安排好货物验收入库人员、搬运堆码人员及货物入库工作流程，确定各个工作环节所需要的人员和设备。

（6）做好货位准备。仓库保管人员应及时进行货位准备，彻底清洁货位，清除残留物，清理排水管道，必要时进行消毒、除虫、铺地。详细检查照明、通风等设备。

（7）准备好苫垫材料、作业用具。在货物入库前，根据所确定的苫垫方案，准备相应的材料，并组织苫垫铺设作业。将作业所需要的用具准备妥当，以便及时使用。

（8）验收准备。仓库理货人员根据货物情况和仓库管理制度，确定验收方法。准备好验收时点数、称量、测试、开箱装箱、丈量、移动照明等各项工作所需的工具。

（9）装卸搬运工艺设定。根据货物、货位、设备条件、人员等情况，科学合理地制定卸车搬运工艺，保证作业效率。

（10）文件单证准备。仓库保管人员对货物入库所需的各种报表、单证、记录簿，如入库记录、理货检查单、料卡、残损单等预填妥善，以便使用。

2．入库验收工作

1）商品入库验收

（1）验收准备。验收准备是货物入库验收的第一道程序，包括货位、验收设备和工具及人员的准备，要做好以下 5 个方面的准备工作，如图 6-15 所示。

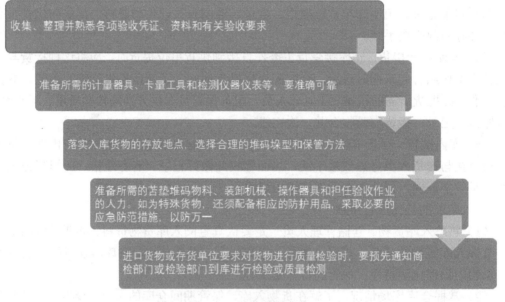

图 6-15　验收准备工作

（2）核对验收单证。核对证件需按下列 3 个方面的内容进行。

①审核验收依据，包括业务主管部门或货主提供的入库通知单。

②核对供货单位提供的验收凭证，包括质量保证书、装箱单、磅码单、说明书、保修卡及合格证等。

③核对承运单位提供的运输单证，包括提货通知单、货物残损情况的货运记录、普通记录和公路运输交接单等。在整理、核实、查对以上凭证时，如果发现证件不齐或不符等情况，要与货主、供货单位、承运单位和有关业务部门及时联系解决。

（3）确定抽验比例。抽验比例应首先以合同规定为准，合同没有规定时，确定抽验的比例一般应考虑以下因素。

①商品价值。商品价值高的，抽验比例大；反之则小。有些价值特别大的商品应全验。

②商品性质。商品性质不稳定的或质量易变化的，验收比例大；反之则小。

③气候条件。在雨季或梅雨季节怕潮商品抽验比例大，在冬季怕冻商品抽验比例大；

反之则小。

④运输方式和运输工具。对采用容易影响商品质量的运输方式和运输工具运送的商品，抽验比例大；反之则小。

⑤厂商信誉。信誉好的抽验比例小；反之则大。

⑥生产技术。生产技术水平高或通过流水线生产的商品，产品质量较稳定，抽验比例小；反之则大。

⑦储存时间。储存时间长的商品，抽验比例大；反之则小。

2）实物验收

实物验收包括内在质量、外观质量、数量、重量和精度验收。当商品入库交接后，应将商品置于待检区域，使仓库管理员及时进行外观质量、数量、重量及精度等验收，并进行质量送检。

（1）外观质量验收。外观质量验收的方法主要采用看、听、摸、嗅等各种感官检验方法。外观质量验收的内容包括外观包装完好情况、外观质量缺陷、外观质量受损情况，以及受潮、霉变和锈蚀情况等。

（2）数量验收。数量验收有如下方法。

①点件法。对商品逐件清点，一般适用于散装的或非定量包装的商品。

②抽验法。按一定比例开箱点件，适合批量大、定量包装的商品。

③检斤换算法。通过重量过磅换算该商品的数量，适合商品标准和包装标准的情况。

（3）重量验收。重量验收有如下方法。

①检斤验收法。适合非定量包装的、无码单的商品。其计算公式如下

$$实际磅差率 = \frac{实收重量 - 应收重量}{应收重量} \times 100\%$$

$$索赔重量 = 应收重量 - 实收重量$$

②抄码复衡抽验法。适用于定量包装并附有码单的商品。其计算公式如下

$$抽验磅验收率 = (\Sigma 抽验重量 - \Sigma 抄码重量) / \Sigma 抄码重量 \times 100\%$$

③除皮核实法。核对结果未超过允许差错率，即可依其数值计算净重。

④理论换算法。适合定尺长度的金属材料、塑料管材等。

⑤整车复衡法。适合散装的块状、粒状或粉状的商品。

（4）精度验收。精度验收包括仪器仪表精度检验和金属材料尺寸精度检验两个方面。商品验收过程中发现的问题及处理方法如表6-1所示。

表6-1 商品验收中发现的问题及处理方法

验收中的问题	处 理 方 法
数量不准	数量短缺在磅差允许范围内的，可按原数入账；凡超过规定磅差范围的，应查对核实验收记录和磅码单交主管部门会同货主向供货单位办理交涉。凡实际数量多于原发料单位的，可由主管部门向供货单位退回多发数，或补发货款

续表

验收中的问题	处理方法
质量不符合要求	对于不符合质量要求的，一定要退换，绝不能入库
证件不齐全	该类到库商品应作为待检商品处理，堆放在待检区，待证件齐全后再进行验收。证件未齐全之前，不能验收，不能入库，更不能发料
单证不符	商品待处理，不得动用
商品未按时到库	有关证件已到库，但在规定的时间商品未到库，应及时向货主查询
价格不符	应按合同规定价格承付，对多收部分应予拒付。如果是总额计算错误，应通知货主及时更改
商品在入库前已有部分残损短缺	有商务记录或普通记录等证件者，可按实际情况查对证件记录是否准确，在记录范围内者，按实际验收情况填写验收记录；在记录范围以外或无运输部门记录时，应查明责任。其残损情况从外观上发现，但在接运时尚未发现而造成无法追赔损失时，应由仓库接运部门负责；外观良好，内部残损时，应做出验收记录，与供货方交涉处理
发错货	如发现无进货合同或进货依据，但运输单据上表明本库为收货人的商品，仓库收货后应及时查找该货的产权部门，并主动与发货人联系，询问该货的来龙去脉，查清前将该批货物视为待处理货物，不得动用。依其现状做好记载，待查清后做出处理
对外索赔	需要对外索赔的商品，应由商检局检验出证，对经检验提出退货、换货的商品应妥善保管，并保留好商品原包装，供商检局复验

3．入库手续的办理

商品检验合格，即应办理入库手续，进行登账、立卡、建档，这是商品验收入库的最后环节。经过验收合格的物资，由仓库验收员整理有关资料证书，交给保管机构，并做出交代，可以正式入库保管。物资一经入库，就必须办理登账、立卡、建档等一系列入库手续。

1）登账

商品入库登账，要建立详细说明库存商品进出和结存的保管明细账，用以记录库存商品的动态，并为对账提供主要依据。登账应遵循以下规则。

①登账必须以正式合法的凭证为依据，如入库单、出库单等。

②一律使用蓝、黑墨水笔登账，用红墨水笔冲账。当发现登账错误时，不得刮擦、挖补、涂抹或用其他药水更改字迹，应在错处画一条红线，表示注销，然后在其上方填上正确的文字或数字，并在更改处加盖更改者的印章，红线画过后的原来字迹必须仍可辨认。

③记账应连续、完整，依日期顺序，不能隔行、跳页，账页应依次编号，年末结存后转入新账，旧账页入档妥善保管。

④记账时，其数字书写应占空格的 2/3 空间，便于改错。

2）立卡

货物的料卡如表 6-2 所示。

表 6-2 货物的料卡

货物名称	
货物编号	
入库时间	
规格与等级	
单价	
入库数量	
出库数量	
结存余数	
储存位置	
备注	

每次物资入库码垛时，即应按入库单所列内容填写卡片，发货时应按出库凭证随发随销货卡上的数字，以防事后漏记。卡片式样根据物资存放地点不同而不同，存放在库房内的物资一般挂纸卡或塑料卡。存放在露天的物资，为防止卡片丢失或损坏，通常装在塑料袋中或放在特制的盒子里，然后再挂在垛位上，也可用油漆写在铁牌上。

3）建档

（1）商品档案应一物一档。存档资料包括如下内容，如图 6-16 所示。

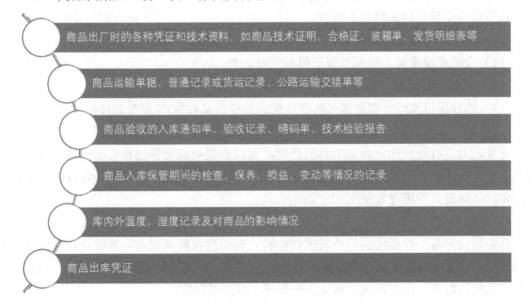

图 6-16 存档资料内容

（2）商品档案应统一编号，妥善保管。商品档案部分资料的保管期限，根据实际情况酌定。其中有些资料，如库区气候资料、商品储存保管的试验资料，应长期保留。

6.3.2 商品在库

货物经检验合格入库后就进入了仓库保管阶段。货物保管主要是指对货物进行合理的保存和经济的管理，将货物存放在合适的仓库位置。卖家需要对仓库存储空间进行规划，为货物提供良好的保管环境和条件。保管业务主要包括理货、商品的储存位置安排、商品储存编码等各项工作。

1．理货

仓库理货是指仓库在接受入库货物时，根据入仓单、运输单据、仓储合同和仓储规章制度，对货物进行清点数量、检查外表质量、分类分拣、数量接收的交接工作。

1）清点货物件数

对于件装货物，包括有包装的货物、裸装货物、捆扎货物，根据合同约定的计数方法，点算完整货物的件数。如果合同没有约定，则仅限于点算运输包装件数（又称大数点收）。合同约定计件方法为约定细数及需要在仓库拆除包装的货物，则需要点算最小独立（装潢包装）的件数，包括捆内细数、箱内小件数等。对于需要同时确定件数和单重的货物，一般只点算运输包装件数。

2）查验货物单重

货物单重是指每一运输包装的货物重量，一般通过称重的方式核定，按照数量检验方法，确定称重程度。

3）查验货物重量

查验货物重量可以采用如下方法。

（1）衡量单件重量，则总重等于所有单件重量之和。

（2）分批衡量重量，则总重等于每批重量之和。

（3）入库车辆衡重，则总重=总重车重量-总空车重量。

（4）抽样衡量重量，则总重=(抽样总重／抽样样品件数)×整批总件数。

（5）抽样重量核定，误差在1%以内，则总重=货物单件标重×整批总件数。

此外，对设有连续法定计量工具的仓库，可以直接用该设备进行自动衡重。连续计量设备主要有轨道衡、定量灌包器、流量计等。连续计量设备必须经国家计量行政管理部门检验发证（审证）方可有效使用。

4）检验货物表面状态

理货时应对每一件货物进行外表感官检验，查验货物外表状态，接收货物外表状态良好的货物。外表检验是根据仓库基本质量的检验要求，确定货物有无包装破损、内容损坏、变质、油污、散落、标志不当、结块、变形等不良质量状况。

5）剔除残损

在理货时发现货物外表状况不良，或者怀疑内容损坏等，应将不良货物剔出，单独存放，避免与其他正常货物混淆。待理货工作结束后再进行质量确定，确定内容有无受损及受损程度。对不良货物可以采取退货、修理、重新包装等措施，或者制作残损报告，以便明确划分责任。

6）货物分拣

仓库原则上采取分货种、分规格、分批次的方式储存货物，以保证仓储质量。对于同时入库的多品种、多规格货物，仓库有义务进行分拣、分类、分储。理货工作就是要进行货物确认和分拣作业。对于仓储委托的特殊分拣作业，如对外表分颜色、分尺码等，也应在理货时进行，以便分存。需开包进行内容分拣时，则需要独立进行作业。

7）安排货位、指挥作业

由理货人员进行卸车、搬运、垛码作业指挥。根据货物质量检验的需要，指定检验货位，或者无须进一步检验的货物，直接确定存放位置。要求作业人员按照预定的堆垛方案堆码货或者上架。对货垛需要的垫垛、堆垛完毕的苫盖，指挥作业人员按要求进行。作业完毕，要求作业人员清扫运输、搬运、作业现场，收集地脚货物。

8）处理现场事故

对于在理货中发现的货物残损，不能退回的，仓库只能接受，但要制作残损记录，并由送货人、承运人签署确认。对作业中发生的损工事故，也应制作事故报告，由事故责任人签署。

9）办理交接

由理货人员与送货人、承运人办理货物交接手续，接收随货单证、文件，填制收费单据，代表仓库签署单证，提供单证由对方签署等。

2．商品的储存位置安排

在确定货物存放地点时，应注意对货物进行分区存放，以确保货物的储存安全。同时，还应便于检查和取货。按照作业性质，仓库可以分为预备货区、保管货区、动管货区和移动货区4个货区，其中进货作业和发货作业在预备货区，入库作业在保管货区，拣货作业在动管货区，配送作业在移动货区。

1）预备货区

在预备货区，管理的内容包括对货物进行标志、分类，依据实际情况，将货物整齐地存放在货位上。要突出"暂存"的作业特点。因此，货位要明确，货物流通要通畅，以缩短寻货、送货的时间。预备货区的管理一般采用目视和颜色管理相结合的方式。例如，在进货暂存区，货物进入暂存区前应先分类，根据划分的暂存区域，配合标志记录看板，把货物配置到指定的暂存区货位。而对发货作业，每一车或每一区域路线的待发货物必须排放整齐并加以区分隔离，安置在事先划分好的货位上，再配合看板上的标志，并按照发货单所示，依序点收货上车。

2）保管货区

以下为保管货区的作业要点。

（1）保管货区只存放验好的货物，因此待验与验好的货物在储存前应区分清楚。

（2）盘点作业应在各货区中分别进行，保管货区货物量大、品种多，应考虑到便利性。

（3）货位及货架位置应视实际情况适时并能方便地调整。

（4）应依据入库单，迅速接收预备货区的货物。在需要时，依据补货单补货到动管货区。

（5）保管货区要注重颜色管理、目视管理和看板管理，保证货物实现分类储存、分区储存、标志清楚、谨防混淆。

（6）根据货物特性，采用相应的货位方式。

（7）为保证货物的时效性，收发货物应遵循先进先出的原则。周转率高的货物应靠近通道放置。

（8）做好安全防范措施。

3）动管货区

拣选作业所使用的区域为动管区域，特点是货物大多数在短期内被拣取，货物流动频率很高。动管货区常常采用货物标志、位置指示及拣货设备相结合的管理方法，以达到缩短拣货时间、距离及降低拣错率的目的。

4）移动货区

在移动货区管理中，应做到合理安排车辆排序，优化车辆行驶路线；车内应预留一定空间，以便货物在车上的搬动及人员的站位。

3．商品储存编码

1）商品编码

商品编码就是对商品按照不同标准进行有序编排，并用简明文字、符号或数字来代替商品的"名称""类别"。为了保证仓储作业准确、迅速地进行，必须对商品进行清楚有效地编码。当商品的种类很多时，若不进行商品编码就容易出现管理混乱，特别是实现计算机管理后，商品编码必不可少。

知识链接

商品可以怎么编码呢？

2）商品的货位编码

（1）货位编码的方法。为了使存取工作顺利进行，必须对货位进行编码。货位编码好比货物的地址，当有了相应的地址存取时才能迅速而准确。常见的货位编码方法有如下几种。

①区段法。这种方法是以区段为单位，每个号码代表不同的储区。这种方法适用于单位化货品和大量保管期短的货品。区域大小根据物流量大小而定，进出暂存区的货位编码可采用区段法。

②品项群法。把一些相关性商品经过集合后，区分成几个品项群，再对每个品项群进行编码。这种方式适用于容易按商品群保管的场合和品牌差距大的货品，如服饰群、五金群、食品群。

③地址法。利用保管区中现成的参考单位，如建筑物第几栋、区段、排、行、层、格等，按相关顺序编码，如同邮政地址的区、胡同、号。较常用的编号方法是"四号定位法"。"四号定位法"采用四个数字号码对库房（货场）、货架（货区）、层次（排次）、货位（垛位）进行统一编号。例如，5-3-2-11就是指5号库房、3号货架、第2层、11号货位。

④坐标法。利用 X、Y、Z 空间坐标对货位进行编码。这种编码方式直接对每个货位进行定位，在管理上比较复杂，适用于流通率很小且存放时间长的物品。

（2）货位编码的作用。货位编码的作用如图6-17所示。

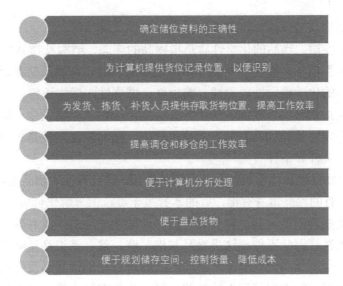

图 6-17　货位编码的作用

4．商品的保管与养护

1）影响库存物变化的因素

物品发生变化是由一定因素引起的。为了保养好物品，确保物品安全，必须找出变化原因，掌握物品变化的规律。通常引起物品变化的因素有内因和外因两种：内因决定了物品变化的可能性和程度，外因是引起这些变化的条件。

（1）内因。物品本身的组成成分、分子结构及其物理性质、化学性质和机械性质，决定了其在储存期发生损耗的可能程度。通常情况下，有机物比无机物易发生变化，无机物中的单质比化合物易发生变化，固态物品比液态物品稳定且易保存保管，液态物品又比气态物品稳定并易保存保管；化学性质稳定的物品不易变化，不易产生污染；吸湿性、挥发性、导热性都差的物品不易变化；机械强度高、韧性好、加工精密的物品易保管。

①物品的物理性质。物品的物理性质主要包括物品的吸湿性、导热性、耐热性、透气性和透水性等。

吸湿性是指物品吸收和放出水分的特性。物品吸湿性的大小和吸湿速度的快慢直接影响该物品含水量的增减，对物品质量的影响极大。

导热性是指物体传递热能的性质。物品的导热性与其成分和组织结构有密切关系，物品结构不同，其导热性也不一样。同时，物品表面的色泽与其导热性也有一定的关系。

耐热性是指物品耐温度变化而不致被破坏或显著降低强度的性质。物品的耐热性，除与其成分、结构和不均匀性有关外，还与其导热性、膨胀系数有密切关系。导热性大而膨胀系数小的物品，其耐热性良好；反之则差。

物品能被水蒸气透过的性质称为透气性；物品能被水透过的性质叫作透水性。这两种性质在本质上都是指水的透过性能。物品透气性、透水性的大小主要取决于物品的组织结构和化学成分。结构松弛、化学成分含有亲水基团的物品，其透气性、透水性都强。

②物品的机械性质。物品的机械性质是指物品的形态、结构在外力作用下的反应。物品的这种性质与其质量关系极为密切，是体现适用性、坚固耐久性和外观的重要内容。物

品的机械性质包括物品的弹性、可塑性、强力、韧性、脆性等。

③物品的化学性质。物品的化学性质是指物品的形态、结构及物品在光、热、氧、酸、碱、温度、湿度等作用下，发生改变物品本质现象的性质。与物品储存紧密相关的物品的化学性质包括物品的化学稳定性、毒性、腐蚀性、燃烧性、爆炸性等。

化学稳定性是指物品受外界因素作用，在一定范围内，不易发生分解、氧化或其他变化的性质。化学稳定性差的物品容易丧失使用性能。物品的稳定性是相对的，稳定性的大小与其成分、结构及外界条件有关。

毒性是指某些物品能破坏有机体生理功能的性质。具有毒性的物品主要是用作医药、农药及化工物品等。有的物品本身有毒，有的本身虽无毒，但分解化合后，产生有毒成分等。

腐蚀性是指某些物品能对其他物质发生破坏性的化学性质。具有腐蚀性的物品，本身具有氧化性和吸水性，因此不能把这类物品与棉、麻、丝、毛织品及纸张、皮革制品等同仓储存，也不能与金属制品同仓储存。例如，盐酸可以与钢铁制品发生反应，使其遭受破坏；烧碱能腐蚀皮革、纤维制品和人的皮肤；漂白粉具有氧化性，能破坏一些有机物；石灰有强吸水性和发热性，能灼热皮肤和刺激呼吸器官；等等。因此，在保管时要根据物品不同的性质，选择储存场所，安全保管。

燃烧性是指有些物品性质活泼，发生剧烈化学反应时常伴有放热和发光的性质。具有这一性质的物品被称为易燃物品。常见的易燃物品有红磷、火柴、松香、汽油、柴油、乙醇、丙酮等低分子有机物。易燃物品在储存中应该特别注意防火。

爆炸性是物质由一种状态迅速转变为另一种状态，并在瞬息间以机械功的形式放出大量能量的现象。易发生爆炸的物品要专库储存，并应有严格的管理制度和办法。

④物品的化学成分。物品分为无机成分的物品和有机成分的物品。无机成分物品的构成成分中不含碳，但包括碳的氧化物、碳酸及碳酸盐，如化肥、部分农药、搪瓷、玻璃、五金及部分化工物品等。有机成分物品的构成成分中含有碳，但不包括碳的氧化物、碳酸与碳酸盐。有机成分的物品包括棉、毛、丝、麻及其制品，化纤、塑料、橡胶制品、石油产品、有机农药、有机化肥、皮革、纸张及其制品，蔬菜、水果等。这类物品中有的是化合物，有的是混合物。

⑤物品的结构。物品的种类繁多，各种物品又有各种不同形态的结构，所以要求采用不同的包装物。如气态物品，分子运动快、间距大，多用钢瓶盛装，其形态随盛器而变；液态物品，分子运动比气态慢，间距比气态小，其形态随盛器而变；只有固态物品有一定外形。物品形态各异，概括起来，可分为外观形态和内部结构两大类。

物品的外观形态多种多样，所以在保管时应根据其体形结构合理安排仓容，科学堆码，以保证物品质量的完好。物品的内部结构即构成物品原材料的成分结构，是肉眼看不到的，必须借助各种仪器进行分析观察。物品的微观结构对物品性质往往影响极大。

普通仓库温度控制的原因是什么？

需要注意的是，影响物品发生质量变化的内在因素之间是相互联系、相互影响的统一整体，工作中绝不能孤立对待。

（2）外因。物品储存期间的变化与储存的外界因素也有密切关系。这些外界因素主要包括自然因素、人为因素和储存期。

①自然因素。自然因素主要指温度、湿度、有害气体、日光、尘土、杂物、虫鼠雀害、自然灾害等，具体内容如表 6-3 所示。

表 6-3　自然因素具体内容

温度	除冷暖库外，仓库的温度直接受天气温度的影响，库存物品的温度也随天气温度同步变化。一般来说，绝大多数物品在常温下能保持正常状态。大部分物品对温度的适应有一定范围。低沸点的物品，在高温下易挥发；低熔点的物品，温度高时易熔化变形；具有自燃性的物品，在高温下因氧化反应而放出大量的热，当热量聚积不散时，导致自燃发生；温度过低，也会对某些物品造成损害
湿度	不同物品对环境湿度（相对湿度）的要求有很大差别。霉菌、微生物和蛀虫在适宜的温度和相对湿度高于 60%时繁殖迅速，可在短时期内使棉毛丝制品、木材、皮革、食品等霉变、腐烂。具有吸湿性的物品，在湿度较大的环境中会结块。绝大多数金属制品、电线、仪表等在相对湿度达到或超过 80%时锈蚀速度加剧。但是，某些物品的储存环境要求保持一定的潮湿度，如木器、竹器及藤制品等，其在相对湿度低于 50%的环境中会因失水而变形开裂，但是当相对湿度大于 80%时又容易霉变。纯净的潮湿空气对物品的影响不大，尤其是对金属材料及制品，但如果空气中含有有害气体，即使相对湿度刚达到 60%，金属材料及其制品也会迅速锈蚀
有害气体	大气中的有害气体主要来自燃料，如煤、石油、天然气等燃料燃烧排放的废气，主要是一氧化碳、二氧化硫、硫化氢等气体。物品储存在有害气体浓度大的空气中，其质量变化明显。例如，二氧化硫气体溶解度很大，溶于水中能生成亚硫酸，当它遇到含水量较大的物品时，能强烈地腐蚀物品中的有机物及金属。当空气中含有 0.01%的二氧化硫时，能使金属锈蚀加快，使皮革、纸张、纤维制品脆化。目前，主要通过改进和维护物品包装或物品表面涂油、涂蜡等方法，减少有害气体对物品质量的影响
日光、尘土、杂物、虫鼠雀害等	适当的日光可以去除物品表面或体内多余的水分，也可抑制微生物等的生长。但长时间在日光下曝晒会使物品或包装物出现开裂、变形、变色、褪色、失去弹性等现象。尘土、杂物能加速金属锈蚀，影响精密仪器仪表和机电设备的精密度和灵敏度；虫、鼠、雀不仅能毁坏物品和仓库建筑，还会污染物品
自然灾害	自然灾害主要有雷击、暴雨、洪水、地震、台风等

②人为因素。人为因素是指人们未按物品自身特性的要求或未认真按有关规定和要求作业，甚至违反操作规范而使物品受到损害和损失的情况，具体内容如表 6-4 所示。

表 6-4　人为因素具体内容

保管场所选择不合理	由于物品自身理化性质的差异，不同库存物在储存期要求的保管条件不同，因此对不同库存物应结合当地的自然条件选择合理的保管场所。一般条件下，普通的黑色金属材料、大部分建筑材料和集装箱可在露天货场储存；怕雨雪侵蚀、阳光照射的物品宜放在普通库房及货棚中储存；要求一定温湿度条件的物品应存放在冷藏、冷冻、恒温、恒湿库房中；易燃、易爆、有毒、有腐蚀性危险的物品必须存放在特种仓库中

续表

包装不合理	为了防止物品在储运过程中受到可能的冲击、压缩等外力而被破坏，应对库存物进行适当的捆扎和包装，如果捆扎不牢，将会造成倒垛、散包，使物品丢失和损坏。某些包装材料选择不当不仅起不到保护作用，还会加速库存物受潮变质或受污染霉烂
装卸搬运不合理	装卸搬运活动贯穿于仓储作业过程的始终，是一项技术性很强的工作，各种物品的装卸搬运均有严格规定，如平板玻璃必须立放挤紧捆绑，大件设备必须在重心点吊装，胶合板不可直接用钢丝绳吊装等
堆码苫垫不合理	垛形选择不当、堆码超高超重、不同物品混码、需苫盖而没有苫盖或苫盖方式不对都会导致库存物损坏变质
违章作业	在库区违章明火作业、烧荒、吸烟会引起火灾，造成更大的损失，带来更大的危害

③储存期。物品在仓库中停留的时间越长，受外界因素影响发生变化的可能性就越大，发生变化的程度也越深。物品储存期的长短主要受采购计划、供应计划、市场供求变动、技术更新，甚至金融危机等因素的影响，因此仓库应坚持先进先出的发货原则，定期盘点，将接近保存期限的物品及时处理，落后产品或接近淘汰的产品应限制入库或随进随出。

2）货物的保管保养措施

对库存物品进行保管保养不仅是一个技术问题，更是一个综合管理问题。由于准时制生产方式的广泛运用，库存的时间在不断缩短，现代仓库管理的重点也从静态管理转变为动态管理。再加上现代物流技术不断提高，物品养护技术也不断简单化，因此制定必要的管理制度和操作规则并严格执行显得尤为重要。

（1）仓库作业过程管理措施。"以防为主、防治结合"是保管保养的核心，要特别重视物品损害的预防，及时发现和消除事故隐患，防止损害事故的发生。特别要预防发生爆炸、火灾、水浸、污染等恶性事故和造成大规模损害事故。在发生、发现损害现象时，要及时采取有效措施，防止损害扩大，减少损失。

货物的保管保养措施主要包括：经常对物品进行检查测试，及时发现异常情况；合理通风；控制阳光照射；防止雨雪水浸湿物品，及时排水除湿；除虫灭鼠；妥善控制湿度、温度；防止货垛倒塌；防霉除霉，剔出变质物品；对特殊物品采取有针对性的保管措施；等等。

这些措施具体体现在以下几个方面的工作中。

①严格验收入库物品。要防止物品在储存期间发生各种不应有的变化，首先在物品入库时要严格验收，弄清物品及其包装的质量状况。对吸湿性物品要检测其含水量是否超过安全水平，对其他有异常情况的物品要查清原因，针对具体情况进行处理和采取救治措施，做到防微杜渐。

②适当安排储存场所。由于不同物品的性能不同，所以对保管条件的要求也不同，分区分类，合理安排储存场所是物品养护工作的一个重要环节。如怕潮湿和易霉变、易生锈的物品，应存放在较干燥的库房里；怕热易溶化、发黏、挥发、变质或易发生燃烧、爆炸的物品，应存放在温度较低的阴凉场所；一些既怕热又怕冻，且需要较大湿度的物品，应存放在冬暖夏凉的楼下库房或地窖里。此外，性能相互抵触或易串味儿的物品不能在同一

库房混存，以免相互产生不良影响。尤其对于危险化学物品，要严格按照有关部门的规定，分区分类安排储存地点。

③科学进行堆码苫垫。阳光、雨雪、地面潮气对物品质量影响很大，要切实做好货垛苫盖和货垛垛下苫垫隔潮工作，如利用石块、枕木、垫板、苇席、油毡或采用其他防潮措施。存放在货场的物品，货区四周要有排水沟，以防积水流入垛下，货垛周围要遮盖严密，以防雨淋日晒。

货垛的垛形与高度应根据各种物品的性能和包装材料，结合季节气候等情况妥善堆码。含水率较高的易霉物品，热天应码通风垛。容易渗漏的物品，应码间隔式的行列垛。

④控制好仓库的温度、湿度。应根据库存物品的保管保养要求，适时采取密封、通风、吸潮和其他控制与调节温度、湿度的办法，力求把仓库温度、湿度保持在适应物品储存的范围内。

⑤定期进行物品在库检查。由于仓库中保管的物品性质各异、品种繁多、规格型号复杂、进出库业务活动每天都在进行，而对每次物品进出库业务都要检斤计量或清点件数，加之物品受周围环境因素的影响，使物品可能发生数量或质量上的损失，对库存物品和仓储工作进行定期或不定期的盘点和检查非常必要。

⑥搞好仓库清洁卫生。储存环境不清洁，易引起微生物、虫类寄生繁殖，危害物品。因此，对仓库内外环境应经常清扫，彻底铲除仓库周围的杂草、垃圾等，必要时使用药剂杀灭微生物和潜伏的害虫。对容易遭受虫蛀、鼠咬的物品，要根据物品性能和虫、鼠生活习性及危害途径，及时采取有效的防治措施。

（2）仓库温度、湿度控制的方法。

①通风。通风是指根据大气自然流动的规律，有计划、有目的地组织库内外空气的对流与交换的重要手段，是调节库内温度、湿度，净化库内空气的有效措施。按通风动力，仓库通风可分为自然通风和强迫通风两种方式。

②密封。密封是指将储存物品的一定空间使用密封材料尽可能严密地封闭起来，使之与周围大气隔离，防止或减弱自然因素对物品的不良影响，创造适宜的保管条件。密封主要是为了防潮，但同时也能起到防锈蚀、防霉、防虫、防热、防冻、防老化等综合效果。所谓密封是相对的，不可能达到绝对严密的程度。

③除湿。空气除湿是利用物理或化学的方法，将空气中的水分除去，以降低空气湿度的一种有效方法。除湿的方法主要有：利用冷却法使水汽在露点温度下凝结分离；利用压缩法提高水汽压，使之超过饱和点成为水滴而被分离出去；使用吸附剂吸收空气中的水分。

④空气调节自动化。它是借助自动化装置，使空气调节过程在不同程度上自动地进行，其中包括空调系统中若干参数的自动测量、自动报警和自动调节等。

为了保证保管质量，除了温度、湿度、通风控制，仓库应根据物品的特性采取相应的保管措施。如对物品涂刷保护涂料、除锈、加固、封包、密封等，发现虫害及时杀虫，释放防霉药剂等针对性保护措施。必要时采取转仓处理，将物品转入具有特殊保护条件的仓库，如冷藏等。

5. 商品储存中的盘点作业

商品在储存过程中，因其本身性质、自然条件的影响、计量工具的合理误差，或人为的原因，易造成商品数量和质量的变化。为及时了解和掌握商品在储存过程中的变化，需要进行定期盘点。盘点作业的程序如下。

1）准备工作

盘点作业前的准备工作十分重要，具体要做好如下工作，如图6-18所示。

图6-18　盘点作业前的准备工作

2）确定盘点时间

视物品性质确定周期。例如，A类重要物品，每周或每月盘点一次；B类物品，每季度盘点一次；C类物品，一般半年盘点一次。

3）确定盘点方法

（1）动态盘点法。动态盘点法是对有变动的商品，即发生过收入、发出的商品，及时核对该批商品余额是否与账、卡相符的一种方法。该方法有利于及时发现差错并处理。

（2）循环盘点法。循环盘点法是指每天、每周按顺序分部分地进行盘点，到了月末或期末每项商品至少完成一次盘点的方法。采用循环盘点法时，日常业务照常进行，按照顺序每天盘点一部分。其优点是所需时间和人员都比较少，发现差错后很容易及时查明原因，也可及时修正，节约费用。

（3）期末盘点法。期末盘点法是指在期末一起清点所有商品数量的方法。期末盘点必须关闭仓库对商品进行全面性清点。其优点是对商品的核对十分方便和准确，可减少盘点中的不少错误，简化存货的日常核算工作。缺点是关闭仓库、停止业务会造成损失，并且有大量员工从事盘点工作，加大了期末的工作量，不能随时反映存货收入、发出和结存的动态，不便于管理人员掌握情况，容易掩盖存货管理中存在的自然和人为损失，不能随时结转成本。

6.3.3　商品出库

出库过程管理是指仓库人员按照货主的调拨出库凭证或发货凭证（提货单、调拨单）所注明的货物名称、型号、规格、数量、收货单位、接货方式等条件进行的核对凭证、备料、复核、点交、发放等一系列作业和业务管理活动。

仓库必须建立严格的商品出库和发运程序，严格遵循"先进先出，推陈出新"的原则，尽量一次完成，防止出现差错。需托运商品的包装还要符合运输部门的要求。

1．商品出库的依据

出库功能必须由货主的出库通知或请求驱动。在任何情况下，仓库都不得擅自动用、变相动用或者外借货主的库存。

货主的出库通知或出库请求的格式不尽相同，不论采用何种形式，都必须符合财务制度要求并持有法律效力的凭证，要坚决杜绝凭信誉或无正式手续的出库。

2．商品出库的要求

商品出库要求须做到"三不三核五检查"。"三不"，即未接单据不翻账、未经审单不备库、未经复核不出库；"三核"，即在发货时，要核实凭证、核对账卡、核对实物；"五检查"，即对单据和实物要进行品名检查、规格检查、包装检查、件数检查、重量检查。商品出库要求应严格执行各项规章制度，提高服务质量，积极与货主联系，为货主提货创造便利条件。

3．商品出库的方式

出库方式是指仓库采用何种方式将货物交付货主。选用哪种方式出库，要根据具体条件，由供需双方事先商定。

1）送货

送货是指仓库根据货主单位的出库通知或出库请求，通过发货作业把应发商品交由运输部门送达收货单位或使用仓库自有车辆把商品运送到收货地点。仓库实行送货具有多方面的好处：仓库可预先安排作业，缩短发货时间；收货单位可避免因人力、车辆等不便而发生的取货困难；在运输上，可合理使用运输工具，减少运费。

2）收货人自提

收货人自提是指由收货人或其代理人持取货凭证直接到库取货，仓库凭单发货。提货人与仓库发货人应在仓库现场划清交接责任，当面交接并办理签收手续。

3）过户

过户是一种就地划拨的形式，商品实物并未出库，但是所有权已从原货主转移到新货主的账户中。仓库必须根据原货主开出的正式过户凭证办理过户手续。

4）取样

货主由于商检或样品陈列等需要，到仓库提取货样（通常要开箱拆包、分割抽取样本），仓库必须根据正式取样凭证发出样品并做好账务记录。

5）转仓

转仓是指货主为了业务方便或改变储存条件，将某批库存自甲库转移到乙库。仓库必须根据货主单位开出的正式转仓单，办理转仓手续。

4．商品出库前的准备工作和出库程序

1）出库前的准备工作

（1）计划工作，即根据货主提出的出库计划或出库请求，预先做好商品出库的各项安

排，包括货位、机械设备、工具和工作人员，提高人、财、物的利用率。

（2）做好出库商品的包装和标记。发往异地的货物，需经过长途运输的，包装必须符合运输部门的规定，如捆扎包装、容器包装等。如果是成套机械、器材发往异地，事先必须做好货物的清理、装箱和编号工作，在包装上挂签（贴签）、书写编号和发运标记（去向），以免错发或混发。

2）出库程序

（1）核单备料。如属自提商品，首先要审核提货凭证的合法性和真实性，其次核对品名、型号、规格、单价、数量、收货单位、有效期等。

出库商品应附有质量证明书或副本、磅码单、装箱单等，机电设备、电子产品等物品，其说明书及合格证应随货同付。备料时应本着"先进先出、推陈出新"的原则，易霉易坏的先出，接近失效期的先出。备货过程中，凡计重货物，一般以入库验收时标明的重量为准，不再重新计重，需分割拆捆的应根据情况进行拆捆或分割。

（2）复核。为了保证出库商品不出差错，备货后应进行复核。出库的复核形式主要有专职复核、交叉复核和环环复核3种。此外，在发货作业的各道环节上，都贯穿着复核工作。例如，理货员核对单货，守护员（门卫）凭票放行，账务员（保管会计）核对账单（票）等。这些分散的复核形式可起到分头把关的作用，有助于提高仓库发货业务的工作质量。

复核的内容包括：品名、型号、规格、数量是否同出库单一致，配套是否齐全，技术证件是否齐全，外观质量和包装是否完好。只有加强出库的复核工作，才能防止错发、漏发、重发等事故的发生，确保出库商品数量准确、质量完好。

（3）包装。出库商品的包装必须完整、牢固，标记必须正确清楚，如有破损、潮湿、捆扎松散等不能保障运输中安全的，应加固整理，破包破箱不得出库。各类包装容器上若有水渍、油迹、污损，也均不能出库。

出库商品如需托运，包装必须符合运输部门的要求，选用适宜的包装材料，其重量和尺寸要便于装卸和搬运，以保证货物在途的安全。包装时，严禁互相影响或性能互相抵触的物品混合包装。包装后，要写明收货单位、到站、发货号、本批总件数、发货单位等。

（4）点交。出库商品经过复核和包装后，需要托运和送货的，应由仓库保管机构移交调运机构；属于用户自提的，则由保管机构按出库凭证向提货人当面交清。

（5）登账。点交后，保管人员应在出库单上填写实发数、发货日期等内容并签名，然后将出库单连同有关证件资料，及时交给货主，以便货主办理货款结算手续。

（6）现场和档案的清理。经过出库的一系列程序之后，实物、账目和库存档案等都发生了变化。应对现场和档案进行彻底清理，使保管工作重新趋于账、物、资金相符的状态。

5. 商品出库过程中出现问题的处理

出库过程中会出现各种各样的问题，应分别进行妥善处理。

1）出库凭证（提货单）的问题

（1）凡出库凭证超过提货期限，客户前来提货，必须先办理手续，按规定缴足逾期仓储保管费，然后方可发货。任何非正式凭证都不能作为发货凭证。提货时，客户发现规格开错，保管人员不得自行调换规格发货。

（2）凡发现出库凭证有疑点，以及出库凭证发现有假冒、复制、涂改等情况时，应及时与仓库保卫部门及出具出库单的单位或部门联系，妥善处理。

（3）商品进库未验收，或者期货未进库的出库凭证，一般暂缓发货，并通知货主，待货到并验收后再发货，提货期顺延。

（4）如客户基于各种原因将出库凭证遗失，客户应及时与仓库发货员和账务人员联系挂失。如果挂失时货已被提走，保管人员不承担责任，但要协助货主单位找回商品。如果货还没有被提走，经保管人员和账务人员查实后，做好挂失登记，将原凭证作废，缓期发货。

2）提货数与实存数不符

有时会出现提货数量与商品实存数不符的情况，一般是实存数小于提货数。造成这种问题的原因主要有如下几种。

（1）商品入库时，由于验收问题，增加了实收商品的签收数量，从而造成账面数大于实存数。

（2）仓库保管人员和发货人员在以前的发货过程中，因错发、串发等差错而形成实际商品库存量小于账面数。

（3）货主单位没有及时核减开出的提货数，造成库存账面大于实际储存数，从而使开出的提货单提货数量过大。

（4）仓储过程中造成了货物的毁损。

当遇到提货数量大于实际商品库存数量时，无论是何种原因造成的，都需要和仓库主管部门及货主单位及时联系后再做处理。

3）串发货和错发货

所谓串发货和错发货，是指发货人员由于对物品种类规格不熟悉，工作中出现疏漏，把错误规格、数量的商品发出库的情况。

如果商品尚未离库，应立即组织人力，重新发货。如果商品已经离开仓库，保管人员应及时向主管部门和货主通报串发货和错发货的品名、规格、数量、提货单位等情况，会同货主单位和运输单位共同协商解决。一般在无直接经济损失的情况下由货主单位重新按实际发货数冲单（票）解决。如果形成直接经济损失，应按赔偿损失单据冲转调整保管账。

4）包装破漏

包装破漏是指在发货过程中，因商品外包装破损引起的渗漏等问题。这类问题主要是在储存过程中因堆垛挤压、发货装卸操作不慎等情况引起的，发货时应经过整理或更换包装，方可出库，否则造成的损失应由仓储部门承担。

5）漏记账和错记账

漏记账是指在出库作业中，由于没有及时核销明细账而造成账面数量大于或小于实存数的现象。错记账是指在商品出库后核销明细账时没有按实际发货出库的商品名称、数量等登记，从而造成账实不符的情况。

6.3.4 商品包装

1. 包装的含义

国家标准《包装术语第 1 部分：基础》中将包装定义为：为在流通过程中保护产品，

方便储运，促进销售，按一定技术方法而采用的容器、材料及辅助物等的总体名称，也指为了达到上述目的而采用容器、材料和辅助物的过程中施加一定方法等的操作活动。

商品包装是指对商品实施装箱、装盒、装袋、包裹、捆扎等活动。也可以说，商品包装有两方面含义：其一，包装是指为商品设计、制作包扎物的活动过程；其二，包装即指包扎物。一般来说，商品包装包括商标或品牌、形状、颜色、图案和材料等要素。在现代营销中，以保护产品为主的传统包装观念早已被突破，包装被赋予了更多的意义，已成为产品策略的重要因素，兼具识别、便利、美化、促销和增值功能。

2．商品包装的作用

1）保护商品

保护商品是包装最基本和最重要的功能。在产品运输、储存过程中，产品难免会受到一定的冲击、震动及受潮、虫害等外部环境的侵袭，如包装不到位，产品就会在运输、储存过程中受损。商品的特殊性使其对包装的保护功能要求更为严格，商品包装还必须要保护商品的品质和鲜度。

2）方便物流

商品在流通过程中，要经历无数次的运输、装卸搬运、储存，好的包装可以提高仓库的利用率，提高运输工具的装载能力，还能方便消费者携带。

3）促进销售

包装是商品的无声推销员，能够促进商品销售。在商品质量相同的情况下，精致、美观、大方的包装可以激发消费者的购买欲望。商品包装往往决定消费者对商品的第一印象。当前果蔬产品的包装开始趋向精美化。

3．商品包装设计的原则

"人要衣装，佛要金装"，商品要包装。重视包装设计是企业市场营销活动适应竞争需要的理性选择。一般来说，包装设计应遵循以下几个基本原则。

1）安全

安全是商品包装最核心的作用之一，也是最基本的设计原则之一。在包装活动过程中，包装材料的选择及包装物的制作必须适合商品的物理、化学、生物性能，以保证商品不损坏、不变质、不变形、不渗漏等。

2）便于运输、保管、陈列、携带和使用

在保证商品安全的前提下，应尽可能缩小包装体积，以利于节省包装材料和运输、储存费用。商品包装的造型要符合货架陈列的要求。此外，包装的大小、轻重要适当，以便于携带和使用。

3）美观大方，突出特色

商品包装应具有美感。富有个性、新颖别致的包装更易引发消费者的购买欲望。

4）包装与商品价值和质量水平相匹配

包装不宜超过商品本身价值的13%～15%。若包装在商品价值中所占的比重过高，会产生名不副实之感，使消费者难以接受；相反，价高质优的商品自然也需要高档包装来烘托商品的高雅贵重。

5）尊重消费者的宗教信仰和风俗习惯

在包装设计中，应该深入了解消费者特性，根据不同国家或地区的宗教信仰和风俗习惯设计不同的包装，以适应目标市场的要求。切忌出现有损消费者宗教情感、容易引起消费者忌讳的颜色、图案和文字。

6）符合法律规定，兼顾社会利益

包装设计作为企业市场营销活动的重要环节，在实践中必须严格依法行事。例如，应按法律规定在包装上注明企业名称及地址；对食品、化妆品等与消费者身体健康密切相关的产品，应标明生产日期和保质期等。

7）绿色环保

包装设计还应兼顾社会利益，坚决避免使用有害材料，注意尽量减少包装材料的浪费，节约社会资源，严格控制废弃包装物对环境的污染，实施绿色包装战略。

此外，包装还要与产品价格、渠道、广告促销等其他营销要素相配合，并满足不同运输商和分销商的特殊要求。

4．商品包装的策略

可供企业选择的商品包装策略主要有以下几种。

1）类似包装策略

类似包装策略是指企业生产经营的所有产品，在包装外形上都采取相同或相近的图案、色彩等，使消费者通过类似的包装联想到这些商品属于同一企业，具有同样的质量水平。类似包装策略不仅可以节省包装设计成本，树立企业整体形象，扩大企业影响，还可以充分利用企业已拥有的良好声誉，有助于消除消费者对新产品的不信任感，进而有利于带动新产品销售。类似包装策略适用于质量水平相近的产品，但由于其容易对优质产品产生不良影响，所以对于大多数不同种类、不同档次的产品一般不宜采用这种包装策略。

2）等级包装策略

等级包装策略是指企业对自己生产经营的不同质量等级的产品分别设计和使用不同的包装。显然，这种以产品等级来设计包装的策略可使包装质量与产品品质等级相匹配——对高档产品采用精致包装，对低档产品采用简易包装。其做法满足了不同需求层次消费者的购买心理，便于消费者识别、选购商品，从而有利于提高销售量。该策略的实施成本高于类似包装策略。

3）分类包装策略

分类包装策略是指根据消费者购买目的的不同，对同一种产品采用不同的包装。例如，若购买商品用作礼品赠送亲友，则可精致包装；若购买者自己使用，则可简单包装。

4）配套包装策略

配套包装策略是指企业将几种有关联性的产品组合在同一包装物内的做法。这种策略能够节约交易时间，便于消费者购买、携带与使用，有利于提高销售量，还能够在将新旧产品组合在一起时，使新产品顺利进入市场。但在实践中，还须注意市场需求的具体特点、消费者的购买能力和产品本身的关联程度大小，切忌任意搭配。

5）再使用包装策略

再使用包装策略是指包装物在被包装的产品消费完毕后还能移做他用的做法。我们常见的果汁、食用油等的包装即属此种。这种包装策略增加了包装的用途，可以刺激消费者的购买欲望，有利于扩大产品销售，同时也可使带有商品商标的包装物在再使用过程中起到延伸宣传的作用。

6）附赠品包装策略

附赠品包装策略是指在包装物内附有赠品以诱发消费者重复购买的做法。包装物中的附赠品可以是小挂件、图片等实物，也可以是奖券。该包装策略对儿童和青少年以及低收入者比较有效，可吸引客户重复购买。这也是一种有效的营销推广方式。

7）更新包装策略

更新包装策略是指企业包装策略随着市场需求的变化而改变的做法。一种包装策略无效，企业可以根据消费者的要求更换包装，实施新的包装策略，改变商品在消费者心目中的地位，从而提升企业声誉。

6.3.5 商品物流跟踪

将商品包装好并交给快递公司运输后，商家还应时刻关注和监督快递公司的发货和运输信息，对物流情况进行跟踪，以保证商品在最短的时间内到达消费者手中，避免因物流速度过慢而引起消费者的不满。淘宝商家除了可以通过"交易详情"页面查看物流信息，还可以在"物流管理"页面中查看。其具体方法是：进入千牛卖家工作台，在页面左侧"物流管理"中单击"物流工具"超链接，进入物流工具管理中心，在右侧页面选择"物流跟踪信息"选项卡，在打开的页面中填写订单编号，单击"搜索"按钮即可查看该订单的物流信息。

技能实训

【实训目标】

通过实训，使学生初步了解网店物流与仓储的相关知识，包括网店物流方式的选择、物流工具的设置、仓储管理。

【实训内容】

了解并掌握物流工具的设置以及仓储管理的相关知识，包括商品入库、在库以及出库的相关知识。

【实训步骤】

(1) 以 2~3 人为单位组成一个团队，设负责人一名，负责整个团队的分工协作。

(2) 团队成员通过分工协作，多渠道收集相关资料。

(3) 团队成员对收集的材料进行整理，总结并分析仓储管理的相关内容。

(4) 各团队将总结制作成表格，派出 1 人作为代表上台演讲，阐述自己团队的成果。

（5）教师对各团队的成果进行总结评价，指出不足并提出改进措施。

【实训要求】

（1）考虑到课堂时间有限，实训可采取"课外+课内"的方式进行，即团队组成、分工、讨论和方案形成在课外完成，成果展示安排在课内。

（2）每个团队方案展示时间为 10 分钟左右，教师和学生提问时间为 5 分钟左右。

复习思考题

1. 选择快递公司应考虑哪些因素？
2. 办理入库包括哪些手续？
3. 理货包括哪些内容？
4. 货物出库的方式有哪些？

第 7 章 网络客服与管理

随着市场经济的深入发展,企业对市场和客户的依赖度已经逐步提高到关系企业生存的高度,谁能满足客户对产品的需求,谁就能赢得市场。企业要想长期拥有客户,就必须做好客户的服务与管理工作。电子商务环境下的客户呈现出与传统商务环境所不同的特征,只有认真研究和掌握这些特征,才能使企业做出正确的决策和规划。本章主要介绍网络客服认知、网络客服工具的应用、客户关系管理。

思政导学

在网店运营中过程中,引导学生潜心钻研客服岗位所需的核心能力,树立敬业、爱岗、礼貌、热情的职业精神。

教学目标

本章教学目标		
1	知识目标	● 了解网络客服的概念 ● 了解网络客户服务的分类 ● 了解网络客户服务的工作流程
2	能力目标	● 掌握网络客户服务技巧 ● 掌握售前客户服务与管理的内容 ● 掌握售中客户服务与管理的内容 ● 掌握售后客户服务与管理的内容 ● 掌握客户关系管理的内容
3	素质目标	● 培养学生开拓创新、团结协作的精神,使学生树立正确的世界观、人生观、价值观

7.1 网络客服认知

7.1.1 网络客服的概念

网络客服即网络客户服务,是指企业为满足客户的需求,基于互联网的一种客户服务工作，包括售前、售中、售后等一系列客服工作。

网络客服的目的是满足客户的服务需求，客户是否满意是评价企业客户服务工作成败的唯一指标。

7.1.2 网络客户服务的分类

根据网络营销交易的时间间隔，网络客户服务可划分为销售前的服务、销售中的服务和销售后的服务。

知识链接

网络客服的层次

7.1.3 网络客户服务的内容

1．提供信息服务

提供信息服务指向客户和潜在客户，提供企业全面、详尽和即时的产品及服务介绍。客户及潜在客户再也无须像以往那样只能通过电话、传真、邮件等方式获得企业产品及服务的简单信息。

2．客户会员注册

提供注册服务，使来访者成为企业的会员。一方面，企业可以获得一定的客户信息；另一方面，企业可以有针对性地开展营销。

3．优惠及服务

为客户提供产品的营销策略及举办的活动等信息，提供优惠和服务，如数量打折、现金折扣、功能折扣、保修服务等。

4．在线调查

常年开展以客户满意度为核心的在线调查工作，体现出企业对客户的关爱。同时，通过调查还可以及时了解客户对产品的需求动态，为企业及时改进产品提供有效信息。

5．在线投诉

互联网提供了在线投诉的功能，能让客户把产品使用过程中遇到的问题迅速反馈给企业，可以暂时缓解客户的不满情绪，这在一定程度上维护了企业的信誉。如果企业及时给予回复，可以把客户产生的不满情绪转化为客户对企业的信任。

6．在线技术支持、培训

企业可充分利用互联网的交互功能，开展消费者在线培训，使消费者了解产品的工作原理，学会科学地识别和选择产品，通过开展在线技术支持能及时解决客户在产品使用过程中遇到的问题。

7．在线交易

在线交易使信息服务、网络营销、各种在线支持一气呵成，大大提高了交易效率和交易的可靠性、安全性。互联网强大的信息功能又使企业和客户双方都能随时查询交易信息，需要时还可以迅速做出调整。

8. 交易安全

安全问题是制约电子商务发展的一个瓶颈。为解决客户的安全疑虑，企业应当提供各种安全措施。

9. 客户论坛

客户论坛为客户提供了一个自由交流的空间，可让客户自由发表各自对产品的看法、使用体会等。

7.1.4 网络客户服务技巧

1. 网络客户服务沟通技巧

网购时因为看不到实物，所以使人感觉不踏实。因此，客服沟通技巧的运用对促成交易至关重要。

1）态度方面

（1）树立端正、积极的态度。树立端正、积极的态度对网络客服来说尤为重要。尤其是当售出的商品有了问题时，不管是客户的问题还是快递公司的问题，都应该及时解决，不能回避、推脱。积极主动与客户进行沟通，尽快了解情况，尽量让客户觉得他是受尊重、受重视的，并尽快提出解决方案。除了与客户之间进行金钱交易，还应该让客户感觉到购物的满足和乐趣。

（2）要有足够的耐心与热情。我们常常会遇到一些客户，喜欢打破砂锅问到底。这时就需要客服人员有足够的耐心和热情，认真地回复，从而给客户一种信任感。绝不可表现出不耐烦，就算对方不买也要说声"欢迎下次光临"。如果客服人员服务态度足够好，这次交易不成也许还有下次机会。

卖家经常会遇到砍价的客户，砍价是买家的天性，可以理解。在彼此能够接受的范围内卖家可以适当地让利一点，如果确实不行也应该婉转地回绝。比如说"真的很抱歉，没能让您满意，我会争取努力改进"，或者引导买家换个角度来看这件商品，让客户感觉货有所值，这样他就不会太在意价格了。也可以建议客户先货比三家。总之，要让客户感觉你是热情真诚的。

2）表情方面

微笑是对客户最好的欢迎，所以当我们迎接客户时，在问候的同时也要送上一个真诚的微笑，虽然网上与客户交流是看不见对方的，但只要你是微笑的，言语之间是可以感受得到的。此外，多使用一些在线即时工具表情，也能收到很好的效果。无论使用在线即时工具的哪一种表情都能将自己的情感讯号传达给对方。比如在说"欢迎光临！""感谢您的惠顾！"等时应轻轻地送上一个微笑，加不加微笑给人的感受是完全不同的。不要让冰冷的字体语言遮住你迷人的微笑。

3）礼貌方面

俗话说"良言一句三冬暖，恶语伤人六月寒"，一句"欢迎光临"，一句"谢谢惠顾"，短短的几个字，却能够让客户听起来非常舒服，产生意想不到的效果。

要做到礼貌待客。客户来了,客服人员先说一句"欢迎光临,请多多关照"或者"欢迎光临,请问有什么可以为您效劳的吗?",诚心实意地"说"出来,会让人有一种十分亲切的感觉。可以先培养感情,这样客户的心理抵抗力就会减弱或者消失。

对于彬彬有礼、礼貌非凡的网络客服人员,谁都不会拒绝的。诚心致谢是一种心理投资,不需要付出很大代价,但可以收到非常好的效果。

4)语言文字方面

(1)少用"我"字,多使用"您"或者"咱们"这样的字眼,让客户感觉客服人员是在全心全意地为他考虑问题。

(2)常用规范用语包括"欢迎光临""认识您很高兴""希望在这里能找到您满意的宝贝""您好""请问""麻烦""请稍等""不好意思""非常抱歉""多谢支持"等。平时要注意修炼自己的涵养,对同样一件事用不同的表达方式就会表达出不同的意思。

交易中的很多误会和纠纷就是因为语言表述不当而引起的。

(3)在客户服务的语言表达中,应尽量避免使用负面语言。这一点非常关键。什么是负面语言?比如,"我不能""我不会""我不愿意""我不可以"等,这些都叫负面语言。

在客户服务的语言中,没有"我不能":当你说"我不能"时,客户的注意力就不会集中在你所能给予的事情上,他会集中在"为什么不能""凭什么不能"上。

正确方法:"看看我们能够帮您做什么",这样就避开跟客户说"不行""不可以"。

在客户服务的语言中,没有"我不会做":你若说"我不会做",客户就会产生负面情绪,认为你在"抵抗";而我们希望客户的注意力集中在你讲的话上,而不是注意力的转移。

正确方法:"我们能为您做的是……"。

在客户服务的语言中,没有"这不是我应该做的":否则,客户会认为你觉得他不配提出某种要求,从而不再听你解释。

正确方法:"我很愿意为您做"。

在客户服务的语言中,没有"我想我做不了":当你说"不"时,与客户的沟通会马上处于一种消极气氛中,为什么要使客户把注意力集中在你或你的公司不能做什么,或者不想做什么上呢?

正确方法:告诉客户你能做什么,并且非常愿意帮助他们。

在客户服务的语言中,没有"但是":你受过这样的赞美吗?——"你穿的这件衣服真好看!但是……"不论你前面讲得有多好,如果后面出现了"但是",就等于对前面所说的话进行了否定。

正确方法:只要不说"但是",说什么都行!

在客户服务的语言中,要有一个"因为":要让客户接受你的建议,应该告诉他理由;不能满足客户的要求时,要告诉他原因。

5)在线即时工具方面

(1)在线即时工具沟通的语气和表情的活用。利用在线即时工具和客户对话,应该尽量使用活泼生动的语气,不要让客户感觉到你怠慢了他。虽然很多客户会想"她很忙,所以不理我",但是客户心里还是觉得自己被疏忽了。这个时候如果你实在很忙,不妨客气地告诉客户"对不起,我现在比较忙,我可能会回复得慢一点,请理解",这样客户才能理解你，并且体谅你。尽量使用完整、客气的语句来表达，比如告诉客户不讲价，应该尽量避免直截了当地说"不讲价"，而是礼貌而客气地表达这个意思："对不起，我们店商品不讲价"，可以的话，还可以稍微解释一下原因。

如果遇到没有合适语言来回复客户留言的时候，与其用"呵呵""哈哈"等语气词，不妨使用在线即时工具的表情。一个生动的表情能让客户直接体会到你的心情。

（2）在线即时工具使用技巧。可以通过设置快速回复提前把常用的句子保存起来，这样在忙乱的时候可以快速回复客户。比如欢迎词、不讲价的解释、"请稍等"等，可以节约大量的时间。在日常回复中，发现哪些问题是客户问得比较多的，也可以把回答内容保存起来，达到事半功倍的效果。

通过在线即时工具的状态设置，可以给店铺做宣传工作，比如在状态设置中写一些优惠措施、节假日提醒、推荐商品等。

如果暂时不在座位上，可以设置"自动回复"，以避免让客户觉得好像没人搭理自己。也可以在自动回复中加上一些自己的话语，都能起到不错的效果。

6）针对性方面

任何一种沟通技巧都不能适用于所有客户，针对不同的客户应该采用不同的沟通技巧。

（1）客户对商品了解程度不同，沟通方式也有所不同。

①客户对商品缺乏认识，不了解。这类客户缺乏商品知识，对客服人员依赖性较强。对于这样的客户需要我们像对待朋友一样去细心地解答，多从他的角度考虑为他推荐合适的商品，并且告诉他推荐这些商品的原因。对于这样的客户，你解释得越细致，他就会越信赖你。

②客户对商品有些了解，但是一知半解。这类客户对商品了解一些，比较主观，易冲动，不太容易信任客服人员。面对这样的客户，要控制情绪，有理有节、耐心地回答，向他展示你丰富的专业知识，让他认识到自己的不足，从而增加对你的信赖。

③客户对商品非常了解。这类客户知识面广，自信心强，问问题往往都能问到点子上。面对这样的客户，要表示出你对他专业知识的欣赏，表达出"好不容易遇到同行了"的感觉，和他探讨专业的知识，给他来自内行的推荐，告诉他"这个才是最好的，你一看就知道了"，让他感觉到自己真的被当成了内行人，而且你尊重他，他就会感觉你给他的推荐肯定是最好的。

（2）对价格要求不同的客户，沟通方式也有所不同。

①有的客户很大方，你说不能砍价，他就不跟你讨价还价。对这样的客户，要表达你的感谢，并且主动告诉他店铺的优惠措施，以及会赠送什么样的小礼物，这样让客户感觉物超所值。

②有的客户会试探性地询问能不能还价。对待这样的客户，既要坚定地告诉他不能还价，也要态度和缓地告诉他产品是物有所值的，并且谢谢他的理解和合作。

③有的客户就是要讨价还价，不讲价就不高兴。对于这样的客户，除了要坚定重申自己的原则，还要有理有节地拒绝他的要求，不要被他的各种威胁和祈求所动摇，适当的时候建议他再看看其他便宜的商品。

（3）对商品要求不同的客户，沟通方式也有所不同。

①有的客户因为买过类似的商品，所以对购买的商品的质量有清楚的认识，这样的客

户是很好打交道和沟通的。

②有的客户将信将疑，会问：广告图片和商品是一样的吗？对于这样的客户，要耐心向他们解释，在肯定我们是实物拍摄的同时，也要提醒他难免会有色差等，让他有一定的思想准备，不要把商品想象得太过完美。

③还有的客户非常挑剔，在沟通的时候就可以感觉到，他会反复问：有没有瑕疵？有没有色差？有问题怎么办？怎么找你们？等等。这个时候你就要意识到这是一个追求完美主义的客户，除了要实事求是地介绍商品，你还要实事求是地把一些可能存在的问题都介绍给他，告诉他没有东西是十全十美的。如果客户还坚持要完美的商品，你就应该委婉地建议他选择实体店购买需要的商品。

7) 其他方面

（1）坚守诚信。网络购物虽然方便快捷，但也有缺陷，就是看不到、摸不着。客户面对网上商品难免会有疑虑和戒心，所以我们对客户必须要用一颗诚挚的心，像对待朋友一样对待客户，包括诚实地解答客户的疑问，诚实地告诉客户商品的优缺点，诚实地向客户推荐适合他的商品。

坚守诚信还表现在你一旦答应客户的要求，就应该切实地履行自己的承诺，哪怕自己吃亏，也不能出尔反尔。

（2）凡事留有余地。在与客户交流中，不要用"肯定、保证、绝对"等字样，这不等于你售出的产品是次品，也不表示你对买家不负责任，而是不让客户有失望的感觉。因为每个人在购买商品时都会有一种期望，如果你满足不了客户的期望，最后就会变成客户的失望。比如卖化妆品时，本身每个人的肤质就不同，谁也不敢百分之百保证自己售出的产品在几天或一个月内一定能达到客户想象的效果。售出去的货品在运输的过程中，我们能保证快递公司不误期吗？不会丢失吗？不会损坏吗？为了不要让客户失望，最好不要轻易保证。使用"尽量""争取""努力"等词语，效果会更好。多给客户一点真诚，也给自己留有一点余地。

（3）处处为客户着想，用诚心打动客户。让客户满意，主要体现在真正为客户着想。处处站在对方的立场，想客户所想，把自己变成一个买家助手。

（4）多虚心请教，多倾听客户的声音。当客户进入店铺的时候我们并不能马上判断出客户的来意与其所需要的商品，所以我们需要先问清楚客户的意图，需要什么商品，是送人还是自用，是送给什么样的人，等等。了解清楚了客户的情况，准确地对其进行定位，才能做到"只介绍对的，不介绍贵的"，以客为尊，满足客户需求。

当客户表现出犹豫不决或者不明白时，我们应该先问清楚客户困惑的内容是什么，对哪个问题不清楚，如果客户也表述不清楚，我们可以把自己的理解告诉客户，然后针对客户的疑惑给予解答。

（5）做一个专业卖家，给客户准确的推介。不是所有的客户对你的产品都了解和熟悉。当有的客户对你的产品不了解时，在咨询过程中，你需要为客户解答，帮助客户找到适合他们的产品。不能"一问三不知"，否则会让客户对你失去信任感。

（6）坦诚介绍商品的优点与缺点。在介绍商品时，必须要针对产品本身的缺点做出说明。虽然对于商品缺点本应该尽量避免触及，但如果因此而造成事后客户抱怨，反而会失去客户的信任，得到差评也就在所难免了。所以，首先要坦诚地让客户了解到商品的缺点，努力让客户知道商品的其他优点，先说缺点再说优点，这样会更容易让客户接受。在介绍商品时切莫夸大其词，介绍内容若与事实不符，最后将失去信用和客户。

其实介绍商品时，就要像媒婆一样把商品"嫁"出去。如果介绍说："这个女孩脾气不错，就是脸蛋差了些"和"这个女孩虽然脸蛋差了些，但是脾气好，善良温柔"，虽然表达的意思一样，但听起来给人的感受大不相同。所以，在介绍产品时，可以强调一下："东西虽然品相差了些，但是功能齐全"，或者说"这件商品拥有其他产品所没有的特色"，等等。这样介绍收到的效果会更好。此方法建议用在特价商品的介绍上。

（7）遇到问题，多检讨自己，少责怪对方。遇到问题时，先想想自己有什么做得不到位的地方，诚恳地向客户检讨自己的不足，不要一上来先指责客户。比如，有些内容在商品说明书上明明写了可是客户并没看到，这个时候千万不要一味地指责客户没有好好看商品说明书，而是应该反省自己没有及时地提醒客户。

（8）换位思考，理解客户的意愿。当遇到不理解客户想法时，不妨多问问客户是怎么想的，然后把自己放在客户的位置去体会他的心情。

（9）表达不同意见时应尊重对方立场。当客户表达不同的意见时，要力求体谅和理解客户，表现出"我理解您现在的心情，目前……"或者"我也是这么想的，不过……"来表达，这样客户会觉得你能体会他的想法，能够站在他的角度思考问题，同样他也会试图站在你的角度来考虑。

（10）保持相同的谈话方式。对于不同的客户，应该尽量用和他们相同的谈话方式来交谈。如果对方是个年轻的妈妈，在给孩子选商品，我们应该站在母亲的立场，考虑孩子的需要，用比较成熟的语气来表述，这样更能得到客户的信赖。如果你自己表现得像个孩子，客户就会对你的推荐表示怀疑。

如果你常常使用网络语言和客户交流，有时候一些中老年客户会对你使用的网络语言不理解，感觉和你交流有障碍。所以，在和中老年客户交流时，尽量不要使用太多的网络语言。

（11）经常对客户表示感谢。当客户及时地完成付款，或者快速达成交易，此时应该衷心地对客户表示感谢。

（12）坚持自己的原则。在销售过程中，客服人员经常会遇到讨价还价的客户，这个时候应当坚持自己的原则。如果作为商家在制定价格的时候已经决定不再议价，那么就应该向要求议价的客户明确表示这个原则。对于邮费，如果客户不符合包邮条件，你却给其提供了包邮服务，一旦出了问题就会造成严重的后果。

2．电子商务客户服务工作技巧

电子商务客服人员除了具备一定的专业知识及行业知识，还要具备以下工作技巧。

1）促成交易技巧

（1）利用"怕买不到"的心理。客户常常对越是得不到、买不到的东西，越想得到它、买到它。客服人员可利用这种"怕买不到"的心理来促成交易。当对方已经有比较明显的购买意向，但还在犹豫的时候，可以用以下说法来促成交易："这款是我们最畅销的了，经常脱销，现在这批又只剩2个了，估计一两天又会没了，喜欢的话别错过了哦！"或者"今天是优惠价的截止日，请把握良机，明天您就享受不到这种折扣价了。"

（2）利用客户希望快点拿到商品的心理。大多数客户希望在他付款后越快寄出商品越好。所以在客户已有购买意向，但还在犹豫时，你可以说："如果真的喜欢的话就赶紧拍下吧，快递公司的人再过10分钟就要来了，如果现在支付成功的话，马上就能为您寄出了。"这一招对于使用网银转账或在线支付的客户尤为有效。

（3）当客户一再出现购买信号，却又犹豫不决拿不定主意时，你可采用"二选其一"的技巧来促成交易。例如，你可以对他说："请问您需要第4款，还是第6款？"或者说："请问要平邮给您，还是快递给您？"这就是"二选其一"的问话技巧，只要客户选中一个，其实就是你在帮他拿主意，帮他下决心购买。

（4）帮助客户挑选，促成交易。许多客户即使有意购买，也不喜欢迅速签下订单，他总要东挑西拣，在产品颜色、规格、式样上拿不定主意。这时候你就要改变策略，暂时不谈订单的问题，转而热情地帮对方挑选颜色、规格、式样等，一旦上述问题解决，订单也就落实了。

（5）巧妙反问，促成交易。当客户问到某种产品，而该产品缺货时，你可以运用反问来促成订单。例如，客户问："这款有金色的吗？"这时，你不可回答没有，而应该反问道："不好意思，我们没有进货，不过我们有黑色、紫色、蓝色的，在这几种颜色里，您比较喜欢哪一种呢？"

（6）积极地推荐，促成交易。当客户拿不定主意时，你可以尽可能多地推荐符合他要求的款式（发送链接），在每个链接后附上推荐的理由，而不要找到一个推荐一个。"这是刚到的新款，目前市面上还很少见""这是我们最受欢迎的款式之一""这款是我们最畅销的了，经常脱销"，等等，以此来促成交易。

2）时间控制技巧

除了回答客户关于交易上的问题，你还可以适当聊天，这样可以使双方关系更加融洽。但要控制好聊天的时间和度。

3）说服客户的技巧

（1）调节气氛，以退为进。在说服他人时，首先应该想方设法调节谈话的气氛。如果我们和颜悦色地用提问的方式代替命令，并给人以维护自尊和荣誉的机会，气氛就会是友好而和谐的，说服也就容易成功；反之，在说服时不尊重他人，拿出一副盛气凌人的架势，那么说服多半是要失败的。毕竟人都是有自尊心的，谁都不希望自己被他人毫不费力地说服而受其支配。

（2）争取同情，以弱克强。渴望同情是人的天性，如果想说服比较强大的对手，不妨采用这种争取同情的技巧，从而以弱克强，达到目的。

（3）消除防范，以情感化。一般来说，沟通时彼此都会产生一种防范心理，尤其是在危急关头。这时候，就要注意消除对方的防范心理。

如何消除对方的防范心理呢？从潜意识角度来说，防范心理的产生是一种自卫，也就是当人们把对方当作假想敌时产生的一种自卫心理，那么消除防范心理最有效方法就是反复给予暗示，表示自己是朋友而不是敌人，如嘘寒问暖，给予关心，表示愿给予帮助，等等。

（4）投其所好，以心换心。站在他人的立场上分析问题，能给他人一种为他着想的感觉，这种投其所好的技巧常常具有极强的说服力。要做到这一点，"知己知彼"十分重要，唯先知彼，而后方能站在对方立场考虑问题。

（5）寻求一致，以短补长。习惯于顽固拒绝他人说服的人，经常处于"不"的心理状态之中，所以自然而然地会呈现僵硬的表情和姿势。对于这一类人，你在开始提出问题时绝不能一下子就打破他"不"的心理。所以，你要努力寻找与对方一致的地方，得到对方的赞同，引起对方的兴趣，而后再将自己的想法引入话题，最终取得对方的同意。

7.1.5 网络客服工作流程

微课：网络客服工作流程

高效的服务意味着电子商务企业能够用更低的成本、高效率的方式为客户提供更多的服务，获得更高的客户满意度。高效的客户服务结构化五大流程如图7-1所示。

理解客户 → 建立客户服务标准 → 组建客户服务团队 → 检查、监督、反馈、改善 → 增值服务

图7-1 客户服务结构化五大流程

1. 理解客户

理解客户需要，形成和客户的良好互动关系是客服的必修课。

2. 建立客户服务标准

只有建立清晰、简洁、可观测和现实可行的服务标准，客户服务的质量才能得到保障。

高效服务包括互为一体的两个方面：一是程序面，涉及服务的递送系统，包括工作的所有程序，提供了满足客户需求的各种机制和途径；二是个人面，即客户服务中人性的一面，涉及人与人之间的接触和交往，涵盖了服务时每一次人员接触中所表现出来的态度、行为和语言技巧。在客户服务的管理过程中，完善细节是实施服务的关键所在。

3. 组建制胜的客户服务团队

以下为完成这项工作的步骤。

（1）设计高效客户服务岗位，将质量融入客户服务岗位设计中。

（2）完善高效客户服务团队的岗位描述。

（3）根据高效客户服务选拔应聘者。

（4）对员工进行高效客户服务技能培训。

（5）对高效客户服务的领导进行技能培训。高效客户服务的领导应该是一个优秀的沟通者、成功的决策者，他能够为服务团队提供恰当的回报。对客户服务的管理者而言，重要的不是在场时发生了什么，而是不在场时发生了什么。

4. 检查和监督

评定客户服务团队的服务质量主要有3个评价系统。

（1）服务审核系统。服务审核其实就是根据前面列出的服务标准，对其执行状况进行审核。服务审核要遵循两个原则：不做警察，也不秋后算总账。可以通过审核表来衡量自己在客户服务方面的工作效率。

（2）客户反馈系统。绝大多数客户不愿花费时间和精力来提供积极的反馈。因为他们认为反馈没有用，所以打通客户与组织之间的信息通路至关重要。

（3）员工反馈系统。对客户服务质量有利的员工反馈系统强调客户服务行为、信息共享、思想交流。

5. 增值服务

增值服务提供了积极的解决问题之道。首先，为客户服务问题的解决创造一种支持性的气氛（给出建议）；其次，利用客户服务团队，确定客户到底遇到了什么问题，需要什么样的帮助，并使客户服务团队成为改善服务的源泉，将客户服务中遇到的问题和客户的抱怨当成与客户改善关系的契机；最后，真正为客户提供增值服务。

7.1.6 电子商务客户服务语言实例

1. 关心品质

对于关心品质的问题的答复，如表 7-1 所示。

表 7-1 对于关心品质的问题的答复

问 题	提问背景	解 答	技 巧
你家卖的是正品吗？	1. 网络假货泛滥，怕遇上 2. 无网购经历，客户怕上当 3. 第一次到店铺的客户 4. 对天猫不了解的客户	1. 我家××店铺是以公司名义开设的，工商局有备案，所销售的产品均为本公司自有品牌，您可以放心购买 2. 反问：您也许是第一次到天猫或第一次到我家店铺查看商品吧？我们是天猫官方评估验证后批准的店铺，您可以放心购买	1. 强调是公司官方自营商品旗舰店 2. 工商局备案，公信力高
怎么辨别呢？	还是不相信客服人员	我家店铺在全国已经有好几万名客户了，您可以随意看一下。需要我帮您简单介绍一下吗？	1. 用证据说话：我家已经有好几万名老客户了（打消疑虑） 2. 撇开这个话题，提出问题，了解客户需求
支持专柜验货吗？	懂得一些维权知识，对网络销售环境略有了解	支持啊，假一罚十	言语亲切，快速拉近距离
验货说是假的，怎么处理呢？	思维比较缜密，购物时很小心	1. 到目前为止，我们销售了几万件商品，没接收到一件假货投诉 2. 很多个体小店铺抓住客户贪便宜的想法，说自己的商品是 A 货、外贸尾单等，货品渠道不正宗，到头来是客户自己吃亏 3. 我们是可以提供正规发票的，对您是有保证的	1. 用证据说话 2. 进行对比 3. 提供商品发票

2. 希望价格优惠

对于希望价格优惠的问题的答复,如表7-2所示。

表7-2 对于希望价格优惠的问题的答复

问 题	提问背景	解 答	技 巧
价格能再低点吗?能再打个折吗?	1. 客户的习惯问法 2. 碰到较贵的商品 3. 女孩子的讨价还价心理	1. 我家的商品是工厂自营的,价格已经比线下低很多了 2. 售价是公司规定的,我们客服人员是没有权利议价的,希望您理解	1. 语气可以随和一些,缓和气氛 2. 告知网络购物已经比线下专卖店便宜很多了
你家卖得挺贵呀	客户试探性话语	1. 呵呵,不知道您是不是和我们开玩笑啊? 2. 贵与不贵是相对的,我们店铺不是靠低价起家的,如果您了解的话,我们更乐意为您提供超值的服务	缓和一下气氛,探听客户言语背后有什么信息
送不送礼品啊?	1. 习惯性问法 2. 爱好此类优惠方法	1. 直接法:不好意思,公司只有在节假日搞促销活动的时候才会有礼品 2. 提醒法:公司在节假日都会有一些促销活动回馈新老客户,但促销的类型很多,不一定就是送礼品,届时您可以积极关注一下	回复后提醒他积极关注节假日活动,有必要可以告知他最近一次促销活动的情况,提早单独告知,让客户感觉受到礼遇
别家都送礼品了(别家都可以再优惠),你家怎么这么死板啊?	其他家也许在促销	1. 各家有各家的"经",天猫竞争也激烈,有的商家卖给您很便宜,但是其他服务根本得不到保证,这个你们可要小心啊(试探地问,看客户能否说出别家的促销方式) 2. 公司拟定的商品价格不是随意定的,怎样的商品卖怎样的价格,公司是合理定价的	1. 强调即便其他卖家打折或送礼品,但服务不一定跟得上 2. 强调定价是公司行为,有其合理性
你们不优惠,我就走了	提出威胁,但希望在我们家下订单的一种心理	1. 通过刚才的聊天,感觉您还是很识货呀,现在对商品能像您这样理解到位的太少了 2. 对于其他商家的经营行为,我们是无法干涉的,许多老客户在我们店铺买了又买,说实在的,我们公司倡导为客户提供价值,而不是打价格战 3. 您来到我们店铺表明我们有缘,您放心,您买了我们的商品就能体会到我们的服务了。对了,这件商品这几天好像好多人问(买),我先帮您看下库存吧(您如果觉得款式满意,就赶紧拍下吧,这家逛那家跑的,其实也挺累的)	"三明治"策略 1. 先赞美客户优点 2. 再强调公司理念"让客户收获价值" 3. 最后促成交易行为

续表

问 题	提问背景	解 答	技 巧
客户再次声明，价格不便宜就走了	提出威胁，但希望在我们家下订单的一种心理	1. 您真的认为我们的价格很贵吗？您觉得这和您的心理价位有差距，还是别家卖得比我们低呢？（可以先反问，再提出两种假设，让客户二选一） 2. 如果客户回答与心理价位有差距，可缓和一下气氛，说：这样吧，我们聊来聊去，都挺辛苦，我也看出您买这件商品的诚意了，真是磨不过您呀，我帮您申请一个小礼品送给您吧，其他人可是没有这个机会的 3. 如果客户回答竞争对手价位较低，可以说：哦，竞争对手这样的价格呀，也太低了吧，换作是我，还真不敢买。这样吧，价格是不能再降了，我帮您申请一个代金券吧，其他客户可是没有这样的特别照顾的	1. 最后一步，确认对方是因为心理感觉贵还是因为和竞争对手相比得出贵，再提出单独申请以给客户帮助，让客户感觉获得特别待遇 2. 待事情快办完时，可以半开玩笑说，到时候可要给个好评哟
下次来会不会优惠点？	这次没讨到便宜，希望下次优惠	1. 我们很希望老客户多多光临我们店铺，下次碰到有活动，一定会有优惠的 2. 多买多优惠，下次您可要多买两件呀，我家店铺的商品在整个行业中的口碑还是不错的，希望您多关注	礼貌用语，提醒客户只有活动期间才有优惠，不进行正面回答
能不能包邮？	商品价格也许还没有到包邮标准	1. 我们是全场满 200 元就包邮的 2. 有的店铺是 280 元才免邮，我们已经为客户做了充分考虑 3. 如果客户特别希望免邮，或直接说没有免邮就不买了，第一种：满 180 元的，说可以申请一下看，但不能保证能批准，先给一个心理暗示，批准下来后，客户喜悦程度将超过期望值，体验是不一样的，会更认同我们；第二种：未满 180 元的，建议看看其他商品，这时候进行主动推荐	1. 告知政策 2. 灵活应对，180 元以上也可以免邮
能多配××赠品吗？	客户以前买过，顺带问	1. 反问确认：您以前买××产品收到过赠品吗？ 2. 公司商品部给我们信息，和您看到的图片信息一样，只能根据每个厂家的具体情况处理，一般情况下，只有一个赠品	提醒每个厂家情况不一样

续表

问 题	提问背景	解 答	技 巧
你们的产品价格怎么这么便宜呢?	质疑产品价格以及货源	1. 反问：是吗？您以前都是在专卖店买吧？ 2. 网络销售省却了传统企业很多渠道和门店费用，商品价格一般都要比线下优惠，所以现在越来越多的人热衷网络购物，也挺时尚的，我家商品新款多且齐全，价格方面很有优势，您可以挑选一下	针对对方进一步的问题进行解答

3. 关心商品其他信息（发货包装、发票）

对于关心商品其他信息的问题的答复，如表 7-3 所示。

表 7-3 对于关心商品其他信息的问题的答复

问 题	提问背景	解 答	技 巧
是不是新品呀？	1. 希望买的是新品 2. 如果不是新品，希望价格优惠	1. 确认是新品：我家店铺主打新品销售，每月新增500款以上，您看中的这款产品是新品 2. 确认是过季产品：哦，您看的这款是刚过季的，我们把价格已经下调了，购买是很划算的 3. 不太确认：我家是以卖新品为主的，特价货品也会有一些。其实，这些国际品牌，每年款式的变化不是很大，因此只要自己喜欢就好，您说呢？	1. 除非确认是特价品，一般默认都是主打新品 2. 强调自己喜欢是最重要的，新款也并非人人都喜欢
商品会不会是样品？	1. 有买过样品的经历 2. 对终端销售了解一些，知道有些陈列的样品产品质量上会有变化	我们店铺的货品都是工厂自营，不会有样品流入仓库，这个您放心	有时候，需要与客户确认：您指的样品，怎么理解较好？
发货前要帮忙检查一下，商品上不要有污渍，尺寸不要发错	1. 以前自己有类似经历，所以进行提醒 2. 送朋友的，给予交代	我们进出仓货品都是经过检查的，对于这些我们仓库人员都会注意和把关的	让客户放心，我们进出仓有验货的
有专柜发票吗？	用于报销或者随便问问	我们可以给您开正式发票，不过需要您在下单时给我们留言，不要忘记了	正常解答就可以

续表

问 题	提问背景	解 答	技 巧
是从哪里发货的？	关心货源出处或需要推算快递时间（也有可能是竞争对手"刺探军情"）	1. 我们的货品都是从××发出的 2. 您这样问，是要我们给您什么信息呢？	如果客户很关心这方面的问题（疑是竞争对手），可以说：这段时间生意挺好的，好像很多人关心我们的货源问题，前两天有两个同行来问，不小心还露了马脚，挺有意思（让对方听懂我们在怀疑对方的身份）
没有吊牌，是不是假的呀	质疑产品品质和货源	我家是自有品牌，您就放心吧	

4. 退换货

对于退换货的问题的答复，如表7-4所示。

表7-4 对于退换货的问题的答复

问 题	提问背景	解 答	技 巧
尺寸不对，可不可以换？	担心尺码不合适	我们的服务政策是：7天无条件退货，15天无理由换货，但建议您务必仔细量好尺寸，在确认无误后再下单	1. 阐明政策并解释 2. 提醒换货费用由对方支付
退换货有哪些流程？	不了解退换货流程	1. 亲，可以看看我们这里的"退换货须知" 2. 有退换货需求，要及时告知我们，说明情况，我们会按合理的流程为您办理 3. 如果是质量问题，需要发图片给我们审核	提醒对方详细阅读相关条款
退货用什么快递？	细心的客户	这个我们没有什么特别的要求，只要及时寄回商品，我们会及时办理退款的	态度诚恳
退换货邮费谁支付？可以到付吗？	关心核心问题	1. 除了因产品质量问题的退换货由我们支付，其他因款式不喜欢、尺寸不对、颜色调换等退换货的往返费用，都需要客户来承担 2. 到付也是可以的，只不过会在您的账户中扣除	详细说明
退货时的退款是怎么算的？	问得很细致	两种情况。第一种：邮费，如果是因产品质量退货，我们会承担邮费；如果是因您个人原因产生退换货的邮费，由您本人支付。第二种：商品本身的费用，商品本身的退款，我们会在到仓后由专门的质量检查人员给予鉴定，如果是我们的质量问题，我们将全额退款；如果是您个人原因引起的，影响二次销售，我们会适当扣款，希望您理解	将两种情况详细说明，公司会酌情处理
退款一般什么时候打到账户？		如果退换流程顺利和正常，一般3~5个工作日内	说明正常情况下的日期，并告知不可预测的情况

5. 商品属性信息及推荐

对于商品属性信息及推荐的问题的答复，如表7-5所示。

表 7-5　对于商品属性信息及推荐的问题的答复

问　题	提问背景	解　答	技　巧
你们货品的产地是哪里？	业内人士咨询（或竞争对手"刺探军情"）	我们的产品都是正规渠道进货或厂家直接发货，您可以放心购买	
什么时间生产的？	客户也许关心是不是新款	××和食品不一样哦，出产时间并不是最重要的，这款刚上市不久，您是否喜欢？（抛出问题，了解需求）	建议多抛出一些问题，挖掘出客户各方面的需求，如款式、配色、用途
你们家有没有××品牌的产品啊？	一般是自己查找后没找到才会这样问，直接购买欲望强	1. 我们家以卖××为主，您说的××品牌，您是第一次购买吗？（判别其是不是该品牌老客户） 2. 我知道的，××品牌不错，您挺有眼光 3. 如果不介意，您不妨了解一下我家的××品牌和产品，和您刚才说的××性能一样，而且还有新的特点，我给您看下吧（找出商品页面发给客户）	1. 先肯定、赞扬，后推荐 2. 或者如果觉得该品牌有什么大家都知道的缺点，不妨告知对方，让客户转换品牌
能不能帮忙找下与××样子相同的商品？	准备买，如果合适就会买	1. 如果有基本相同款，直接推荐，注意价格应相符 2. 如果没有，可以先问对方看中这款产品的主要原因是什么，然后先肯定，转而推荐其他品牌及产品	尽量抓住客户，促成交易
有没有适合这款产品的配套产品，帮我推荐一下	准备买一套	1. 稍等，这里有个客户很急 2. 亲，对不起啊，我还是脱不开身，要不您先自己看，您可以按类别搜索、查找	想帮忙，但心有余而力不足
这个商品买回去，清洗、保养要注意什么吗？	想了解售后服务知识	您可以详细看一下我们购买须知中的"保养须知"，您还真细心	

6．库存、缺货

对于库存、缺货的问题的答复，如表7-6所示。

表 7-6　对于库存、缺货的问题的答复

问　题	提问背景	解　答	技　巧
商品一定有货吗？	一看对方就是老买家了，以前有过退款经历，较为慎重	1. 产品实行的是订货制，因此这批货品在半年前就生产出来了，库存都是有限的 2. 您看中哪款，我们可以帮您查一下，请稍等 3. 库存显示还有货，不过不多了（不要说有多少件），我们的销售和线下专卖店同步，库存变化很快，如果您要买这款，从我们的经验来看，早拍早付款，就比较有保证	1. 告知与线下专卖店同步销售 2. 库存变化快，提醒客户早下单

续表

问 题	提问背景	解 答	技 巧
拍下并付款后,没货怎么办?	不太放心,吃过亏	1. 目前我们的库存数据管理还是比较严谨的 2. 您说的情况,现在对于任何一家店铺都存在,只不过程度不同罢了 3. 因为拍下和出货有个时间差,这段时间专卖店也在卖,所以有时候会出现像您说的情况,不过我们家的缺货率大约为5%,比行业平均的缺货率30%低很多。您可以比较或了解一下	1. 告知缺货率在5%左右,比行业30%还是低很多的 2. 库存都是动态的
为什么拍之前说有货,第二天又通知没货了?	质疑服务态度	1. 其实我家的缺货率还是很低的,基本都在5%以下 2. 最主要的原因是我们网上销售和专卖店销售同步,但有个时间差,专卖店比我们走货快。我们目前是一天发一次货,比如100家专卖店在中午都卖了您要的这款,我们是下午发货,就会碰到断货的情况,这点还请多多理解	1. 最主要原因是专卖店卖现货,比我们走货快造成的 2. 给客户以安慰
能不能先确定有货?	不放心,希望确定后再买	1. 可以先确定 2. 但是丑话说在前头,任何店铺都存在缺货率 3. 如果您喜欢这款产品,一般情况下都会有货的,明天就可以给您发了。对于好卖的款式我们这里卖得很快的(转移话题,并制造稀少感和紧迫感)	1. 这里主要是增强对方下单的信心 2. 督促客户完成下单
以后还会有货吗?	很希望拥有这一款	1. 这个不好说,不过我可以登记一下您的需求 2. 看得出,您的审美不错呀;您喜欢的这种款式,××品牌也有的,如果您着急穿,我可以向您推荐一下,您还是要这种款式吧? 我也挺喜欢的	推荐替代品
能不能帮忙调换一件?	收到货,需要调换	可以先确认您要的款式和颜色,才好调换,不过只能是同一个款式的。您已经看好了吗?	热心解决

7. 支付与退款

对于支付与退款问题的答复,如表7-7所示。

表7-7 对于支付与退款问题的答复

问 题	提问背景	解 答	技 巧
我是"菜鸟",怎么买东西呀?	新手,准备尝试网购	是这样,不管您在哪家购买,首先要选好颜色和尺码,网页上一般会有购物车或购买的按钮,您点击到结账页面,系统会自动提醒您如何操作,最后用支付宝完成付款即可	热情
支付宝怎么操作呀?	新手或不熟练的	在结账过程中,会弹出支付宝的支付页面,你要完成登录,之后按页面提示完成操作就可以了	如果有需要注意的事项,最好能提醒对方
支付宝密码忘记了,能不能退到其他账户? 能不能退到银行卡?	经常会碰到	这种情况是可以退到银行卡的,不过我们财务人员要麻烦一点	

8. 发货速度、快递单号

对于发货进度、快递单号的问题的答复，如表 7-8 所示。

表 7-8　对于发货进度、快递单号的问题的答复

问　题	提问背景	解　答	技　巧
你们不是说已经退款了吗？我怎么还没有收到啊？	客户比较着急	稍等，我马上帮您看一下；说明后台或实际财务情况；如果不正常，就需要及时处理，使客户满意	
什么时候能发货？今天能发货吗？	都会问的问题	我们每天的订单处理工作量比较大，一般是当天晚上比较迟的时候才开始处理，所以大家的货都是第二天发走的	1. 说明操作流程 2. 说明大家的货也这样发，任何人不能搞特殊
其他家店铺当天就能发货，你们为什么不行呢？	希望或质疑	1. 我们店铺每天订单量很大，所以流程也多，不像很多小店铺，老板自己当客服，当天确实能发货，因为他的网店就直接开在专卖店里或开在线下仓库里，这一点还请多理解 2. 如果不是特别着急，您可以多看看我家货品，上货快，新款多，应该会有您喜欢的	1. 说明情况，做对比 2. 转移话题，点明优势
用什么快递？什么时候能到？	老买家了	1. 我们以××快递为主，这个主要是仓库安排 2. 正常情况下，到您那边应该是×天后，不过不排除快递公司出现突发情况造成延误 3. 不管用什么快递，我们会让快递公司快速、安全地将宝贝送到您的家门口	交代会及时、安全送达
能不能指定快递？	习惯性提问	1. 指定快递也不是不可以，不过从您的角度看，我们只要保证货品及时、安全地送达您手中就可以了 2. 如果您一定指定，请您留言	尽量不指定，如果要指定，请客户留言
换快递公司要加钱吗？		1. 看来您确实很关心快递公司的情况，不知快递公司不同对您有哪些方面的影响？（可以先了解对方需求） 2. 我不知道您换快递公司的原因是什么，但如果是一些小快递公司，因为我们合作不多，不一定能保证他们提供服务的质量	提醒客户对于合作不多的公司，服务质量不一定能得到保证
你们家发货怎么这么慢呀？	还没有收到货，着急	1. 不好意思，您还没有收到货，是吗？我帮您查一下是什么情况，请告知我您的姓名或者订单号 2. 告知客户情况 3. 如果是特殊时间下的订单，须特别说明：您的订单是上周五下的，但我们的订单都是在工作日处理的，因此您的订单会比正常单子多耽搁两天，还请多理解，订单处理的流程还是比较多的，需要时间	正常说明情况，如果有什么具体要求，灵活处理

第 7 章 网络客服与管理

续表

问题	提问背景	解答	技巧
你说发货了，但是快递单号查不到呀？	不相信，想确认一下	亲，不要着急，因我们发货量大，一般发货当晚 7:00 前没有时间输入运单号，第二天一早才输入，要不我看一下您的订单状态，请告知我您的姓名	正常服务
我的订单状态一直显示"配送中"，是不是还没有发货呀？	怀疑	1. 我帮您查一下，应该是发货了，不要着急 2.（查看实际情况）哦，已经发货了，仓库后台还没有点击而已，您放心吧	仓库要按实际情况操作

9. 投诉

对于投诉问题的答复，如表 7-9 所示。

表 7-9　对于投诉问题的答复

问题	提问背景	解答	技巧
你们的服务态度（工作质量）这么差，我要投诉你们	受到不公正礼遇或服务态度差，引起客户不满	1. 了解实际情况，做出判断，是我们自身原因，还是客户的原因 2. 如果是因我们自身工作失误造成的，诚恳地向客户致歉。对于难以消气的，赠送小礼品或代金券等以弥补客户 3. 及时上报此类情况，做好档案记录	表示一定会处理好，使客户满意
你的工号是多少？		可以告知客户工号	
我要投诉，给你们差评	气话或者威胁	1. 如果是我的工作失误造成的，我们会弥补您的损失，您放心，我可以向我们主管反馈，给您一个满意的答复 2. 我家店铺贯彻以诚信经营为核心的服务理念，如果我们有做得不到位的情况，一定会为客户解决并提供相应补偿，您看我是给您申请代金券还是送礼品啊？不知我这样处理您满不满意？	

10. 欢迎与欢送

欢迎和欢送时的服务语言，如表 7-10 所示。

表 7-10　欢迎和欢送时的服务语言

场景	服务语言
客户刚进店铺时	1. 您好，我是店铺客服人员，工号××，很高兴为您服务 2. 很高兴为您服务，您看中什么款式了吗？ 3. 欢迎光临××店铺
中间忙时	1. 及时发微笑表情或"不好意思，稍等"之类的话语 2. 亲，您有问题可以先留言给我，我马上就过来
解答客户问题后	亲，要不您先自己看一下，我先接待其他客户了，祝您购物愉快
欢送	感谢您的惠顾，欢迎下次光临。祝您生活愉快

7.2 网络客服工具的应用

7.2.1 子账号的应用

1. 子账号概述

子账号是商家为方便团队管理协作，在主账号基础上设置的员工分账号。设置完毕后，运营、美工、客服等人员可以登录自己的账号进入平台各司其职、互不干扰、互相协助。

2. 子账号设置

在 PC 端用主账号登录后台网店管理，选择子账号管理，就可在多店绑定员工管理、客服分流、安全设置、监控查询等各项功能，对常用的员工管理、客服分流、监控查询功能的使用进行介绍。

1）员工管理

员工管理的功能有很多，如部门结构、岗位管理、任务审核等，其中最常用的功能是新建员工和员工权限管理。

（1）新建员工即为新员工配备子账号。在 PC 端登录商家后台网店管理，进入子账号管理，如图 7-2 所示，涉及基本信息、安全信息、其他信息的填写，具体包括账号名称、密码、部门使用者手机号码等信息。另外，选中"共享团队聊天记录"和"共享该账号聊天记录"复选框，便于团队之间协作管理。

图 7-2 新建员工界面

（2）员工权限管理即根据员工所在岗位不同对其进行不同权限的设置。一般而言，在上述新建员工界面中设置好部门后，系统会自动匹配给对应的账号相应的后台工作权限，如图 7-3 所示。如果需要对员工的权限进行调整，在员工管理部分选择对应的员工，单击其岗位下的“修改权限”按钮进行操作即可。

子账号管理 岗位管理 任务审批 应用管理 客户分流 聊天记录 多店绑定 操作记录

新建岗位

岗位名称	岗位描述	操作
运营	拥有店铺、商品、交易、营销、用户、内容、服务、数据等绝大多数操作权限	查看
客服	拥有商品、交易中包含售前和售后服务等满足基础工作权限	查看
客服主管	拥有商品、交易、客服管理等部分操权限	查看
美工	拥有店铺装修、商品装修、设计工作台等部分功能操作权限	查看
财务	拥有部分交易、营销推广、账房等操作权限	查看
线下导购员	新零售店铺线下导购	查看
其他	其他岗位	查看

图 7-3　子账号岗位权限设置

2）客服分流设置

在子账号的客服分流设置中，单击“分组设置”按钮，可以根据客服的分组，设置旺旺亮灯、绑定商品、绑定意图、绑定订单状态等。

根据客服能力的不同进行分流权重和移出设置，权重值越高，分配的客户量就越大，移出后客服将没有权限接待询盘。

在子账号的客户分流设置中，单击“设置”按钮，可以对客服账号是否开启网店服务助手、代理账号、商品绑定分组、手机分流、离线分流等进行具体的设置；同时在子账号后台客服分流下，也可以查看客服工作的实时数据、历史数据等。

3）监控查询

监控查询主要查看网店客服在最近 3 个月的聊天记录，既方便客服查询与以往客户的沟通记录，做好客户管理工作，也方便客服主管通过聊天记录了解每个客服在工作中存在的问题，还可以看到客服收到的服务评价等，如图 7-4 所示。

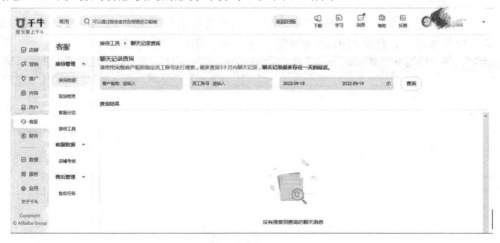

图 7-4　查询聊天记录

3. 子账号应用要点

1）账号格式

账号名是在主账号后加冒号和子账号名称，这里的冒号是半角状态下的冒号。许多初学者在登录千牛工作台时，会把半角的冒号当成全角冒号输入，导致登录不进去。

2）子账号安全设置

设置客服信息时一定要绑定手机号，并且开启手机保护，在登录子账号系统时，必须经过手机验证码的二次验证，保障账户的安全性。

7.2.2 千牛的应用

登录千牛 PC 端，快捷窗口展示主要包括接待中心、消息中心、工作台、搜索四大部分，如图 7-5 所示。打开接待中心后，是客服工作台；消息中心是平台发给商家的各类系统通知；工作台就是商家后台；搜索主要是用来查找千牛客户端的其他应用功能。在使用千牛客户端进行客户接待时，主要使用接待中心和搜索功能。下面介绍接待中心客服工作台的设置功能和基本应用。

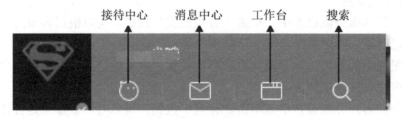

图 7-5 千牛 PC 端快捷窗口

1. 接待中心客服工作台的设置功能

接待中心客服工作台的设置功能主要包括团队管理、店小蜜、客户服务、互动服务窗口等内容，对这些内容进行设置不仅便于提升工作效率和客户体验，而且有利于宣传品牌形象。

1）团队管理

打开团队管理设置界面，如图 7-6 所示，其中包括团队签名、自动回复、快捷短语、禁用语、商品推荐等，然后打开对应标签，进行内容选择和填写即可。

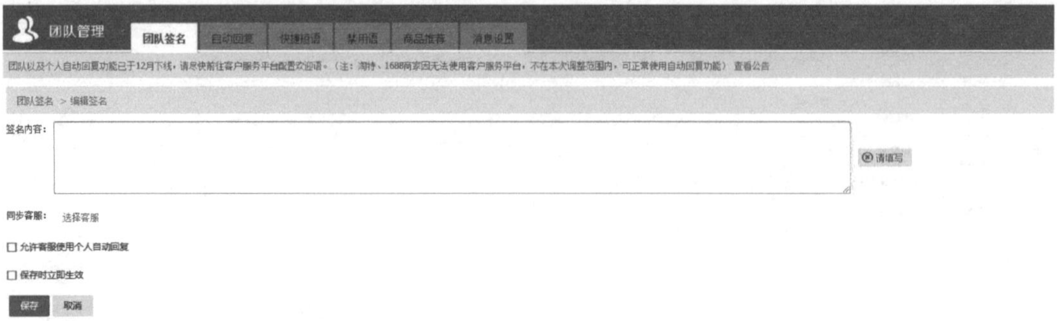

图 7-6 团队管理设置界面

团队签名通常可以添加一些公司文化形象、网店活动、新品推出等方面的简洁用语，添加成功后会显示在与客户沟通的对话框左上角，可以达到宣传、促销的目的。

自动回复一般指客服在第一次接待客户、客服繁忙、客服离开等诸多场景下，系统自动回复客户固定用语的情况。

快捷短语通常可以添加客户常问的商品性能、参数、优惠、物流、售后方面的问题，便于客服节省时间，快速回复客户提问，提升客户体验。

禁用语通常设置一些淘宝规则禁忌的词汇，包括刷单、好评返现、缺货、QQ及联系方式等。

商品推荐通常设置一些网店爆款或者新推出的商品，展示在客服工作台右侧，便于客服随时选择。

2）店小蜜

店小蜜是千牛为商家提供的智能机器人客服，商家可以通过客户常见问题及回复内容的预置，让机器人自动完成客户接待工作。打开店小蜜设置界面，可以设置欢迎语、问答知识等，如图7-7所示。

图7-7　店小蜜设置界面

欢迎语设置是对客户首次进入网店的欢迎语进行设置；问答知识是对客户经常提及的问题进行设置，其中包括商品问题、活动优惠、物流问题、售后问题等。商家打开对应的问题标签，可以选择系统提供的行业高频问题添加答案，也可以选择新建自定义问题，完成问题答案的设置。

需要注意的是，不同的客户提出的问题内容不同，而且随着时间的变化可能会延伸出更多的问题，因此商家需要对店小蜜问答知识配置进行持续优化。

3）客户服务

客户服务平台是淘系千牛平台为商家提供的用于处理客户常见问题的平台，包括服务管理、千牛售后服务、设置等功能。一般商家经常用到的有评价管理、退款管理、自动化任务功能。

商家通过评价管理，可以对不同客户的各种评价进行解释，也可以对客户售后产生的退款申请、纠纷问题进行查实处理。

自动化任务功能主要包括自动催付、自动核实订单、自动发送退货提醒等。商家开启该功能后，在售前阶段，客户如果拍下商品后迟迟未付款，系统会自动给客户发送信息，提醒客户付款或者核实订单信息；在售后阶段，当商家完成对客户的退货后，客户旺旺也会收到退货提醒。

4）互动服务窗口

互动服务窗口设置主要是对移动端客户服务窗口信息录入框上方的菜单栏的设置，菜单栏入口可以方便客户快速地找到自己需要的服务。如图 7-8 所示为互动服务窗口，商家可以添加、删除、排序所需要的菜单栏，通过制作素材自定义菜单栏内容，根据客户特征进行添加。

图 7-8　互动服务窗口

当然，关于千牛客服工作台应用功能的设置还有很多，也有更为细节的操作，相对来说都比较流程化，也比较简单，这里不再展开赘述。

2．接待中心客服工作台的基本应用

接待中心客服工作台的基本应用主要包括上方标题、左侧联系人窗口、中间聊天窗口、右侧订单客户信息窗口，其主要功能分为两个方面。

（1）成交前的订单信息处理应用，包括客户接待沟通（见图 7-9）、查看客户信息（见图 7-10）、推荐商品、转发消息给团队成员、加好友、客户分组等日常应用。

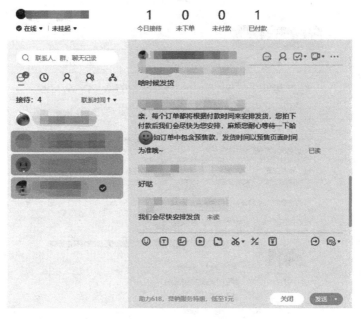

图7-9 客户接待沟通界面

图7-10 查看客户信息界面

（2）成交后的订单信息处理应用，如图7-11所示，包括客户订单的改价、备注、催付、发货、评价管理、投诉管理、退货、退款、赔偿、客户维护等。

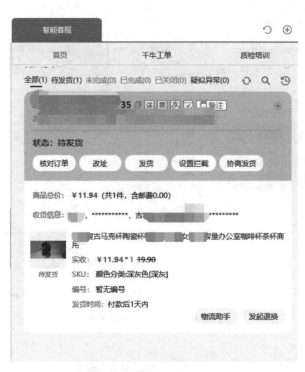

图 7-11 订单信息处理界面

7.3 客户关系管理

7.3.1 客户关系管理概述

1. 客户关系管理的概念

客户关系管理（customer relationship management，CRM）是指企业为提高核心竞争力，利用相应的信息技术以及互联网技术管理企业与客户之间在销售、营销和服务中的交互，从而提升其管理能力，向客户提供创新的个性化的客户交互和服务的过程。其最终目标是吸引新客户、保留老客户以及将已有客户转为忠实客户，增加市场份额。

知识链接

客户关系管理定义的分类

2. 客户关系管理的内涵

关于客户关系管理的内涵，可从三个层面来表达，即管理理念、商务模式以及技术系统。

其中，管理理念是客户关系管理成功的关键，它是客户关系管理实施应用的基础；商务模式是决定客户关系管理成功与否、效果如何的直接因素；技术系统是客户关系管理成功实施的手段和方法。三者构成客户关系管理稳固的"铁三角"，如图 7-12 所示。

图 7-12 客户关系管理"铁三角"

1）CRM 内涵之一：管理理念

客户关系管理是企业为提高核心竞争力，达到竞争制胜、快速成长的目的，树立以客户为中心的发展战略，并在此基础上开展的包括判断、选择、争取、发展和保持客户所实施的全部商业过程。

目前，CRM 作为一个被广泛应用的重要概念，首先体现为其是一个触及企业内所有独立的职能部门和全部的业务流程的商业理念。简单地说，在客户关系管理的理念和思想指导下，企业将着力去建立以客户为中心的新的商业模式，通过集成前台和后台资源，在办公系统整套应用的支持下，确保直接关系到企业利润的客户满意的实现。企业高层和经营管理人员必须贯彻并实践这一理念，建立并领导执行这一商业战略。在此层面上，客户关系管理对企业的成长、发展具有关键性影响和决定性作用。以前企业只注重运营效率的提高，但随着网络经济和电子商务的发展，人们在大量的探索和实践中逐渐认识到，建立并维持良好的客户关系已成为获取独特竞争优势的最重要的基础。

客户关系管理作为企业的经营指导思想和业务战略，其核心理念主要体现在以下几个方面。

（1）客户价值的理念。客户关系管理是涉及选择和管理客户的经营指导思想和业务战略，目的是实现客户价值的最大化。客户关系管理的实践促使企业树立新的客户观念，重新认识客户关系和客户的价值所在。也就是说，客户关系管理重新定义了企业的职能并对其业务流程进行了重组，要求企业真正用以客户为中心的理念来开展营销、销售和服务工作。企业关注的焦点必须从内部运作转移到客户关系上来，通过加强与客户的交流，全面了解客户的需求，并不断对产品和服务进行改进，以持续满足客户需求，完成将注意力集中于客户的商业模式的转变。企业的客户关系管理理念，一定要反映在上至公司高层、下至每位员工的所有可能与客户发生关系的环节上，促使他们充分地沟通，共同围绕客户关系展开工作。从更广的范围讲，客户关系管理不仅促使企业与客户之间进行良好的交流，也为企业与合作伙伴之间共享资源、共同协作提供了基础。完整的、智能的 CRM 系统可以根据不同的客户建立不同的联系，根据其特点提供服务，这充分体现了客户关系管理的核心思想和理念内涵。

（2）市场经营的理念。客户关系管理要求企业的经营以客户为中心，在市场定位、市场细分和价值实现中必须坚持贯彻这一理念。客户资源是企业最重要的资产之一，客户满意度大小直接关系到企业能否获得更多的利润，因而对现有客户的管理及潜在客户的培养和挖掘是企业在市场上获得成功的关键。如今，企业在市场上面临着更大的竞争和不稳定性，只有瞄准以个性化需求的满足为特征的细分市场，才能提高企业的资产回报率。

（3）业务运作的理念。客户关系管理要求企业从"以产品为中心"的业务模式向"以客户为中心"的模式转变。在具体的业务活动中，客户关系管理的理念指导企业收集、整理和分析每一个客户的信息，力求为客户提供最合适的个性化服务，力争把客户想要的产品和服务送到他们手中，以及观察和分析客户行为对企业收益的影响，从而使企业与客户的关系以及企业盈利都实现最优化。

（4）技术应用的理念。客户关系管理要求以客户为中心的商业运作流程实现自动化及通过先进的技术平台支持、改进业务流程。首先，客户关系管理理念的实践，要想在企业范围内实现协调、信息传达和责任承担，需要一个经过统筹考虑的技术方案来实现企业新的商业策略；其次，考虑到业务流程的整合和较高的客户服务期待，企业中信息技术支持和应用是必不可少的；最后，当前信息技术领域的多种进步最终都会汇集到一点上，使客户关系管理的重要性和实效性不断得到加强。

2）CRM 内涵之二：商务模式

客户关系管理是指企业以客户关系为重点，开展系统化的客户研究，通过优化企业组织体系和业务流程，提高客户满意度和忠诚度，提高企业效率和利润水平的工作实践。

作为一种旨在改善企业与客户之间关系的新型管理机制，CRM 实施于企业市场营销、服务与技术支持等与客户有关的业务领域，与传统的生产、销售的静态商业模式存在根本区别。客户关系管理系统的建立意味着企业在市场竞争、销售及支持、客户服务等方面形成动态协调的全新的关系实体，形成持久的竞争优势，从而实现企业客户资源的最优化管理。这种新型管理机制的变革集中地体现在市场营销、销售实现、客户服务和决策分析等与客户关系有关的重要业务领域。

（1）市场营销。客户关系管理中的市场营销包括对传统市场营销行为和流程的优化和自动化。个性化和一对一成为当前营销的基本思路和可行做法，实时营销的方式转变为电话、传真、网站、E-mail 等的集成，旨在使客户以自己的方式、在方便的时间获得其所需要的信息，形成更好的客户体验。

（2）销售实现。客户关系管理扩展了销售的概念，从销售人员的不连续活动到涉及企业各职能部门和员工的连续进程都被纳入销售实现中。在具体流程中，它被拓展为销售预测、过程管理、客户信息管理、建议产生及反馈、业务经验分析等一系列工作。

（3）客户服务。客户关系管理模式把客户服务视为最关键的业务内容，视同企业的盈利而非成本来源。企业提供的客户服务已经超出传统的帮助平台，成为能否保留并拓展市场的关键，只有提供更快速和更周到的优质服务，才能吸引和保持更多的客户。客户服务必须能够积极主动地处理客户各种类型的询问、信息咨询、订单请求、订单执行情况反馈，以及提供高质量的现场服务。

（4）决策分析。客户关系管理的重要意义在于创造并具备了使客户价值最大化的决策和分析能力。首先，通过对客户数据的全面分析，规范客户信息，消除交流和共享障碍，并预测客户的需求,衡量客户满意度,以及评估客户带给企业的价值,提供管理报告、建议和完成各种业务的分析;其次,在统一的客户数据的基础上,将所有业务应用系统融入分析环境中开展智能分析,在提供标准报告的同时又能提供既定量又定性的即时分析,将分析结果反馈给企业各职能部门,不但提升了信息分析的价值,更能使企业领导者权衡信息,做出全面及时的商业决策。

3) CRM 内涵之三:技术系统

客户关系管理是指企业在不断改进与客户关系相关的全部业务流程,整合企业资源,实时响应客户,最终实现电子化、自动化运营目标的过程中所创造并使用的先进的信息技术、软硬件以及经过优化的管理方法、解决方案的总和。这主要是从企业管理中的信息技术、软件及应用解决方案的层面对 CRM 进行定义。

(1)应用软件系统。客户关系管理系统可以理解为企业运用信息技术实现客户业务流程自动化的软件系统,其中涉及销售、市场营销、客户服务等软件。

(2)方法和手段。客户关系管理也可以理解为它所体现的方法论的统称,指可用于帮助企业管理客户关系的一系列信息技术或手段。例如,建立能精确描绘客户关系的数据库,建成实现客户信息的集成、综合各类客户接触点的电话中心或联络中心等。

客户关系管理的解决方案从方法论上讲,对于大多数行业和企业而言,在以客户为中心的业务流程分析思路中主要包含的内容具有一定的共性,简称"7P"。

在 CRM 的应用系统中,解决方案主要集中在以下方面:业务操作管理(涉及的基本商业流程包括营销自动化、销售自动化、客户服务)、客户合作管理(对客户接触点的管理,如联络中心和电话中心建设、网站管理、渠道管理等)、数据分析管理(主要涉及为实现决策分析智能化的客户数据库的建设、数据挖掘、知识库建设等工作)等。

"7P"

在客户关系管理的应用方案中,将客户作为企业业务流程的中心,通过与企业管理信息系统的有机结合,日益丰富客户信息,并使用所获得的客户信息来满足客户个性化需求,努力实现企业前后台资源的优化配置。CRM 应用系统在管理企业前台方面,提供了搜集、分析客户信息的系统,以帮助企业充分利用其客户关系资源,扩展新的市场和业务渠道,提高客户的满意度和企业的盈利能力;在与后台资源的结合方面,CRM 应用系统要求同企业资源规划等传统企业管理方案实现有机结合,率先实现内部商业流程的自动化,提高生产效率。

客户关系管理的价值在于企业内部、企业与客户和业务伙伴之间建立的无缝协作的能力。在传统意义上,技术只是管理的辅助手段,但如今信息技术已成为越来越多的企业运营管理的重要途径和工具。

3. 客户关系管理的结构和流程

客户关系管理的结构与流程如图 7-13 所示。

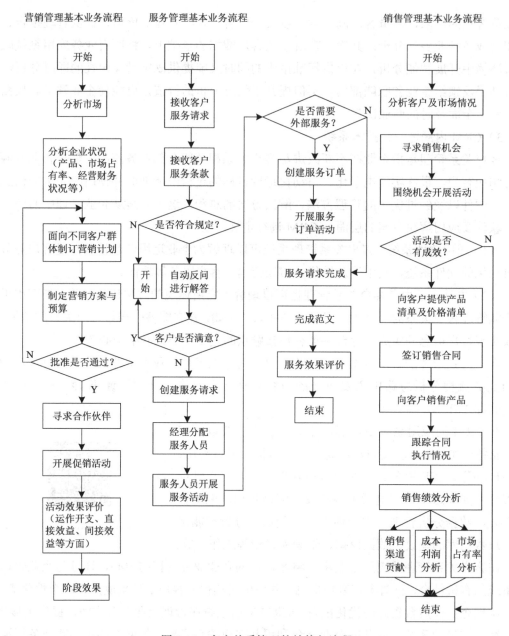

图 7-13 客户关系管理的结构与流程

在该体系结构中,最初,运营数据(企业与客户之间已发生的业务处理记录)是从客户"接触点"搜集的。这些运营数据连同遗留下来的内部客户数据和外来的市场数据经过整合和变换,装载进数据仓库。之后,利用联机分析处理工具和数据挖掘等技术从数据中分析和提取相关规律、模式和趋势。最后,利用报表工具,使有关客户信息和知识在整个企业内得到有效的流转和共享。这将转变企业的战略和战术行动,提高同客户交互的有效性和针对性,把合适的产品和服务,通过适当的渠道,在合适的时间,提供给适当的客户。

4．客户关系管理分类

客户关系管理涵盖了直销、间接销售及互联网销售等所有的销售渠道，能帮助企业改善包括营销、销售、客户服务和技术支持在内的与客户关系有关的业务流程。随着 CRM 市场的不断发展，新企业的加入和现有企业以合并、联合以及推出新产品的方式重新定位，这一领域可谓日新月异，CRM 解决方案呈现出多样化的发展趋势。为便于了解 CRM 的全貌，可以从以下几个角度对 CRM 进行分类。

1）按客户目标分类

并非所有的企业都能够执行相似的 CRM 策略，而当同一企业的不同部门或地区机构在考虑 CRM 策略的实施时，可能事实上有着不同的商务需要。同时，还需要考虑的因素是不同的技术基础设施。因此，根据客户的行业特征和企业规模来划分目标客户群，是大多数 CRM 的基本分类方式。在企业应用中，越是高端应用，行业差异越大，客户对行业化的要求也越高，因而有一些专门的行业解决方案，如银行业、电信业、大型零售商等 CRM 应用解决方案。

知识链接
对于中低端应用 CRM 的分类

在 CRM 应用方面，大型企业与中小企业相比有很大的区别：首先，大型企业在业务方面有明确的分工，各业务系统有自己跨地区的垂直机构，从而形成了企业纵横交错的庞大而复杂的组织体系，因此不同业务、不同部门、不同地区实现信息的交流与共享极其困难，同时大型企业的业务规模远大于中小企业，致使其信息量巨大；其次，大型企业在业务运作上强调严格的流程管理，而中小企业在组织机构方面更加轻型、简洁，业务分工不一定明确，但运作上更具有弹性。因此，大型企业所用的 CRM 软件比中小企业的 CRM 软件要复杂、庞大得多。而一直以来，国内许多介绍 CRM 的报道和资料往往是以大型企业的 CRM 解决方案为依据的，这就给人一种错觉：CRM 都是很复杂、庞大的。其实，面向中小企业的 CRM 软件也不少，其中不乏简洁、易用的。

如今，有关企业规模方面的要求越来越随意，因为越来越多的 CRM 供应商依据不同情况来提供不同产品。主要的 CRM 提供商一直以企业级客户为目标，并逐渐向中型市场转移，因为后者的成长潜力更大。以企业级客户为目标的公司包括 Siebel、Oracle 等。另外一些公司，如 Onyx、Pivotal 等瞄准的是中小企业，它们提供的综合软件包虽不具有大型软件包的深度功能，但功能丰富、实用。

2）按应用集成度分类

CRM 涵盖整个客户生命周期，涉及众多的企业业务，如销售、技术支持服务、市场营销以及订单管理等。CRM 既要完成单一业务的处理，又要实现不同业务间的协同，同时作为整个企业应用中的一个组成部分，CRM 还要充分考虑企业的其他应用，如与财务、库存、ERP、供应链等应用进行集成。

但是，不同的企业或同一企业处于不同的发展阶段时，对 CRM 整合应用和企业集成应用有不同的要求。为满足不同企业的不同要求，CRM 在集成度方面也有不同的分类。按照应用集成度的不同，可以将 CRM 分为 CRM 专项应用、CRM 整合应用、CRM 企业集成应用。

（1）CRM 专项应用。以销售人员为主导的企业与以店面交易为主的企业，在核心能力上是不同的。销售自动化（sales force automation，SFA）是以销售人员为主导的企业的 CRM 应用关键，而客户分析与数据库营销则是以店面交易为主导的企业的 CRM 应用关键。

在专项应用方面，还有著名的呼叫中心（call center）。随着客户对服务要求的提高和企业服务规模的扩大，呼叫中心在 20 世纪 80 年代得到迅速发展，与 SFA 和数据库营销一起成为 CRM 的早期应用。到目前为止，这些专项应用仍然具有广阔的市场，并处于不断发展中。

对于国内企业特别是对于中小企业而言，CRM 的应用处于初期阶段，根据企业的销售与服务特点，选择不同的专项应用不失为一条现实的发展道路。当然，在启动专项应用的同时，应当考虑后续的发展，特别是业务组件的扩展性和基础信息的共享，应选择适当的解决方案。

（2）CRM 整合应用。由于 CRM 涵盖整个客户生命周期，涉及企业众多的业务，因此对于很多企业而言，必须实现多渠道、多部门、多业务的整合与协同，必须实现信息的同步与共享，这就是 CRM 整合应用。CRM 业务的完整性和软件产品的组件化及可扩展性是衡量 CRM 整合应用能力的关键。

（3）CRM 企业集成应用。对于信息化程度较高的企业而言，CRM 与财务、ERP、SCM 以及群件产品的集成应用是很重要的。这方面的代表厂商有 Oracle（甲骨文公司）、SAP（思爱普公司）等。

3）按系统功能分类

（1）操作型 CRM。用于自动集成商业过程，包括销售自动化、营销自动化和客户服务与支持 3 部分业务流程。

（2）合作型 CRM。用于同客户沟通所需途径（包括电话、传真、网络、电子邮件等）的集成和自动化，主要有业务信息系统、联络中心管理和 Web 集成管理。

（3）分析型 CRM。用于对以上两部分所产生的数据进行分析，为企业的战略、战术决策提供支持，包括数据仓库和知识仓库建设，以及依托管理信息系统的商业决策分析。

5．客户运营平台应用

客户运营平台是淘系提供给商家专门进行客户关系管理运营的系统。通过该系统，商家对客户信息进行深度完善、分类管理：既可以根据客户消费次数和消费金额进行会员等级设置，又可以根据店铺上新、活动情况及商品应用周期和客户特殊节日等给客户发放支付宝红包、优惠券等。

1）客户管理

通过客户运营平台成员管理，商家可以对客户信息（生日、爱好、地址等）进行深度备注，以便日后点对点精准管理；商家对客户进行分组管理，以便对同类型客户实现高效运营；通过发放支付宝红包、优惠券等进行促销管理，激活"沉睡"客户，提升客户转化率、购买量，如图 7-14 所示。

图 7-14　成员管理

2）客户营销管理

阿里巴巴的客户运营平台为商家提供了丰富的客户营销工具与手段，客户营销工具包括智能营销模块和场景营销模块；客户营销手段包括通过短信和优惠券对客户进行浅度关怀，以及提醒客户复购、购物车营销，形式多样，应用灵活，适合商家在不同的应用场景下灵活使用，如图 7-15 所示。

图 7-15　智能营销板块

6. 淘宝群运营

淘宝群是淘系推出的商家面向会员及粉丝实时的在线运营阵地，通过淘宝群，商家可高效触达消费者，结合丰富的玩法和专享权益，形成客户高黏性互动和回访。无论是对于促进客户进店、转化，还是新品推广，淘宝群都有较强的现实意义。

淘宝群最大的特点就是可以实现对客户分层运营，实现高效触达客户，可以帮助商家拥有稳定的价值流量，实现网店高转化和强复购，同时又是内容孵化阵地。

1）建立和加入淘宝群的条件

商家建立和加入淘宝群的条件：正常运营网店；网店保持稳定持续运营，近 30 天内成交笔数≥30 笔；有一定的内容运营能力，微淘商家层级≥L1 等。

2）建立淘宝群

商家可以通过淘宝群聊网页版、千牛PC端、千牛App建群。下面以淘宝群聊网页版为例介绍淘宝群的建立步骤。首先在PC端打开"商家后台"→"用户"，如图7-16所示，选择"淘宝群"选项，然后进入淘宝群聊网页版，单击页面右上角的"+"按钮即可开始建群。

图7-16　用户中心

商家可以选择需要的群组，如快闪群、直播群、普通商家群、会员群、兴趣群，单击"立即创建"按钮，设置群名称、群容量、群简介、新人欢迎语等，如图7-17和图7-18所示。建群成功后可以通过发送群链接和群二维码邀请客户加入，如图7-19所示。

图7-17　群组分类

图7-18　淘宝群创建界面

图 7-19 邀请进群

3）群运营权益

商家在完成建群后，可以通过设置门槛来实现对群的分层管理，运用网店页面展示、系统展示页、主动拉人进群等方法来提升淘宝群人流量。

在群运营过程中，商家可以通过群管理公告定时发送消息，或跨群组发送消息、消息通知，对群实现高效管理，也可以通过使用商品类、卡券类、互动类的专属工具来提升群运营效果。此外，商家还可以通过群管理后台查看群的具体运营效果。

当然，由于商家等级不同，其运营权益也有一定差异，普通商家有 20 个群组、10 万人群容量，最高群等级商家有 100 个群组、50 万人群容量。具体商家等级及享受的权益可以在群管理后台的群等级及权益处查看。

4）淘宝群展示通道及设置

淘宝群创建成功后，可以通过很多渠道进行展示。

（1）展示通道。目前，淘宝群展示的主要通道有店铺首页、详情页、移动端客户互动服务窗口菜单栏、微淘页面等位置，如图 7-20 所示。

图 7-20 展示效果

（2）淘宝群营销活动设置。为了提高群活跃度、促进网店转化，淘宝群后台给商家提供了营销活动设置栏目。通过该栏目，商家可以设置限时抢购、提前购、红包喷泉、淘金币打卡、拼团卡片、裂变优惠券、拼手气抢红包等活动，其具体应用如图7-21所示。

图 7-21 淘宝群营销活动界面

（3）淘宝群营销应用思路。在日常运营中，商家可以利用群红包定期发放功能，维护群活跃度，提升客户体验感和归属感。商家还可利用投票功能，实现测图和测款的目的，在商品未发布前，可释放群客户提前购买特权，实现商品提前测款和积累商品人气的目的；在商品发布时，利用限时抢购功能，增加销售紧迫感，实现新品快速"破零"的目的；在大促活动期间，利用红包喷泉定时发放红包的功能提升群内活跃度，帮助商家在大促时提高转化率。

7.3.2 客户关系管理的内容

客户关系管理的主要内容包括客户识别、客户关系的建立、客户保持以及客户流失和客户挽留，其中客户识别是客户关系管理的基础，客户关系的建立是客户关系管理的保证，而客户保持和客户挽留是对已建立的客户关系的维系。

1. 客户识别

客户识别是客户关系管理的首要环节，只有识别出企业的潜在客户、有价值客户以及客户的需求，才能为企业的客户管理提供有价值的信息，使企业的客户关系管理更有针对性，避免因盲目管理而产生不必要的浪费，甚至更大的损失。

1）客户识别的定义

客户识别就是通过一系列技术手段，根据大量客户的特征、购买记录等可得数据，找出企业的潜在客户有哪些、客户的需求是什么、哪类客户最有价值等，并把这些客户作为企业客户关系管理实施的对象，从而为企业成功实施CRM提供保障。

客户识别是在确定好目标市场的前提下，从目标市场的客户群体中识别出对企业有意义的客户并将其作为企业实施CRM的对象。由于目标市场客户的个性特征各不相同，不同客户与企业建立并发展客户关系的倾向也各不相同，因此他们对企业的重要性是不同的。

2）客户识别的内容

（1）识别潜在客户。潜在客户是指存在于消费者中间，可能需要产品或接受服务的人，也可以理解为是经营性组织机构的产品或服务的可能购买者。识别潜在客户需要遵循以下原则，如图7-22所示。

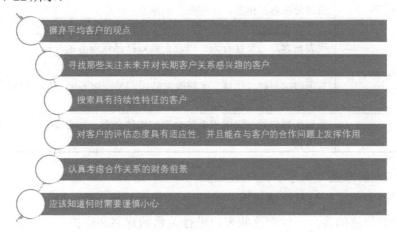

图7-22 识别潜在客户需要遵循的原则

（2）识别有价值客户。客户大致分为交易型客户和关系型客户两类。交易型客户只关心价格，没有忠诚度可言。关系型客户更关注商品的质量和服务，愿意与供应商建立长期友好的关系，客户忠诚度高。交易型客户带来的利润非常有限，结果往往是关系型客户在给交易型客户的购买进行补贴。识别有价值的客户实际上需要两个步骤：首先，分离出交易型客户，以免他们干扰你的销售计划；其次，分析关系型客户。我们将有价值的关系型客户分为3类（见表7-11）。

表7-11 有价值的关系型客户的种类

客户类型	特点	营销方式
价值客户	公司主要的利润来源	进行客户关系管理营销，留住这些客户
潜力客户	带来可观利润并有可能成为最大利润来源	开展营销，提高企业商品在其购买商品中的份额
失效客户	现在能够带来利润，但正在失去价值	经过分析，剔除即可

（3）识别客户的需求。"需要"是我们生活中不可缺少的东西，"需求"则是我们想要得到满足的方面。过去商家往往认为必须满足客户的需要，但在今天竞争日益激烈的社会里，仅仅满足客户需要是不够的——为了留住客户，我们要让他们感到愉悦，因此我们必须了解他们的需求，找出满足客户需求的方法，如表7-12所示。

表7-12 满足客户需求的方法

方法	内容
会见头等客户	客户服务代表和其他人员定期召集重要客户举行会议，讨论客户的需求、想法和对服务的期望

续表

方法	内容
发放意见卡和简短问卷	将意见卡和简短问卷放在接待区、产品包装、商品目录服务中心或客户易于接近的地方,以征求客户对产品或服务的意见
客户调查	通过邮寄、打电话和网上发布调查表等方法对客户进行调查
客户数据库分析	通过分析客户信息,了解客户需求
个人询问	客户代表通过询问客户对自己和企业的看法,得到客户反馈,以便指导客户代表与客户的交往行为,以及企业对产品或服务的选择
考察竞争者	访问竞争对手,以获得有关价格、产品等有价值的信息
组成兴趣小组	与顶级客户联合访谈,了解改进特定产品或服务的信息,参加访谈的所有成员可组成一个兴趣小组
市场调研	为雇用客户的公司组织单独会面和团体会面,并通过电话、邮件和互联网进行调查

3)客户识别的意义

客户识别的主要工作包括:通过客户的特点将客户进行分类,进而识别出目前以及将来对企业发展有价值的客户,针对这些客户进行关系的建立和维护。可以说,客户识别是客户关系管理的基础和保障,对于客户关系管理具有重要的意义。

(1)节约新客户的获取成本。新客户的获取成本往往大于老客户的维护成本,其主要原因是在新客户的开发过程中,客户的反馈率太低,导致获取每个客户的平均成本居高不下,而通过客户识别能够识别出最有可能成为企业客户的潜在客户,并有针对性地开发新客户,可避免在新客户开发过程中的无谓投入,用尽可能少的成本获取尽可能多的客户。

(2)缩减客户的保持费用。在现有的客户中,并不是每一位客户都会同企业建立并发展长期合作关系,如果不加区别地对所有客户努力保持联系,势必会造成客户保持成本的浪费,而通过客户识别能够识别出较大概率同企业保持紧密关系的客户,并有区别地进行客户保持,故大幅缩减了企业在客户保持方面的费用。

(3)提高客户关系定位的准确性。客户识别的主要作用在于能够将企业的众多客户划分为不同的类别,对客户进行精准定位。这种定位有助于企业针对客户关系处于不同程度的客户策划不同的营销方案,开展不同的客户保持方式,使得客户关系管理更具个性化,更有针对性。

2. 客户关系的建立

客户关系的建立是客户关系管理的核心部分,也是最主要的部分。企业应通过各种方法与不同类型的客户建立合适的关系,以保证企业客户关系管理持续有效地进行,进而保证企业深入了解客户,获得更有价值的信息。

1)客户关系的定义

客户关系是指企业为达到其经营目标,主动与客户建立起的某种联系。这种联系可能是单纯的交易关系、通信联系,也可能是为客户提供一种特殊的接触机会,还可能是为双方利益而形成某种买卖合同或联盟关系。客户关系管理不仅可以为交易提供方便、节约交易成本，也可以为企业深入了解客户的需求和交流双方信息提供机会。

2）客户关系的特征

客户关系同普通的人际关系相比，具有其独特之处，主要表现在多样性、持续性、竞争性和双赢性。

（1）多样性。根据客户的不同特点，客户关系也有不同的表现形式，即便是同一个客户，在不同的阶段也会表现出与企业不同的客户关系。

（2）持续性。客户关系会在一定程度上表现出持续性，也称作惯性，只要方法得当，客户会乐于同企业保持一种相对稳定的关系。

（3）竞争性。客户关系的竞争性主要表现在企业同竞争对手对客户资源的竞争，使客户关系的稳定性在某种情况下受到威胁，正是基于客户关系的这种竞争性，企业才需要进行客户关系管理，以保证客户关系的稳定性。

（4）双赢性。对于企业来说，良好的客户关系有助于企业了解客户信息和需求，有针对性地进行产品开发、制订生产计划、开展营销活动等，对于企业的发展具有重要的促进作用；对于客户来说，同企业建立良好的关系有助于客户获得来自企业的更多优惠和关怀。因此，客户关系具有双赢性的特征。

3）客户关系的建立流程

（1）客户关系的类型及选择。企业在具体的经营管理实践中，建立何种类型的客户关系，必须针对其商品的特性和对客户的定位来做出抉择。著名的营销学家菲利普·科特勒在研究中把企业建立的客户关系分为 5 种类型，如图 7-23 所示。

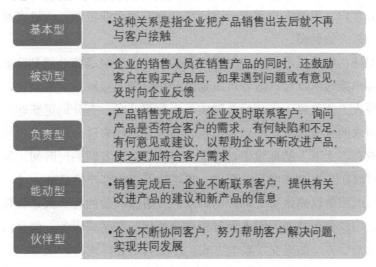

图 7-23　客户关系的类型

这 5 种客户关系类型之间并不具有简单的优劣对比程度或顺序，因为企业所采用的客户关系类型取决于其产品以及客户的特征。企业可能根据其客户数量和边际利润水平，依据图 7-24 所示的思路，选择合适的客户关系。

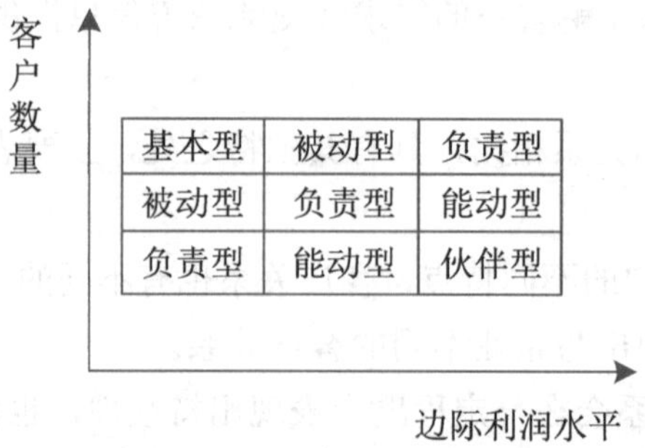

```
客户          ↑
数量          │  ┌─────┬─────┬─────┐
              │  │基本型│被动型│负责型│
              │  ├─────┼─────┼─────┤
              │  │被动型│负责型│能动型│
              │  ├─────┼─────┼─────┤
              │  │负责型│能动型│伙伴型│
              │  └─────┴─────┴─────┘
              └──────────────────────→
                              边际利润水平
```

图 7-24　选择客户关系类型示意图

如果企业在面对少量客户时,提供的产品或服务的边际利润水平相当高,那么它应当采用伙伴型的客户关系,力争帮助客户解决问题的同时,自己也获得丰厚的回报。如果产品或服务的边际利润水平很低,客户数量极其庞大,那么企业会倾向于采用基本型的客户关系,否则可能因为售后服务的成本较高而出现亏损。因此,一般来说,企业对客户关系进行管理或改进的趋势,应当是朝着为每个客户提供满意的服务并提高产品的边际利润水平的方向转变的。

（2）发展客户关系。要留住客户,提高客户的忠诚度,需要在正确识别客户的基础上按照以下 3 个步骤发展客户关系。

①对客户进行差异分析。不同的客户之间的差异主要有两点:第一,客户对于企业的商业价值不同;第二,客户对于产品的需求不同。因此,对客户进行有效的差异分析,可以帮助企业区分客户、了解客户需求,进而更好地配置企业资源,改进产品和服务,牢牢抓住客户,获得最大的利润。

②与客户保持良好的接触。客户关系管理的一个主要组成部分就是降低与客户接触的成本,增加与客户接触的收益。前者可以通过开拓自助式接触渠道来实现,用互联网上的信息交互来代替人工的重复工作。后者的实现需要更及时、充分地更新客户的信息,从而加强对于客户需求的透视深度,更精确地描述需求。具体来讲,也就是把与客户的每一次接触或者联系放在"上下"的环境中,对于上一次接触或者联系何时何地发生,都应该清楚了解,从而可以在下次继续进行,形成一条连续不断的客户信息链。

③调整产品或服务以满足每个客户的需求。要进行有效的客户关系管理,将客户锁定在学习型关系之中,企业就必须因人而异提供个性化的产品或服务,调整点不仅包括最终产品,还应该包括服务,如提交发票的方式、产品的包装样式等。

客户关系的进展程度与企业客户管理和服务水平紧密相关,客户关系提升的过程是营销和管理精细化和信息化的过程,因此可以通过提高客户的忠诚度来改善客户关系。通过网络技术与客户建立互动式管理,创造并稳定客户关系,实现客户忠诚,其模式如图 7-25 所示。

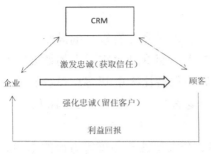

图 7-25　CRM 与客户建立关系

4）客户关系的生命周期

客户关系的生命周期通常指的是一个客户与企业之间从建立业务关系到业务关系终止的全过程，是一个完整的关系周期。它从动态角度研究客户关系，描述了客户关系从一个阶段向另一个阶段运动的总体特征。

客户关系的生命周期可分为考察期、形成期、稳定期和退化期。下面简要介绍各阶段的特征。

（1）考察期——关系的探索和试验阶段。在这一阶段，双方考察和测试目标的相容性、对方的诚意、对方的绩效，考虑如果建立长期关系双方潜在的责任、权利和义务。双方相互了解不足、具有不确定性是考察期的基本特征，评估对方的潜在价值和降低不确定性是这一阶段的中心目标。在这一阶段，客户会下一些尝试性的订单。

（2）形成期——关系的快速发展阶段。双方关系能进入这一阶段，表明在考察期双方相互满意，并建立了一定的相互信任和交互依赖。在这一阶段，双方从关系中获得的回报日趋增多，交互依赖的范围和深度也日益增加。双方逐渐认识到对方有能力提供令自己满意的价值和履行其在关系中担负的职责，因此愿意承诺一种长期关系。

（3）稳定期——关系发展的最高阶段。在这一阶段，双方或含蓄或明确地对持续长期关系做出了保证。这一阶段有如下特征：双方对对方提供的价值高度满意；为了能长期维持稳定的关系，双方都进行了大量的有形投入和无形投入，进行高水平的资源交换。因此，在这一阶段，双方的交互依赖水平达到整个关系发展过程中的最高点，关系处于一种相对稳定的状态。

（4）退化期——关系发展过程中的关系水平逆转阶段。关系的退化并不总发生在稳定期后的第四阶段，实际上在任何一个阶段关系都可能退化，有些关系可能永远越不过考察期，有些关系可能在形成期退化，有些关系则越过考察期、形成期而进入稳定期，并在稳定期维持较长时间后退化。引起关系退化的原因有很多，如一方或双方发生了一些不愉快的事情、发现了更合适的关系伙伴、需求发生变化等。退化期的主要特征有：交易量下降，一方或双方正在考虑结束关系，甚至物色候选关系伙伴，等等。

3. 客户保持

客户保持是指企业通过努力来巩固及进一步发展与客户长期稳定关系的动态过程和策略。客户保持需要企业与客户相互了解、相互适应、相互沟通、相互满意、相互忠诚，这就必须在建立客户关系的基础上，与客户进行良好的沟通，让客户满意，最终实现客户忠诚。

1）客户保持的原因

企业之所以会保持一些客户，是因为这些客户对企业有较高的满意度和忠诚度。事实上，客户很愿意把这种感觉告诉自己所认识的人，而这种"宣传"的效果绝对胜过企业花巨资拍摄广告所带来的效果。对企业而言，客户保持比吸引新客户花费的成本更低。据统计，吸引一个新客户所花费的成本是维护一个老客户所需成本的5~10倍。

2）影响客户保持的因素

（1）客户购买行为受到文化、社会环境、个人特性和心理等方面的影响。这部分因素是企业无法控制的，但是对于企业了解客户的个体特征有着重要的意义。由于来自同一类社会阶层或具有同一种心理，个性客户往往具有相似的消费行为，企业可以通过这些因素对客户进行分类，对不同类型的客户实施不同的营销策略。此外，企业可以将不同客户的购买情况与客户特性进行对比，了解它们之间的关联。

（2）客户满意与客户保持具有非线性的正相关关系。企业可以从建立顺畅的沟通渠道及时准确地为客户提供服务，提高产品的核心价值和附加价值等方面，来提高客户的满意度。

（3）客户在考虑是否转向其他供应商时必须要考虑转移的成本。转移成本的大小直接影响客户维护。转移成本的大小受到市场竞争环境和客户建立新的客户关系的成本的影响。

（4）客户关系具有明显的生命周期的特征，在不同的生命周期中，客户保持具有不同的任务。一般来说，在考察期客户的转移成本较低，客户容易流失。而随着交易时间的延长，客户从稳定的交易关系中能够获得越来越多的便利，节省了转移成本，客户越来越趋于稳定，客户容易保持原有的交易关系。这使企业需要一如既往地提供令客户满意的服务或产品。

3）客户保持管理的内容

尽管越来越多的企业管理层意识到维护企业客户的重要性，但是究竟应该从哪些方面着手来实施这一理念呢？以下进行具体分析。

（1）建立、管理并充分利用客户数据库。企业必须重视客户数据库的建立、管理工作，注意利用数据库来开展客户关系管理和分析现有客户情况，并找出客户数据与购买模式之间的联系，以及为客户提供符合他们特定需求的定制产品和相应服务，并通过各种现代通信手段与客户保持自然密切的联系，从而建立持久的合作伙伴关系。

（2）通过客户关怀提高客户的满意度与忠诚度。客户关怀应该包含在客户从购买前、购买中到购买后的客户体验的全部过程中。购买前的客户关怀活动主要是在提供有关信息的过程中进行沟通和交流，这些活动能为以后企业与客户建立关系打下基础。购买期间的客户关怀与企业提供的产品或服务紧密地联系在一起，包括订单的处理以及各个相关的细节都要与客户的期望相吻合，满足客户的需求。购买后的客户关怀活动主要集中于高效地跟进和圆满地完成产品的维护和修理的相关步骤。售后的跟进和提供有效的关怀，其目的是促使客户重复购买行为，并向其周围的人多做对产品有利的宣传，形成口碑效应。

（3）通过客户投诉或抱怨，分析客户流失原因。为了留住客户，必须分析客户流失的原因，尤其是分析客户的投诉和抱怨。客户对某种产品或服务不满意时，可以说出来，也可以一走了之。如果客户拂袖而去，企业连消除他们不满的机会都没有。

投诉的客户仍给予企业弥补的机会，他们极有可能再次光临。因此，企业应该充分利用客户投诉和抱怨这一宝贵资源，不仅要及时解决客户的不满，而且应该鼓励客户提出不满意的地方，以改进企业产品的质量和修订服务计划。

4）客户保持的方法

（1）注重质量。长期稳定的产品质量是保持客户的根本。高质量的产品本身就是维护客户的强力凝固剂。这里的质量不仅是产品符合标准的程度，还应该是企业不断根据客户的意见和建议，开发出真正满足客户喜好的产品。因为随着社会的发展和市场竞争的加剧，客户的需求正向个性化方向发展，与众不同已成为一部分客户追求的时尚。

（2）优质服务。在激烈的市场竞争中，服务与产品质量、价格、交货期等共同构成企业的竞争优势。由于科技不断发展，同类产品在质量和价格方面的差距越来越小，而在服务方面的差距却越来越大，客户对服务的要求也越来越高。虽然再好的服务也不能使劣质产品成为优质产品，但优质产品会因劣质的服务而失去客户。

大多数客户的不满并不是因为产品质量本身，而是由于服务问题。客户能够用双眼观察到的质量往往比产品或服务的质量重要得多。他们往往把若干因素掺杂在一起：产品或服务的可信度，运输货物的速度与及时性，书面材料的准确度，电话咨询时对方是否彬彬有礼、员工的精神面貌等。这些因素都很重要，其中一些甚至非常关键。有人提出，在竞争焦点上，服务因素已经逐步取代产品质量和价格，世界经济已进入服务经济时代。

（3）品牌形象。面对日益繁荣的商品市场，客户的需求层次有了很大程度的提高，他们开始倾向于商品品牌的选择，偏好差异性增强，习惯于指名购买。客户品牌忠诚度的建立取决于企业的产品在客户心目中的形象，只有让客户对企业有深刻的印象和强烈的好感，他们才会成为企业品牌的忠诚者。

（4）价格优惠。价格优惠不仅仅体现在低价格上，更重要的是能向客户提供他们所认同的价值，如增加客户的知识含量、改善品质、增加功能、提供灵活的付款方式和资金的融通方式等。如客户是中间商，生产企业通过为其承担经营风险而确保其利润就是一种具有吸引力的留住客户的方法。

（5）感情投资。一旦与客户建立了业务关系，就要积极寻找商品之外的关系，用这种关系来强化商品交易关系。例如，记住个人客户的生日、企业客户的厂庆纪念日等重要的日子，采取适当的方式表示祝贺。对于重要的客户，企业负责人要亲自接待和拜访，并邀请他们参加本企业的重要活动，使其感受到企业所取得的成就离不开他们的全力支持。对于一般的客户可以通过建立俱乐部、联谊会等固定沟通渠道，保持并加深双方的关系。

对于以上客户保持的各种方法，企业既要认识到这 5 个方面都很重要，忽视任何一个方面都会造成不利的后果，同时又应该权衡这 5 个方面不同的侧重点。客户保持的第一层次是注重质量，品牌形象和优质服务是第二层次，在此基础上构建起价格优惠和感情投资是第三层次。

4．客户流失和客户挽留

1）客户流失

（1）客户流失的含义。客户流失是指企业的客户出于种种原因不再忠诚，而转向购买其他企业的产品或服务的现象。客户流失一般包括两种情况：客户主动选择转移到另外一个供应商，使用他们的产品或服务，我们称之为主动流失的客户；而那些出于恶意欠款等原因被企业解除服务合同的客户则是被动流失的客户。

须知，客户背后有客户，流失一位经常重复购买的客户，不仅使企业失去这位客户可能带来的利润，还可能损失与受其影响的客户交易的机会，此外还可能会极大地影响企业对新客户的开发。因此当客户关系出现倒退时，企业不应该轻易放弃流失的客户，而应当重视他们，积极对待他们，尽力争取挽留他们，促使他们重新购买企业的产品和服务，与企业继续建立稳定的合作关系。

（2）客户流失的形成过程。如果已经成为企业的客户，说明以前他是认可企业产品的，积累了一定的购买经验，有一定的使用感受。通常情况下，客户在下一次购买产品时，首先会与上一次购买进行比较。如果产品性能还可以，服务也不错，即使价格高一点，客户还会重复购买。但是，客户如果第一次购买后发现产品性能与宣传的不一样，使用过程中出现的问题得不到解决，或者投诉无结果，客户就会抛弃以前的品牌，而去选择其竞争对手的产品。客户流失主要集中在售后服务出现问题之后，抱怨、投诉得不到解决时。客户流失的过程如图7-26所示。

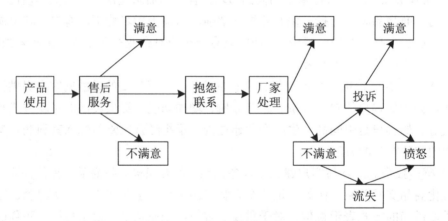

图7-26　客户流失的过程

（3）客户流失的防范策略。

①实施全面质量管理。关系营销的中心内容就是最大限度地实现客户满意。为客户提供高质量的产品和服务是创造价值和实现客户满意的前提。而实施全面质量管理，有效控制影响质量的各个环节和因素，是创造优质产品和服务的关键。

②重视客户抱怨管理。客户抱怨是客户对企业产品和服务不满的反应，它表明企业经营管理中存在缺陷。客户抱怨是推动企业发展的动力，也是企业创新的源泉，企业必须妥善处理客户抱怨和投诉。

③建立内部客户体制，提升员工满意度。企业提供给客户的服务是对负责提供服务的员工的满意度的函数。员工满意度的增加会导致员工提供给客户的服务质量的提升，最终

会导致客户满意度的提升。

④建立以客户为中心的组织机构。拥有忠诚客户的巨大经济效益让许多企业深刻认识到，与客户互动的最终目标并不是交易，而是建立持久、忠诚的客户关系。在这种观念下，不能仅把营销部门看成唯一的对客户负责的部门，企业的每一个部门、每一个员工都应以客户为中心，所有工作都应建立在让客户满意的基础上。

⑤建立客户关系的评价体系。客户关系的正确评价对于防范客户流失有着重要的作用，只有及时地对客户关系的牢固程度做出衡量，才有可能在制定防范措施时有的放矢。

2）客户挽留

（1）客户挽留的含义。客户挽留即运用科学的方法对将流失的有价值的客户采取措施，争取将其留下的营销活动。它将有效地延长客户生命周期，保持市场份额，增加运营效益。因此，客户挽留是CRM实现的关键功能之一。

（2）客户挽留的策略。

①服务第一、客户为先。优质的客户服务可以为企业带来更高的利润，并保持企业基业长青。企业不要一味地通过降低和削减成本来增加收入，因为成本削减总有一个限度，而应通过重新设计服务战略来达到目的。服务战略包括制定全方位的客户服务解决方案、建立服务矩阵、加强服务创新和优化服务流程等方面。

企业和客户应该是双赢关系，而不仅仅是买卖关系。客户服务比推广销售和广告宣传更能增加企业营业额和利润，因此想战胜竞争对手就必须学会站在客户的立场和角度去思考问题。在对客户服务的认识上，企业应该谨记：客户服务关系到企业的长远发展，虽然短期内难以见到效益，但服务应该成为持续的行为。

②关系的培育和积累。留住企业的优质客户需要与客户保持良好的关系。当前，业界普遍流行的观点是：企业成功=（能力+勤奋+机遇）×关系。该观点表明，缺少能力、机遇和勤奋中的任何一项，只要有一定的关系，同样可以成功，关系是一个人乃至企业成功的主要因素。不能仅从背景上看，还要从完善自我的角度上来理解关系，积累关系的关键因素就是完善自我。

③客户关怀可以成为核心竞争力。核心竞争力是企业在很长一段时间内形成的，蕴含于企业内质中的，企业独具的支撑企业过去、现在和未来的竞争优势，并能使企业长时间在竞争环境中取得主动的核心能力。现代经济其实就是客户经济，当今社会所倡导的全局观、全流程的龙头就是客户。

有些企业有自己完整的服务战略，也有很详细的服务规程，但是服务规程执行起来很困难，特别是员工满意度、客户满意度很低，这种矛盾其实是一个企业的服务战略如何落实的问题。实际上，很多企业存在这样一个观点，认为战略是管理层制定的，执行是基层员工去做的，这其实是战略目标分解工作没到位。把战略目标逐层分解到企业员工日常工作的每一天，这是企业管理层在制定战略时首先要有的意识。此外就是要建立一个执行监控机制，实际上就是把战略目标分解成近期目标、中期目标、远期目标，包括每一个人的行为规划等。

④不要忽略潜在的优质客户。每个人的精力都是有限的，不可能和所有的人去打交道。我们要选择重点，先设定自己的目标，然后围绕这个目标来长期、持续地投入时间和精力。

但在这一过程中,要摒弃那种功利的做法,不应该只重视眼前有用的客户,对不重要的客户就完全忽略掉,应该对潜在的优质客户也保持持续关注和投入。

(3)客户挽留的流程。

①调查原因,缓解不满。首先,企业要积极与流失客户联系,访问流失客户,诚恳表示歉意,缓解矛盾;其次,要了解客户流失的原因,弄清问题究竟出在哪里,并虚心听取他们的意见、看法和要求,让他们感受到企业的关心,给他们反映问题的机会。

②对症下药,争取挽留。企业要根据客户流失的原因制定相应的对策,尽力争取及早挽回流失的客户。

③对不同级别的客户的流失采取不同的态度。企业应该根据客户的重要性来分配投入挽留客户的资源,挽留的重点是那些能产生盈利的客户,这样才能达到挽留效益的最大化。

针对不同级别客户的态度

④彻底放弃根本不值得挽留的流失客户。以下情况的流失客户根本不值得挽留:不可能带来利润的客户;无法履行合同规定的客户;损害员工士气的客户;声望太差,与之建立业务关系会损害企业形象的客户。

7.3.3 电子商务客户关系管理

1. 电子商务客户关系管理的特点

电子商务环境下的客户关系管理是在传统商务环境下客户关系管理的基础上,以信息技术和网络技术为平台的一种新兴的客户管理理念与模式。以下为其主要特点。

1)实施以客户为中心的商业策略

互联网及时的沟通方式能有效地支持客户随时、准确地访问企业信息。客户只要进入企业网站,就能了解企业的各种产品和服务信息,寻找决策依据及满足需求的可行途径。

同时,营销人员借助先进的信息技术,及时、全面地把握企业的运行状况及变化趋势,以便根据客户的需求提供更加有效的信息,改善信息沟通效果。

2)较低的客户关系管理成本

在电子商务模式下,任何组织或个人都能以低廉的费用从网上获取所需要的信息。在这样的条件下,客户关系管理系统不仅是企业的必然选择,也是广大在线客户的要求。因此,在充分沟通的基础上,相互了解对方的价值追求和利益所在,以寻找双方最佳的合作方式,无论对企业或在线客户,都有着极大的吸引力。

建立长期关系是企业持久获利的重要保障。电子商务网站的访问者就是企业潜在的客户群,企业可以通过客户的网上行为,如浏览了哪些商品、对比了哪些参数等,也可以通过网站对客户进行调研和访谈,了解客户的喜好、习惯、行为特征。先进的信息技术使得对客户信息的收集、资料处理、潜在内容挖掘更容易操作,这样可以迅速建立信任,及时挽留忠诚的客户。另外,对忠实的大客户可以进行差异化、个性化服务,以提高客户忠诚度和保持度。

3）利用新技术支持

在如今的信息时代，技术革命一日千里，企业可以利用新技术管理客户关系：建立局域网或广域网，建立大规模的数据库，使用更先进的软件技术等。

客户关系管理的核心思想就是"以客户为中心"，为了达到这个目的，就必须准确掌握客户的需求，提供个性化的服务，提供及时的、必要的客户关怀。因此，企业需要建立一个集中统一的客户信息数据库，有效地管理客户数据。数据库保存着客户与企业进行联系的所有信息，包括客户的购买交易、电话、评价、退货、服务电话，甚至客户的不满等，也保存着企业主动接触的有关信息，包括促销优势、信件、电话以及个别访问等。

运用管理心理学、消费心理学、统计学、市场调研等知识，利用数据库对客户数据的统计分析，得出客户的购买行为特征，并据此调整企业的经营策略、市场策略，使整个经营活动更加有效。对于能为企业带来效益的用户，可为他们提供一些额外的服务来吸引他们继续作为自己的客户。对于那些不能带来效益的，甚至是来窃取商业机密的客户，则不提供服务或提供收费服务。这些措施都能使企业与客户保持良好的关系。

4）集成的 CRM 解决方案

在电子商务模式下，为了使企业业务的运作保持协调一致，需要建立集成的 CRM 解决方案。该方案应使后台应用系统与电子商务的运作策略相互协调，使客户能够通过电话、传真、互联网、E-mail 等渠道与企业联系并获得快速的响应。

语言是人类进行交流的媒体，人们喜欢通过语言进行有效沟通，而不是键盘，对此企业必须做出反应，建立基于传统电话的呼叫中心。呼叫中心是企业用来与客户进行直接交谈、发现客户的需求、劝说客户达成交易、确保客户的需求得到满足的场所。电话管理是双向的，包括企业打给客户的对外营销管理和客户打给企业的对内营销管理，它还是建立和维持对话的重要组成部分，是客户关系管理的关键因素。

电子商务客户关系管理要求把电子邮件、电话和在线交流系统整合在一起，发挥系统的最大作用。电子商务客户关系管理系统能够根据市场变化，促使企业迅速进行资源重新配置，迎合业务模式的改变，避免传统客户关系管理灵活性差的问题。集成性要求系统内各个部分必须有着紧密的联系，确保流程的顺畅，从而使企业通过互联网改善与客户、伙伴和供货商的关系，创造更大效益。

2．电子商务客户关系管理的内容

电子商务的迅速发展为企业的客户关系管理带来了无限的发展空间。电子商务客户关系管理不同于传统客户关系管理，它主要包括：企业借助网络环境下信息获取和交流的便利性，对客户信息进行收集和整理；充分利用数据仓库和数据挖掘等先进的智能化信息处理技术，把大量客户资料加工成信息和知识，用以提高客户满意度和忠诚度；运用客户关系管理系统和客户管理理念为客户提供优质服务；将企业现有资源进行有效整合，采用企业应用集成（enterprise application integration，EAI）技术使 CRM 与企业资源规划（enterprise resource planning，ERP）、供应链管理（supply chain management，SCM）整合。最终目标是利用企业现有资源创造最大利润。

因此，电子商务客户关系管理的内容包括以下几方面。

1)电子商务客户信息管理

客户信息管理是客户关系管理的一个重要组成部分,可以通过其提供的客户信息,以正确的方式,在正确的时间,向正确的客户,提供正确的服务,最终满足客户的个性化需求,达成长期合作意向。

电子商务客户信息管理主要包括以下内容,如表 7-13 所示。

表 7-13 电子商务客户信息管理的主要内容

电子商务客户信息收集	利用电子商务网络平台,结合电话、短信、面对面等方式,对客户的信息进行收集,为建立客户资料库提供原始资料
建立客户资料库	使用客户资料卡和数据仓库技术,将收集来的客户资料进行清洗、抽取、分离,形成结构化的客户数据仓库,为客户信息分析打基础
客户信息整理	主要根据企业需要对客户数据仓库中的数据进行有针对性的分组、筛选、整理、更新。例如,按照客户创造利润分类,按地区分类
客户信息分析	企业的资源有限,如果企业与任意一个客户都进行电子商务活动,在时间、人力和硬件条件上都是不可能的。企业可以通过对客户数据的分析,找出哪些对企业来说是重要的客户,哪些是需要争取的客户,哪些是可有可无的客户,进行有针对性的管理,使企业获得尽量多的利润
电子商务客户信息安全管理	客户资料以电子形式存在于客户信息库中,客户是企业最宝贵的财富,因此客户信息库是企业的无形资产,其安全性必须受到重视。安全的信息保存、处理、分析环境不仅能保护企业资产,还能取得客户信任,带来商机

2)电子商务客户满意管理

在电子商务模式中,客户对商品的需求已不再是单纯的数量和质量上的满足,情感的需求也很重要,他们越来越追求在商品购买与消费过程中心灵上的满足感,于是"满意"与"不满意"成为客户消费价值的选择标准。

菲利普·科特勒认为,满意是指一个人通过对产品可感知的效果与其期望值相比较以后,所形成的愉悦或失望的感觉状态。一般来说,客户满意是指客户在消费了特定的商品或服务以后所感受到的满足程度的一种心理感受。这种心理感受不仅受商品或服务本身的影响,还受到客户的经济观念、心理等自身因素的影响。

电子商务环境下客户满意度管理的内容、衡量指标、方法发生了一定的变化和革新。电子商务环境下不仅要注重传统的满意度管理方法,还需要结合网络环境的方便、快捷优势,合理把握客户期望,提高客户感知,以达到维持和提升客户满意度的目的。

3)电子商务客户忠诚管理

电子商务环境下,客户所面临的交易机会增多,供应商选择壁垒减弱,客户选择性更大,这也削弱了客户的忠诚度。

客户关系管理的目标就是要培养客户的忠诚,只有忠诚的客户才是企业长期利润的来源。企业的目标就是要让企业的客户从满意到忠诚,并且程度越来越深,越是忠诚的客户对企业的贡献就越大。

客户的忠诚是需要维护和强化的,电子商务的发展提供了更多和客户沟通的技术,电子商务企业可以通过很多虚拟的工具,与客户进行有效和充分的沟通,及时挖掘他们潜在的需求，使他们不断地感到满意，实现对企业始终的忠诚。企业不要认为从满意到忠诚后就可以放松对这些客户的投入，客户关系管理是一个连续的、长期的、循环的过程，切记不要急功近利，否则就会前功尽弃，被客户所抛弃。

4) 电子商务客户服务管理

客户服务管理首先是一种管理理念，其核心思想是将企业的客户（包括最终客户、分销商和合作伙伴）作为最重要的企业资源，通过完善的客户服务和深入的客户分析来满足客户的需求。客户服务管理又是一种旨在改善企业与客户之间关系的新型管理机制，实施于企业的市场营销、销售、服务与技术支持等与客户相关的领域，要求企业从"以产品为中心"的模式向"以客户为中心"的模式转移。也就是说，企业关注的焦点应从内部运作转移到客户关系上来。电子商务客户服务管理是客户关系管理目标得以实现的关键环节和内容。

（1）客户服务是现代企业的核心竞争武器与形成差异化的重要手段。在现代企业标准化程度增强、差异逐渐消失、附加价值变小的情况下，企业唯有通过加入服务要素寻求更大差异化，并增加自身的产品附加值。服务业务在很多企业中创造的价值日益增加。

（2）优质的服务是降低客户流失率和赢得更多新客户的有效途径。现代营销观念已发展到以满足消费者需求为中心的市场营销观念的阶段。在此阶段，消费者需求成为企业经营和营销活动的一切出发点和落脚点。因此，降低客户流失率和赢得更多的新客户对企业的持续发展显得尤为重要，提供良好的服务是实现这一目的的有效途径。

（3）提供良好的服务，促进企业利润持续增长。良好的服务能够有效地巩固现有的客户，赢得更多的新客户，获得客户的长期忠诚，这样自然就会增加客户的重复购买的机会，从而促进企业的销售额不断增长。根据著名的 80/20 法则，注重提高服务质量有助于企业进入占有 80%的市场份额的约 20%的优秀企业行列。此外，一个企业 80%的利润来源于 20%的销售机会，而拥有良好的服务有助于企业把握住 20%的销售机会，赢得能够给企业带来大多数利润的少数大客户。

（4）提供良好的服务有助于使企业获取反馈的信息，指导决策。在客户服务的过程中，消费者所带来的不仅仅是抱怨，更有对企业的发展有积极促进作用的忠告和其他市场信息，这有助于发现产品在质量、性能等方面的缺点或不足，从而为企业进一步的产品开发、服务创新、市场竞争等采取新措施提供决策上的指导。尤其是良好的售后服务，有助于企业了解客户对产品和服务的真实意见，包括客户的潜在需求，从而为企业的产品开发和服务创新提供指南。

5) 电子商务客户关系管理系统

电子商务环境要求客户关系管理系统必须将互联网信息技术处于 CRM 系统的中心，只有真正基于互联网平台的 CRM 产品，在构建其客户/服务应用的根本的技术上，才能够支持未来企业全面电子化运营的需要。电子商务客户关系管理系统的主要核心组件是销售自动化系统、营销自动化系统、服务自动化系统、呼叫中心、电子商务网站。

呼叫中心是近年来被企业重视并在客户关系管理中发挥重要作用的一个部件。它是客户关系管理的重要组成部分，在收集客户资讯、密切客户与企业的联系中起到重要作用，善用呼叫中心则可以提高效率、降低成本、加速流通、加快信息传播、改善服务品质以及提高企业竞争力。

6）电子商务客户关系管理系统的集成

电子商务客户关系管理系统的高效作用必须将其与 ERP、SCM 整合才能发挥出来。只有更好地与 ERP 集成和整合，才能形成企业从销售前端、企业内部到供应后端的协同电子商务整体，实现最大的价值。如果将 CRM 呼叫中心与 ERP 系统数据集成，紧密结合，则呼叫代理能马上根据客户历史、服务级别就近选择代理商。因此，如果没有好的后勤系统与之集成，没有后台信息，则很难实现预期目标。

电子商务客户关系管理系统的体系设计是以客户关系发展和维系为目标，以统一的客户数据库为中心，为系统用户提供客户的统一视图和对客户的分析、预测等工具，同时强调和其他企业应用，尤其是 ERP 系统的集成。

ERP 系统是一个"事务处理"系统，强调准确记录企业中人、财、物各项资源的轨迹，无缝集成企业生产、库存、财务等管理模块，提高企业的"自动化"能力，从而极大地降低人力需求及差错。

客户是供应链链条上的重要环节，如果企业无法了解或响应客户的需求，那么它的供应链将因缺乏交流和信息沟通而僵化，甚至出现断点。因此，要保证供应链上信息流、物流、资金流、商流的畅通，就必须具有对客户信息进行分析的能力以及与客户互动的能力，而这一切都要求 SCM 与 CRM 进行整合。只有这样，才能提高客户的满意度与忠诚度，提高供应链的灵活性与效率。

SCM 与 CRM 进行整合将提高信息流的精确性，有效减少因信息交换不充分带来的决策失误等不利因素；为跨部门、跨企业的工作提供有力的支持；加快客户反应速度，从而有效、连续地消除不确定性，避免许多不必要的库存，创造竞争的时间和空间优势；提高客户服务质量，简化需求判断的过程，极大地降低经营成本和费用，从而增强企业的竞争力。

总之，电子商务客户关系管理是一个系统工程，既需要以客户关系管理理论为指导，又需要以电子商务现代信息技术做支撑，还要结合电子商务新环境的特征，将三者有效结合才能取得良好的效益。

技能实训

【实训目标】

通过实训，使学生初步认知网店客服与管理的相关知识，熟悉网店客户服务的内容与技巧，掌握客户关系管理的内容。

【实训内容】

了解售前、售中与售后客户服务与管理的相关知识，掌握网络客户服务技巧。

【实训步骤】

（1）以 2~3 人为单位组成一个团队，设负责人一名，负责整个团队的分工协作。

（2）团队成员通过分工协作，多渠道收集相关资料。

（3）团队成员对收集的材料进行整理，总结并分析售前、售中与售后客户服务与管理的相关知识，掌握网络客户服务技巧。

（4）各团队将总结制作成表格，派出 1 人作为代表上台演讲，阐述自己团队的成果。

（5）教师对各团队的成果进行总结评价，指出不足并提出改进措施。

【实训要求】

（1）考虑到课堂时间有限，实训可采取"课外+课内"的方式进行，即团队组成、分工、讨论和方案形成在课外完成，成果展示安排在课内。

（2）每个团队方案展示时间为 10 分钟左右，教师和学生提问时间为 5 分钟左右。

复习思考题

1. 网络客服的概念是什么？
2. 网络客服工作的流程有哪些？
3. 售前客户服务策略有哪些？
4. 客户关系管理的内容有哪些？

第 8 章

网店数据与运营效果分析

网店数据分析是网店经营过程中一个非常重要的环节。网店数据既反映了网店的经营状况，也表明了网店经营的方向。通过网店数据分析，网店经营者可以及时发现运营过程中的问题和商机，并快速做出正确决策。

思政导学

在网店数据采集和分析的过程中，应该注意市场整体行情、趋势等宏观数据以及客户购买频率、商品推广等微观数据的收集、整理与汇总，培养学生做事情顾全大局的意识。

教学目标

本章教学目标		
1	知识目标	● 了解网店数据分析的意义 ● 掌握网店数据分析的流程
2	能力目标	● 掌握网店的主要数据分析 ● 掌握网店运营效果分析的内容
3	素质目标	● 熟练运用所学知识 ● 学会正确的网店管理方法

8.1 网店运营数据分析的意义和流程

电子商务刚兴起时，网店寥寥无几，到了 2017 年淘宝个人店铺和集市店铺数量已多达千万家，网店运营渐渐走向规模化、技术化、系统化。网店的运营从选择行业、进货，到商品上架、设定价格，再到爆款打造、库存管理等，都离不开相应的数据分析。数据分析可以帮助店主做出正确的判断，以便采取适当的行动。

8.1.1 网店运营数据分析的意义

数据分析在网店运营中扮演了多重的重要角色：它可以是预测师，帮助网店选款、预测库存周期、预测未来风险；它可以是规划师，通过数据分析，合理规划网店装修板块和样式；它可以是医师，诊断网店的状况，对"已生病"的网店找出"病源"并对症下药；它可以是行为分析师，通过买家购买的物品、单价、花费、活跃时间、客服聊天反馈等分析买家的行为特性；它可以是营销师，通过对现有资源的合理分析，做出最优的销售计划，促进销量增长。

如图 8-1 所示，监控网店数据有四大作用：及时发现问题、分析多重问题、建立历史档案和自由对比分析。作为一个网店卖家，需要随时监控全店各类数据，发现异常数据应及时采取对策，从而减少网店的损失。及时发现网店的问题所在，还需要特别留意一些离散的数据点。如果离散的数据点代表的是很高的销售额，要分析其中的原因，吸取经验，以便用在其他商品上，为网店带来更大的效益。如果离散的数据点代表很差的销售情况，就需要细分情况，拟订对策。数据分析最大的作用就是可对多重问题进行分析，能从多个维度去分析数据。网上开店的成功卖家几乎都是经历了长时间的经验积累后才逐步发展起来的，而这些经验的获得都是基于对历史数据的保留与分析。对每个商品进行长时间的数据统计一定会发现规律，善于利用这些规律就会提高商品的销量。与网店有关的数据种类有很多，收集整理这些数据就可以快速对其进行对比分析。

图 8-1 监控网店数据的作用

8.1.2 网店运营数据分析的流程

网店运营涉及的数据非常广泛，网店运营数据分析的流程如图 8-2 所示。

图 8-2 网店运营数据分析的流程

1. 收集数据

在网店数据分析之前，首先需要收集和获取数据，尽量获得完整、真实、准确的数据，做好数据的预处理工作，以便于量化分析工作的开展。网店数据获取的途径主要有如下几种。

（1）网店后台的数据。网店后台可以获取的数据有买家数据（购买时间、用户性别、所属地域、来访次数、停留时间等）、订单数据（下单时间、订单数量、商品品类、订单金额、订购频次等)、反馈数据(客户评价、退货换货、客户投诉等)等。

(2) 搜索引擎的数据。通过电子商务平台的搜索引擎可获取的数据有网店在"店铺"搜索中的排名及网店"宝贝"关键词在搜索中的排名情况等(利用淘宝网首页上方的搜索引擎"宝贝"和"店铺"标签搜索)。

(3) 统计工具的数据。网店的统计工具有很多,如淘宝网的生意参谋等。通过统计工具可以获取访客来自哪些地域、访客来自哪些渠道、访客来自哪些搜索词、访客浏览了哪些页面等数据信息以及广告跟踪信息等。

(4) 调查问卷收集的数据。调查问卷是最常用的一种数据收集方法,以问题的形式收集用户的需求信息。网店卖家可自行设计问卷进行调查。

2. 量化分析

数据分析不只是对数据的简单统计描述,而是在数据中发现问题的本质,然后针对确定的主题进行归纳和总结。常用的数据量化分析方法有以下几种。

(1) 趋势分析。趋势分析是将实际取得的结果,与不同时期报表中同类指标的历史数据进行比较,从而确定变化趋势和变化规律的一种分析方法。具体的分析方法包括定基比、同比和环比3种方法。定基比是以某一时期为基数,将其他各期均与该期的基数进行比较;同比是本时期与去年同一时期进行比较;环比是分别以上一时期为基数,将下一时期与上一时期的基数进行比较。

(2) 对比分析。对比分析是把两个相互联系的指标数据进行比较,从数量上展示并说明研究对象规模的大小、水平的高低、速度的快慢,以及各种关系是否协调。在对比分析中,选择合适的对比标准是十分关键的步骤,只有标准合适,才能做出客观的评价,反之可能会得出错误的结论。

(3) 关联分析。如果两个或多个事物之间存在一定的关联,那么其中一个事物就能够通过其他关联事物进行预测。关联分析的目的是挖掘隐藏在数据之间的相互关系。

(4) 因果分析。因果分析是为了确定引起某一现象变化的原因,主要解决"为什么"的问题。因果分析就是在研究对象的先行情况中,把作为它的原因的现象与其他非原因现象区别开来,或者是在研究对象的后行情况中,把作为它的结果的现象与其他的现象区别开来。

3. 提出方案

将数据量化分析的结果进行汇总、诊断,并提出最后的解决方案。

(1) 评估描述:对评估情况进行客观描述,用数据支持自己的观点。

(2) 编制统计图表:运用柱状图和条形图对基本情况进行更清晰的描述;运用散点图和折线图表现数据之间的因果关系。

(3) 提出观点:根据现实情况的数据分析,提出自己的观点,预判网店的发展趋势,给出具体的改进措施。

(4) 制作演示文档:基于以上三点进行总结归纳,列出条目,制作一份详细的演示文档,进行演示和讲解。

4．优化改进

随着改进措施的实施，要及时了解运营数据的变化，不断优化和改进，力争标本兼治，使同类问题不再出现；持续地监控和反馈，不断寻找能从根本上解决问题的最优方案。

数据分析是一项长期的工作，同时也是一个循序渐进的过程，需要网店运营人员实时监测网店运营情况，及时发现问题、分析问题并解决问题，这样才能使网店健康、持续地发展。

8.2 使用生意参谋分析网店数据

生意参谋诞生于2011年，最早是应用在阿里巴巴B2B市场的数据工具。2013年10月，生意参谋正式走进淘宝。2014—2015年，在原有规划基础上，生意参谋分别整合量子恒道、数据魔方等工具，最终升级成为阿里巴巴商家端统一的数据产品平台。它的主要作用是全面展示店铺经营全链路的各项核心数据，包括店铺实时数据、商品实时排行、店铺行业排名、店铺经营概况、流量分析、商品分析、交易分析、服务分析、营销分析和市场行情。

8.2.1 实时直播

市场瞬息万变，卖家实时洞悉网店运营情况很有必要。卖家可以通过实时直播（见图8-3）观测实时数据，及时调整策略，抢占生意先机。

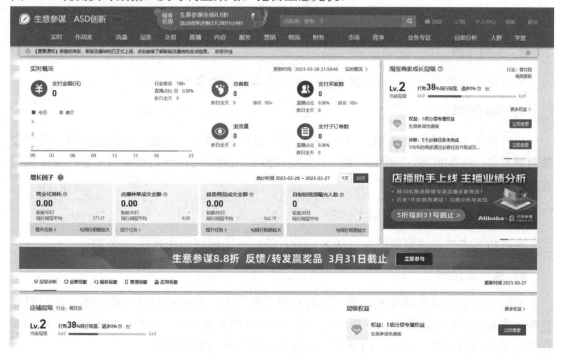

图8-3 生意参谋实时数据监测

1. 实时概况

实时概况提供的网店实时概况数据主要包括实时访客数、实时浏览量、实时支付金额、实时支付子订单数、实时买家数及对应的排名和行业平均值，还提供小时粒度的实时趋势图，并提供历史数据对比功能，所有数据都可以按照所有终端、电脑端和无线端3种模式查看，如图8-4所示。

图 8-4　生意参谋实时概况

2. 实时来源

实时来源提供网店电脑端来源分布、无线端来源分布及地域分布。

3. 实时榜单

实时榜单主要提供商品TOP 50榜单。商品TOP 50榜单主要提供根据访客数、支付金额两种方式排序的前50个商品列表，并且提供搜索功能，支持查询卖家想知道的商品实时效果数据。

4. 实时访客

实时访客主要提供网店的实时访客记录，能实时了解网店访客的浏览情况。

5. 实时催付宝

实时催付宝实时更新在网店拍下而没有付款的买家。实时催付条件很苛刻，催付对象是下单未支付、未在其他网店下单且是潜力TOP 50的买家，所以催付成功率很高。特别是在活动大促销的时候，可以专门安排一个客服人员来负责实时催付。

8.2.2 流量分析

流量分析提供了全店的流量概况、来源分析、路径分析、页面分析等，可以帮助卖家快速盘清流量的来龙去脉，在识别访客特征的同时了解访客在网店页面上的点击行为，从而评估网店的引流、装修等健康度，帮助卖家更好地进行流量管理和转化，如图 8-5 所示。网店流量主要分为电脑端流量和无线端流量，在生意参谋中可以分别查看不同端口的流量情况，并可查看与同行的对比情况。

图 8-5 生意参谋流量分析

1. 流量概况

流量概况提供流量看板、计划监控和访客分析 3 种功能。流量看板中可以查看流量总览、流量趋势、流量来源及流量来源排行 TOP 10、商品流量排行 TOP 10。计划监控中可以制订年度运营计划并进行监控。访客分析中可以查看访客分布的相关数据，包括访客时段分布、地域分布、特征分布、行为分布等。根据对访客的相关数据进行分析，可以方便卖家更准确地开展营销推广活动、设置商品上下架时间等工作。在"访客分析"页面选择"访客对比"，在打开的页面中可以查看访客对比相关数据，包括消费层级、性别、年龄、地域、偏好和关键字等，"访客分析""页面选择"可以帮助卖家更好地掌握客户数据，从而进行会员关系管理。

2. 来源分析

来源分析提供 3 种功能：网店来源、商品来源和选词助手。在"网店来源"中可查看网店流量来源的构成、流量来源的对比及同行流量来源。在"商品来源"中可查看商品的排行榜。"选词助手"是生意参谋平台中的专题工具之一，从电脑端和无线端两个终端，分别提供了为网店引流的店外搜索关键词、反映用户需求的店内搜索关键词、与关键词相关的行业内搜索关键词，同时提供了这些关键词的搜索热度、引导效果等。通过选词助手，可以帮助卖家快速盘清搜索来源的关键词，验证和调整关键词投放策略，了解访客在店内的搜索行为，明确访客的精准需求；通过行业搜索词的拓展，帮助卖家找到更多适合网店的可拓展关键词，用于调整广告投放、标题优化或品类规划。

3．路径分析

路径分析提供店内路径和流量去向两个功能。查询店内路径时，可以分别对网店首页、商品详情页、网店微淘页、商品分类页、搜索结果页、网店其他页的访客数和访客占比进行查看，还可查看页面访问排行，或根据需要分别以月、周、日为单位查询流量来源。通过对这些数据的查询，可以使经营者了解当前网店的流量结构。对于流量不足的情况，需要更换推广方式提高网店流量。对于转化率不高的商品，需对其商品详情页、价格、网店装修、商品展示技巧、商品形象包装、促销活动搭配等因素进行分析，找到转化率不高的原因。从流量去向中可查看离开页面排行及离开页面去向排行。

4．页面分析

在页面分析中可添加网店的不同页面进行流量分析。

5．计划中心

在计划中心中可以创建网店的年度运营计划及配置网店重要日期的事件，以方便卖家查看。

8.2.3 品类分析

品类分析展示了全店所有商品的详细数据，用于帮助卖家实时掌握和监控网店商品信息，包括已发布在线的所有商品及 30 天已下架但有数据的商品信息，提供按支付金额和访客数排名的 TOP 15 的商品数，提供最近 1 天、最近 7 天、最近 30 天及自然日的时间选项，还能对一些异常商品进行分析，如哪些商品流量下跌很严重、哪些商品支付转化率过低、哪些商品跳出率很高、哪些商品支付下跌、哪些商品没有成交量、哪些商品库存低等，如图 8-6 所示。

图 8-6　生意参谋品类分析

（1）商品概况。在"商品概况"中可以查看商品信息概况、商品销售趋势、商品排行预览等信息。

（2）商品效果。在"商品效果"中可以查看详细的商品效果相关数据。

（3）异常商品。在"异常商品"中可以查看当前表现异常的商品，包括流量下跌、支付转化率低、高跳出率、支付下跌、零支付、低库存等情况。生意参谋会针对商品的异常情况给卖家提出大致的建议，帮助卖家优化商品。

（4）分类分析。分类分析主要指按照类别对商品情况进行分析。分类分析可以帮助卖家更快捷地分析出同类商品的销售情况，更精准地找出同类商品的共同问题，从而进行统一管理和整改。

（5）单品分析。在"单品分析"中可以对当前商品的来源去向、销售、访客、促销等信息进行分析。

（6）商品温度计。在"商品温度计"中可以查看当前商品的转化情况。如果当前商品存在问题，生意参谋将给出可能的建议，为卖家提供参考。

（7）销量预测。在"销量预测"中可以查看系统对商品效果的预测及商品的定价参考。

（8）单品服务分析。单品服务分析可以帮助卖家诊断商品描述是否相符、品质、纠纷、退款等方面的服务情况，以便优化商品，提高服务水平，提升客户满意度。

8.2.4 交易分析

交易分析主要提供交易概况、交易构成和交易明细3个功能（见图8-7），从网店整体到不同粒度细分网店交易情况，以帮助卖家及时掌控网店交易问题。

图 8-7　生意参谋交易分析

1. 交易概况

通过交易概况可以从整体上了解网店的交易情况，还可以对交易总览和交易趋势的数据进行查看和分析。通过交易总览，卖家可以了解任意天数的网店交易额、支付买家数、客单价和转化率等数据，还可在"交易趋势"栏中查看与同行的对比。

2. 交易构成

交易构成从不同粒度细分网店交易构成情况，主要有终端构成、类目构成、品牌构成、价格带构成和资金回流构成5个方面，可以帮助卖家了解终端、类目和品牌等各方面的交易数据，以便有针对性地进行完善和优化。

3. 交易明细

交易明细中可以显示任意一天的全部订单明细或当天任意一个订单的交易明细。

8.3 店铺数据分析

涉及网店运营的数据类型有很多，但是最核心、最重要的数据有店铺流量数据、网店主要页面数据、客服数据、店铺动态数据、转化率数据等。作为网店卖家，应实时监控这些决定着网店经营好坏的数据，及时跟上市场的脚步。

8.3.1 店铺流量数据

网店有销量的首要条件就是有买家进入网店，而进入网店的买家数量就代表了流量的大小。流量数据是网店的重要监控对象。按照收费方式，流量可以分为免费流量和付费流量。

1. 免费流量

（1）关键词搜索带来的流量，指没有付费做广告推广，买家通过关键词搜索等途径进入网店中的流量。这类流量是网店最想要的流量，免费流量成本低，精准度较高。网店卖家都希望自己的商品能排在网站搜索页最显眼的位置上。因为显眼，点击量就大，网店获得的免费流量也就更多。但是，任何商品都有一定的周期，要想商品时时刻刻都排名靠前不太现实。多数店主的做法是将网店中商品的生命周期分配开来，这样即使有一款商品进入衰退期，也会有新的商品跟上，进而维持网店的免费流量。

（2）自主流量，指买家自己主动访问网店的流量。这样的买家通常是之前在网店中已经有过成功的交易经历，因此才会通过直接访问、收藏商品/网店、购物车等渠道来回访网店，这样的流量十分稳定且转化率很高。另外，买家之所以会再次进店购物，正说明了他们对网店中的商品质量和价格比较满意，这时只要店主及时维护好和老客户的关系，就会产生一定的复购或转介绍订单，这无形中又增加了新的流量。

（3）站外免费流量，大多来自贴吧、论坛、社区、微博等，可以靠店主自己去发帖推广，也可以雇用别人去推广。这种流量的精准度不高，效果自然得不到保证。

2. 付费流量

付费流量是指通过投放广告、按点击率计算费用等方法引入的买家流量。这样的流量精准度高，只要花钱就会产生。淘宝网上常见的付费流量有淘宝客、钻石展位、直通车，以及淘宝的各种活动等。由于付费流量会增加成本，所以卖家需要仔细斟酌，以免投入产出比失衡。

流量关系到网店的生死存亡，然而流量入口众多，类型各异，网店流量出现了问题要有一个清晰的解决思路。当卖家发现流量在下降时，就要查看各类型流量数据，分析不同类型流量的数据趋势，弄清导致这类流量出现波动的因素，找到关键点所在，最后对症下药。

某网店主要出售果园现摘的时令水果，主打原生态品牌。起初网店有一些流量，但是好景不长，网店几天之内流量忽然掉了一半。店主很奇怪：自己既没有改过主图和标题，也没有编辑过页面，流量怎么忽然掉了这么多？没有流量就没有销量，果园里的果子马上就要成熟了，正是销售的最好时节，这个时候没有流量，对网店的打击是非常大的。

于是，店主开始仔细查看网店的经营数据。经过分析，他发现网店的付费流量和自然流量都下滑得比较严重，并且一两个星期前就有了这种趋势。付费流量点击较少，可能是商品主图、商品价格、商品销量、商品选款或商品关键词出了问题。自然搜索流量下滑，可能是行情有变、关键词出了问题，也可能是某个引流商品的流量出了问题。店主依次对每个可能的原因进行分析排除，查询了当前行业的热搜词，查看了同类目网店的销售情况，发现原来换季之后，买家纷纷开始搜索应季鲜果，之前网店主打的水果成了换季的"淘汰品"，搜索人数因此下降了一大截。市场行情变了，但自己网店的主推商品依然是上个季节的水果，不仅主推商品的流量损失了很多，还影响了网店的整体排名。找出问题之后，店主立刻着手整改网店，重新优化当季鲜果的商品标题、主图、详情和价格等，又设置好商品上下架时间，通过数据分析工具密切关注优化后的流量动向并慢慢进行调整，最终扭转了网店流量下滑的劣势。

8.3.2 网店主要页面数据

一个完整的网店是由多个页面组成的，每个页面的指标对网店的业绩都有很大的影响。但不同页面的衡量标准是不同的，只有对症下药，关注各个页面的指标，才能找出提高业绩的方法。

1. 首页数据

首页是一个网店的门面，买家进入首页后，会根据首页的导航进入其他不同的页面。网店首页需要监控如下几项数据。

（1）流量（page view，PV）。首页的流量大约占全店总流量的15%，如果网店在做促销之类的活动，流量就会更多一些。

（2）独立访客数（unique visitor，UV）。它是指一个客户进店访问，无论重复访问了多少次都计为1次。

（3）停留时间。停留时间即访客访问首页的停留时间。停留时间越长代表他们对网店越感兴趣，购买商品的可能性也就越大。

(4)访问深度。访问深度是指访客进店访问页面的数量。访问的页面越多,就证明他们对网店的商品越感兴趣,访问深度也就越高。如果访客仅仅访问了首页就离开了,那么访问深度自然就很低了。

(5)跳出率。跳出率指访客浏览了首页就离开网店的概率。首页的跳出率在50%左右属于正常水平。如果跳出率太高,则说明首页的装修设计有问题,导致很多访客进入首页后就失去兴趣而离开。

2. 商品页数据

商品页是网店最重要的页面,也是交易达成的页面。商品页数据是网店数据分析需要实时关注的重点,这些数据会直接影响网店商品的销量。商品页需要注意的数据主要有以下几种。

(1)页面浏览量。它是指网店的商品页面被查看的次数。访客多次打开或刷新一个商品页面,该指标值就会累加。想让访客购买网店中的商品,毫无疑问,首先要做的就是让他们看到该商品,商品的浏览量越大,才越有可能提高销量。

(2)独立访客数。在所选定的时间段内,同一访客多次访问商品页会进行去重计算。

(3)咨询人数。咨询人数指的是浏览了商品页面后进行咨询的人数。

(4)跳出率。访客进入商品页后,卖家就要关注跳出率这一指标了。跳出率越高,说明商品页吸引力越小,卖家就要从商品页的图片、描述、价格等方面去改进。

(5)收藏类数据。关于网店的收藏类数据,需要重点关注的是单品的收藏数据和网店的收藏数据。访客进入网店后即使没有下单购物,但只要他收藏了商品或者网店,就证明他对网店或网店中的商品是感兴趣的,有购买意向。当他从自己的收藏中再次进入网店时,达成交易的可能性就很大了。无论是收藏商品还是网店,收藏数据都是越大越好,这可以为网店带来自主访问流量,而自主访问流量的转化率往往是比较高的。

8.3.3 客服数据

客服可以说是决定网店运营好坏的重要因素,并且网店做得越大就需要越多的客服人员,因此必须重视对客服的培养。想检验网店每个客服的工作态度如何、业绩如何,就需要监控客服数据。监控客服数据,不是简单地了解每个客服每天的业绩是多少,而是需要精准地统计客服数据,包括以下要点。

(1)对客服个人、客服团队、静默销售、网店整体数据进行全方位的统计分析。

(2)统计客服的销售额、销售量和销售人数。

(3)统计客服客单价、客件数和件均价,分析客服关联销售的能力。

(4)多维度统计客服的转化成功率,包括询单到最终下单的成功率,下单到最终付款的成功率,以及询单到最终付款的成功率。

作为淘宝卖家,通常情况下会选择订购一些客服管理工具,以实时管理监控客服,如"赤兔实时绩效"等。

为了公平、有效地评价客服人员的工作业绩、工作能力和工作态度,及时纠正偏差,改进工作方法,激励争先创优,优化整体客服团队,从而全面提升客服质量和企业效益,许多网店会制定客服 KPI(key performance indicator)考核方案。淘宝客服 KPI 考核是指淘宝卖家通过对客服人员进行目标式的量化考核,使网店的总体运营目标可以分解成可操作性强、分工明确的个体目标。同时,淘宝客服 KPI 考核明确规定了客服人员的任务和业绩衡量指标。

8.3.4 店铺动态数据

店铺动态评分是指买家在淘宝上购物成功后,针对本次购物给出的评价分数。当前的淘宝网和天猫商城的店铺动态评分系统包括"描述相符""卖家服务""物流服务"3 个方面,如图 8-8 所示。

图 8-8 店铺动态评分

店铺动态评分是影响商品搜索权重的因素之一。随着淘宝网越来越注重商品的质量,卖家的销量权重开始下降。过去卖家的排名主要与销量有关,而现在淘宝网的搜索排名中,权重已经开始向店铺动态评分倾斜了。这样一来,就会让卖家将注意力从销量的提升转向网店商品的自身质量,从而让消费者的利益得到更好的保障。同时,店铺动态评分也是淘宝网官方活动要求的指标之一。它代表了网店的服务质量和实力,可以让买家判断网店的可信度。网店的动态评分是需要引起卖家重视的网店运营的根本指标。

卖家可在卖家中心后台中,选择"评价管理"选项,查看网店的动态评分,如图 8-9 所示。在淘宝网搜索页的商品展示页面中,将鼠标指针放到商品图片下方的网店名称上时,同样也会显示与网店相关的店铺动态评分,如图 8-10 所示。随着买家的购物心理越来越成熟,他们也开始关注网店的动态评分了。

图 8-9　在卖家中心的"评价管理"查看店铺动态评分

图 8-10　在店铺首页查看店铺动态评分

店铺动态评分与网店商品的搜索排名关系密切,因此提高店铺动态评分是每一个卖家的愿望。只要卖家认真做好销售服务,保证商品质量,站在买家的角度考虑问题,提高店铺动态评分并不难,具体来说卖家要做好以下几方面的工作。

1. 商品详情页的准确描述

买家之所以下单购买商品,一个重要的原因就是被商品详情页打动。买家在付款后都会在心中描绘出商品的样子,而这个样子与商品详情页传递给买家的信息关系重大,这也就是为什么很多买家收到货后会以"与详情页不符"为由给出差评。所以,卖家在设计商品详情页时要注意,商品详情页不仅要能足够吸引买家,还要从事实出发,不得进行虚假宣传。实事求是的商品详情页可以给买家一个比较贴近事实的想象空间,不会让买家在收到货后产生心理上的落差,这时买家给出 5 分好评也就不难了。

2. 发货后第一时间通知买家

在商品的销售过程中,卖家的服务和商品的质量同样重要。网上购物与实体店购物不同:实体店铺购物可以让买家在第一时间拿到商品;而网上购物则需要等待快递送达,所以当买家付款成功后,会希望尽快收到商品。因此,从买家的心理出发,卖家应该在发货后的第一时间通过旺旺消息或手机短信通知买家,好让买家心中有数,这样一个小小的举动也会让买家感受到卖家的用心服务。

3. 跟踪物流并提醒买家收货

如今，卖家给买家发送发货通知已经是很普遍的做法了，要想从众多卖家中脱颖而出，就要别出心裁，更加用心地服务。因此，卖家在发送发货通知后，可以进行物流跟踪，在商品运送到买家所在城市时发送信息提醒买家准备收货。这样做的目的有两个：一是让买家感受到卖家的贴心服务；二是提醒买家给出5分好评。

4. 使用质量好的商品包装

从表面上看商品包装无关紧要，但是如果包装不当或包装质量不好，就会让买家对卖家的服务质量产生不好的印象。图8-11和图8-12所示分别是优质的商品包装和劣质的商品包装。试想一下，买家如果收到图8-12所示的商品，心情一定不好，在这种情况下，买家很难给出5分好评。所以，卖家在包装商品时要尽量使用材质较好的包装材料，并且包装整齐，让高品质的包裹彰显出商品的质量及卖家的用心。

图8-11　优质的商品包装

图8-12　劣质的商品包装

5. 转化率数据

网店转化率数据是指进店的所有买家中成功交易的人数比例。要想网店有销量，就要让进店的买家下单购买商品，只有提高转化率才能有业绩。网店的转化率是衡量网店运营状况的一个重要指标。与转化率有关的网店数据主要有全店转化率、单品转化率、转化的金额、转化的笔数和退款数量5个。当发现转化率下降时，首先分析网店的内因，因为网店的内因是最可能导致网店转化率下降的因素，也是最重要的因素。卖家只有找到网店的内因，才能进一步去思考外因，如图8-13所示。

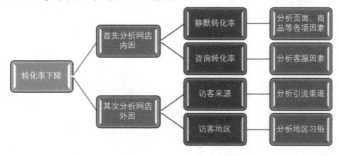
图8-13　解决转化率下降问题的思路

技能实训

【实训目标】

通过实训，使学生初步了解网店数据与运营效果分析，包括网店数据分析的流程、网店的主要数据分析、网店运营效果分析。

【实训内容】

了解并掌握如何分析网店数据与运营效果。

【实训步骤】

（1）以 2~3 人为单位组成一个团队，设负责人一名，负责整个团队的分工协作。

（2）团队成员通过分工协作，多渠道收集相关资料。

（3）团队成员对收集的材料进行整理，总结并分析网店数据分析的相关知识。

（4）各团队将总结制作成表格，派出 1 人作为代表上台演讲，阐述自己团队的成果。

（5）教师对各团队的成果进行总结评价，指出不足并提出改进措施。

【实训要求】

（1）考虑到课堂时间有限，实训可采取"课外+课内"的方式进行，即团队组成、分工、讨论和方案形成在课外完成，成果展示安排在课内。

（2）每个团队方案展示时间为 10 分钟左右，教师和学生提问时间为 5 分钟左右。

复习思考题

1．网店数据分析的流程有哪些？
2．分析流量的店内路径及去向的方法有哪些？
3．网络转化率的分类有哪些？

参 考 文 献

[1] 李春伟,帅百华. 开店运营推广完全攻略[M]. 北京:中国发展出版社,2020.

[2] 李云飞. 网上店铺运营实务[M]. 北京:北京理工大学出版社,2020.

[3] 劳显茜,冯刚. 电子商务运营[M]. 北京:北京理工大学出版社,2019.

[4] 吴成,王薇. 网店运营综合实战[M]. 重庆:重庆大学出版社,2021.

[5] 邓清亮. 网店运营[M]. 北京:北京邮电大学出版社,2017.

[6] 曹培强,陈美荣,刘爱华. 电商运营全攻略:从传统电商到微商[M]. 北京:电子工业出版社,2016.

[7] 陈庆. 电子商务实战:网店运营[M]. 成都:西南交通大学出版社,2019.

[8] 陶俪蓓. 网上开店与运营[M]. 成都:西南交通大学出版社,2015.

[9] 李娟,何宝. 网店运营[M]. 重庆:重庆大学出版社,2021.

[10] 孔林德. 淘宝、天猫、京东、拼多多开店运营一本通[M]. 北京:民主与建设出版社,2020.

[11] 全国电子商务运营技能竞赛组委会,北京博导前程信息技术股份有限公司. 网店运营实务[M]. 北京:中央广播电视大学出版社,2016.

[12] 庄春华. 轻松学电脑教程系列:网上开店推广与经营[M]. 南京:东南大学出版社,2017.

[13] 何华. 农村电子商务基本理论与运营实践[M]. 北京:科学普及出版社,2017.

[14] 罗芳. 淘宝/天猫电商运营与数据分析[M]. 北京:中国铁道出版社,2019.

[15] 吴自爱,杨荣明,葛晓滨. 网上零售理论与实战[M]. 合肥:中国科学技术大学出版社,2014.